INVITACIÓN AL ESPAÑOL

ZENIA SACKS DA SILVA

Primer paso

Usted y yo

MACMILLAN PUBLISHING CO., INC.
NEW YORK
COLLIER MACMILLAN PUBLISHERS
LONDON

Acknowledgments

Norman Snyder (all photographs not otherwise specified); American Museum of Natural History, p. 141 r: Black Star: *Carter,* p. 114; *Bob Schalkwyk,* p. 113; Zenia S. Da Silva, pp. 57, 155; Keystone Press Agency, Inc., p. 59; Monkmeyer Press Photo Service: *Herbert Lanks,* p. 56; *Philcarol,* p. 184; *Propix,* p. 10; PFI: *Charles E. Rotkin,* p. 55; Photo Researchers, Inc.: *George Holton,* p. 102; Rapho Guillumette Pictures, Inc.: *Dr. Georg Gerster,* pp. 12 (middle l); Shostal Associates, pp. 182, 183; United Nations, p. 159; Will Robbins, p. 13 (top l).

Book design by **Graphic Concern, Inc.**
Cover design and photography by **Norman Snyder**
Vocabulario Activo illustrations by **Fred Hausman**
Other illustrations by **Cecile Webster**

Macmillan Publishing Co., Inc.
866 Third Avenue, New York, New York 10022

Collier-Macmillan Canada, Ltd.

Printed in the United States of America

ISBN 0-02-270900-2 PE

ISBN 0-02-270910-X TAE

10-T

A la memoria de mi madre, **Helen Sacks**

Contents

Lección de Conversación

1 ¿CÓMO SE LLAMA USTED? (What is your name?)

Alberto		Adela	
Alejandro	Alexander	Alicia	
Alfredo		Amada	Amy
Alonso	Alan	Ana, Anita	
Andrés	Andrew	Antonia	Antoinette
Antonio		Bárbara	
(Toñuelo)		Blanca	Blanche
Arturo		Carlota	Charlotte
Benjamín		Carolina	

Carlos (Carlitos)	Charles (Charlie)	Catalina	Catherine
Cristóbal	Christopher	Clara	Claire
Diego	Jim, James	Constanza	
Dionisio	Dennis	Concha	Connie
Domingo	Dominick	Cristina	
Eduardo		Dorotea	Dorothy, Dori
Emilio		Elena	Ellen, Helen
		Elisa, Eloísa	Lisa, Eloise
		Emilia	
Enrique	Henry	Enriqueta	Henrietta
Esteban	Steven	Esperanza	Hope
Eugenio	Eugene, Gene	Felipa	Phyllis
Federico	Frederick	Francisca	
Felipe	Philip	(Paquita)	Fran
Fernando	Ferdinand	Gertrudis	
Francisco (Paco, Pancho)	Francis (Frank)	Gracia, Graciela	Grace
Gabriel	Gary	Inés	Inez, Agnes
Gerardo	Gerard, Jerry	Isabel,	Elizabeth, Liz
Germán	Herman	Isabelina	
Guillermo	William	Juana,	Joan, Jane,
Herberto		Juanita	Janet
Jaime	James	Josefa	Josephine
Joaquín	Jack	(Pepita)	(Josie)
José (Pepe)	Joseph (Joe)	Judit	
Juan	John	Julia, Julieta	Julia, Juliet, Jill
Lorenzo	Lawrence, Larry	Leonor	Eleanor, Lenore
Luis		Lucía	
Manuel (Manolo)	Manny	Luisa	
Martín		Mariana	
Miguel (Miguelito)	Michael (Mike)	Marianela, Marisela, Marielena	Mary Ellen
Pablo	Paul	Magdalena	Madeleine
Patricio		Margarita	Margaret, Marjorie
Pedro	Peter		
Ramón	Raymond	Nilda, Nena	Nancy
Raúl, Rafael	Ralph	Rosa, Rosario	Rose
Ricardo			

(Riqui, Roque)	(Dick)	**Raquel**	Rachel
Roberto		**Sara**	
Teodoro		**Sofía**	
Tomás		**Susana**	
Vicente		**Teresa**	
Víctor			

Ahora conteste (*Now answer*):

(Until you get to know where the accent falls on a Spanish word, just stress the syllable whose vowel is in italics.)

A.

¿Cómo se ll*a*ma ust*e*d? (What is your name?)

Me ll*a*mo (My name is) —————— .

B.

1. ¿Cómo se llama su p*a*dre? (What is your father's name?)

  Mi padre se llama —————— .

2. ¿Cómo se llama su m*a*dre (mother)?

  Mi madre se llama —————— .

3. ¿Cómo se llama su mej*o*r am*i*go (best friend—male)?

  Mi mejor amigo se llama —————— .

4. ¿Cómo se llama su mejor am*i*ga (best friend—female)?

  Mi mejor amiga —————— .

5. ¿Cómo se llama la pers*o*na a su der*e*cha (on your right)? →

  La persona a mi derecha —————— .

6. ¿Cómo se llama la persona a su izqui*e*rda (left)? ←

  La persona a mi izquierda —————— .

Pronunciación (Listen to your model and repeat.)

The sounds of Spanish are never exactly like the sounds of English. To learn to speak Spanish really well, you must imitate a good model. The English explanations given throughout the *Lección de Conversación* only help to guide you in the right general direction.

a in Spanish is always pronounced like the *o* in *pop* or the *a* in cha-cha-cha.
  Make it short and open. For the exact sound, imitate your teacher or recording.

  Diga en español (*Say in Spanish*):

p*a*pa, p*a*sa, c*a*ma, c*a*sa, p*a*la, s*a*la, m*a*pa, m*a*la, m*a*sa, f*a*ma, cha cha ch*á*, mam*á*, pap*á*

e in Spanish is usually about half way between the *e* in *met* and the *a* in *mate*. You can come very close to the Spanish *e* by saying the English *may, day, they* very quickly, before the *ay* gets its full value. Again, for the exact sound, imitate your model.

Diga ahora en español (*Now say in Spanish*):

me, de, se, te, mete, pese, mesa, pesa, teme, tema, yema

i in Spanish is always like the *ee* in *see*. Remember: Smile when you say an *i* in Spanish. For the exact sound, imitate your model.

Diga en español:

si, mi, ti, fina, mina, tina, tinta, María, misa, pisa, lisa, linda

2 MI PADRE ES . . . YO SOY . . .
(My father is . . . I am . . .)

How many of these words can you recognize? Listen carefully as your teacher reads them, and then repeat:

posible, imposible; abominable, normal; probable, improbable; romántico, sentimental; frecuente, infrecuente; estudioso, brillante; práctico, impráctico; importante, interesante; necesario, innecesario; inteligente, inocente; terrible, maravilloso; cruel, indecente; generoso, sincero; natural, informal; religioso, famoso; genuino, artificial; nervioso, violento; moderno, esencial; estúpido, ridículo; criminal, sensacional

Ahora complete en español las frases siguientes. (*Now complete the following sentences in Spanish.*) Use at least three of the above adjectives for each.

A.
1. Mi padre es (My father is) —————.
2. El amor (Love) es —————.
3. El español es —————.

Notice: If the adjective ends in -*o*, change that final *o* to *a* when it refers to someone or something feminine. Otherwise, make no change at all for the feminine. Now complete the sentences of Section B using feminine endings.

B.
1. Mi madre es —————.
2. La democracia (fem.) es —————.
3. La guerra (War) es —————.

C. Complete finalmente (-mente = -ly):

Yo soy (I am) _____ .

Pronunciación

o The long *o* as in the English word *hope* is really a diphthong, that is, a combination of two vowels: o-u. Notice how your lips move forward to say *oo* at the end of such words as *no, go, so, oh*. The Spanish *o* is a short, pure sound that corresponds only to the first half of the long English *o*. Your lips shouldn't move. Remember, for the exact sound, imitate your model.

Ahora lea en voz alta (*Now read aloud*):

no, con, son, tono, mono, polo, como, tomo, monto, pronto, bola, cola, Coca Cola, goma, pinto, sino, fino

u in Spanish is again a short, pure sound like the *u* in *fluid*, or like a very short version of the *oo* in *coo*.

Lea otra vez (*again*) en voz alta:

fumo, sumo, luna, cuna, puro, seguro, nulo, mulo, mula, bula, bambú, cucú

y is both a consonant and a vowel. When it stands alone, or at the end of a word, it is pronounced just like the Spanish *i* (*ee*).

Lea una vez más (once more):

y, rey, buey, hay (don't pronounce the *h*!).

In all other cases, *y* is a consonant, just like the English *y*.

Diga en voz alta (*Say aloud*):

ya, yo, mayo, cuyo, tuyo, suyo, suya

3   PROFESIONES Y OFICIOS

How many of these professions and occupations can you recognize? Repeat them aloud after your teacher.

Repita:

médico, dentista; profesor, estudiante; arquitecto, ingeniero; mecánico, carpintero, plomero, electricista; artista, actor, actriz; pianista, violinista, acordeonista, guitarrista, músico; secretario, secretaria; general, capitán, sargento, piloto

A. Ahora conteste:

1. ¿Es médico su padre?   Sí, mi padre es médico.
   (Is your father a doctor?)   No, mi padre no es médico.
2. ¿Es dentista[1] su padre?
3. ¿Es _____ su padre?
4. ¿Es profesora su madre?
5. ¿Es artista su madre?
6. ¿Es _____ su madre?

B.

1. ¿Es Ud. (usted)[2] guitarrista?   Sí, soy guitarrista.
   (Are you a guitarist?)   No, no soy guitarrista.
2. ¿Es Ud. artista?
3. ¿Es Ud. _____ ?

C.

1. ¿Hay un médico en su familia?   Sí, hay un médico en mi familia.
   (Is there a doctor in your . . . ?) No, no hay médico en mi familia.
2. ¿Hay un mecánico en su familia?
3. ¿Hay un _____ en su familia?

D.

1. ¿Hay profesores en su familia?
   (Are there any teachers . . . ?)
2. ¿Hay ingenieros en su familia?
3. ¿Hay _____ en su familia?

Did you notice?: *Hay* means *there is* or *there are*. In a question, it means *Is there . . . ? Are there . . . ?*

Pronunciación

h is the only silent letter in the Spanish language. It appears quite often at the beginning of words, and sometimes, inside the word.

    Lea en voz alta:

hotel, hospital, hombre, hambre, hongo, hondo, honor, hay, hasta, ahora, ahoga

ll is pronounced in Spain like the *lli* in *million*. In Latin America it usually sounds like the *y* in *yes*. Choose whichever pronunciation you prefer, and then use it all the time. Imitate your model carefully.

1. Words that end in *-ista* (like the English *-ist*) are both masculine and feminine.
2. The abbreviation *Ud.* is very commonly used in place of *usted*.

Lea ahora:

millón, caballo, pollo, gallo, gallina, sello, llamo, llego, lloro

ñ is pronounced like the *ny* in *canyon,* or like the *ni* in *union.* The little curved line above the *n* is called a *tilde,* and stands for a second *n* that used to appear in Latin or in old Spanish. For the exact sound, imitate your model.

Ahora pronuncie Ud.:

año, daño, niño, niña, paño, puño, caña, riña

4 EN LA CLASE (1)

¿Cómo se llama esto?   What is this called?
¿Qué es esto?   What is this?

el libro

la pluma

el lápiz

el papel

la mesa

la silla

la tiza

la pizarra

la ventana

la puerta

la clase

la escuela

LC 8

PROPAGANDA

su profesor de español

¡Bueno!
¡Excelente!
¡Magnífico!

su profesora de español

¡Perfecto!
¡Fantástico!
¡Estupendo!

el profesor de . . . .

No, no.
No está bien.
Muy malo.

la profesora de . . . .

¡Incorrecto!
¡Terrible!

usted, el estudiante

inteligente, popular,
estudioso, maravilloso

usted, la estudiante

inteligente, popular,
estudiosa, maravillosa

EXPRESIONES COMUNES

A.

Bueno.   Good. All right.

Malo.   Bad.

Muy bien.   Very good. Very well. All right.

No. No está bien. Muy malo.   No. That's not right. Very bad.

B.

Repita (usted). Repitan (ustedes—plural).   Repeat.

Escuche (usted). Escuchen (ustedes—plural).   Listen.

Conteste(n) en español.   Answer in Spanish.

Lea(n) en voz alta.   Read aloud.

Escriba(n).   Write.

Abran el libro.   Open the book.

Cierren el libro.   Close the book.

¿Hay preguntas?   Are there any questions?

¿Comprende(n)?   Do you understand?

Pronunciación

s in Spanish is almost always soft, very close to the *ess* in *professor*.

Lea en español:
casa, música, museo, presente, presidente, peso, pesa, rosa, pasa, masa, cosa, posa, confuso

z is pronounced in Latin America like the *s* in *sick*. In Spain it is pronounced like the *th* in *thick*. For the exact sound, imitate your model.

Lea:
zona, zapato, caza, mozo, perezoso, pozo, comienzo, azúcar, azul

c When *c* comes before an *e* or an *i*, it is pronounced just like the Spanish *z*: that is, *s* in Latin America, *th* in Spain.

Lea otra vez:
nación, principal, mece, precio, necio, cero, cinco, celos, cielo

In all other positions, *c* is hard, like the *c* in *cup, cat, cake*.

Lea otra vez:
cama, copa, capa, cuna, como, crédito, manco, pico, poco, Paco

5   ¿DE DÓNDE ES UD.? (Where are you from?)

How many of these places can you recognize? Listen to them in Spanish, and then repeat. (By the way, notice how many American cities have Spanish names. Do you know why? Can you think of any others?)

Repita:
América, los Estados Unidos: California, Nevada, Arizona, Nuevo México, Texas, Colorado, la Florida; San Antonio, El Paso, San Francisco, Los Ángeles, Santa Bárbara, Sacramento, San Luis, San José, San Pedro, San Fernando, Santa Ana, San Diego, San Agustín

Europa: Francia, Inglaterra, Irlanda, Italia, España, Dinamarca, Escandinavia, Portugal, Austria, Holanda, Rusia

A. Ahora conteste:

1. ¿Es Ud. de Texas?   Sí, soy de Texas.
   (Are you from . . . ?)   No, no soy de Texas.
2. ¿Es Ud. de California?
3. ¿Es Ud. de . . . ? *Pa.*
4. ¿Es de Europa su familia?   Sí, mi familia es . . .
                                    No, mi familia no . . .
5. ¿Es de . . . su familia? *españa*

B.

1. ¿De dónde es su padre?   Mi padre es de . . .
   (Where is your father from?)
2. ¿De dónde es su mejor amigo?
3. ¿De dónde es su . . . ? *madre*

C.

1. ¿De dónde son los italianos?   Los italianos son de Italia.
   (Where are the Italians from?)
2. ¿De dónde son los españoles?
3. ¿De dónde son los mexicanos?
4. ¿De dónde son los . . . ? *americanos*

Pronunciación

j The Spanish *j* has no equal in English. It is formed far back in the throat, like the German *Ach* . . . ! It is a harsh, raspy sound. For the exact sound, imitate your model.

Escuche y repita (*Listen and repeat*):
jabón, jota, jarabe, jamón, mojo, dijo, Méjico, Tejas, lejos, dejo, traje, junio, julio

g The Spanish *g* is pronounced just like the *j* when it comes before an *e* or an *i*.

Lea otra vez:
general, generalmente, giro, gitano, dirige, gente, gesto, genio

In all other circumstances, the *g* is hard, close to the English *g* in *gum*.

Lea una vez más:
goma, gota, lago, digo, dígame, tengo, tenga, hago, haga, pongo, ponga

Notice that the *u* is not pronounced in the group *gui* or *gue*. The *u* just serves to keep the *g* hard.

Lea en voz alta ahora:
guitarra, guerra, distingue, guía, guión

Just for practice,

Lea otra vez en voz alta:

ga, gue, gui, go, gu   (Remember, the *g* is hard!)
ja, ge, gi, jo, ju   (Use the soft sound here.)
za, ce, ci, zo, zu   (Like *th* in Spain or *s* in Spanish
                              America)

ca, que, qui, co, cu   (Pronounced like the English *k*)

6 DIVERSIONES

Repita:

televisión, radio, teatro, cine, música, concierto, ópera, béisbol, fútbol, tenis,
vólibol, básquetbol, sóquer, boxeo, golf

A. Ahora conteste:

1. ¿Le gusta (Do you like)   Sí, me gusta la televisión.
   la televisión?   No, no me gusta . . .
2. ¿Le gusta la música?
3. ¿Le gusta . . . ?
4. ¿Le gusta más (more)   Me gusta más el . . .
   el fútbol o el tenis?
5. ¿Le gusta más el béisbol
   o el básquetbol?
6. ¿Le gusta más el . . . o . . . ?

B.

1. ¿Le gustan los conciertos?   Sí, me gustan los conciertos.
   (Do you like concerts?)   No, no me gustan los . . .
2. ¿Le gustan las comedias
   musicales?
3. ¿Le gustan . . . ?
4. ¿Qué (Which) actores le gustan?
5. ¿Qué actrices le gustan más (most)?

Pronunciación

b and *v* There is no difference at all in the pronunciation of *b* and *v* in Spanish.
             The English *v* does not exist in correct Spanish. If a word begins with
             b or *v*, say *b*.

Lea en voz alta ahora:

barco, barba, barbero, bote, voto, vamos, venga, vaya

> When the *b* or *v* appears between two vowels, it is pronounced more softly, and in a rather special way. Start to say a real *b*, but at the last moment, don't quite close your lips all the way.

Diga ahora en español:

nube, nave, andaba, hablaba, cabo, cubo, tuvo, subo, cabe, sabe, ave, savia, sabio, hube, estuve

7 NÚMEROS 1—12

Repita:

uno	1	cuatro	4	siete	7	diez	10
dos	2	cinco	5	ocho	8	once	11
tres	3	seis	6	nueve	9	doce	12

Problemas de aritmética

y	+	por	×
menos	−	dividido por	÷
	=	es (singular); son (plural)	

A. Diga en español:

$1 + 1 = 2$ (uno y uno son dos)

$2 + 1 = 3$

$4 - 2 = 2$

$5 + 3 = 8$

$9 + 2 = 11$

$10 + 2 = 12$

B. Ahora complete:

$3 + 2 =$	$4 - 1 =$	$3 \times 3 =$	$4 \div 2 =$
$3 + 4 =$	$10 - 4 =$	$2 \times 5 =$	$8 \div 4 =$
$6 + 1 =$	$12 - 7 =$	$4 \times 3 =$	$10 \div 2 =$
$7 + 4 =$	$11 - 8 =$	$6 \times 2 =$	$9 \div 3 =$
$6 + 5 =$	$9 - 4 =$	$2 \times 3 =$	$12 \div 4 =$

C. Conteste en español:

1. Hay dos violinistas, un pianista, dos guitarristas y un clarinetista en la orquesta.

   Conteste: ¿Cuántos (How many) músicos hay en la orquesta?

2. Hay siete muchachos (boys) y cinco muchachas en la clase.

   Conteste: ¿Cuántos estudiantes hay en la clase?

3. Hay tres profesores de español, tres profesores de francés y dos profesores de italiano en el departamento de lenguas (languages).
   Conteste: ¿Cuántos profesores hay en el departamento?
4. Hay dos ventanas a la derecha, y una ventana a la izquierda.
   Conteste: ¿Cuántas ventanas hay?

Pronunciación

t in Spanish is quite different from the English *t*. If you place the back of your hand close to your mouth when you say *t* in English, you will feel a slight breath come out. The Spanish *t* does not have that slight breath following it. To get the Spanish sound, just put your tongue against your upper teeth, and make sure that you feel or hear no breath come out after the *t*.

   Lea en voz alta:

tanto, tanta, tío, tía, tinto, tinta, mito, pito, manto, santo, Teresa, Tomás, vista, cinta, total, tetera, título, tentar, tiempo, tiento, tema, tienda, tener, tomar, teñir, tender

8 ¿QUÉ HORA ES? (What time is it?)

A.

Es la una.
(It is one o'clock.)

Son las dos.
(It is two o'clock.)

Son las tres.

Son las _____. Son las _____. Son _____.

_____.   _____.   _____.

Es la una y media.   Son las dos y media.   Son las cinco y _____.

Son las _____.   Son _____.   _____.

Es la una y cuarto.   Son las dos y cuarto.   Son las seis y _____.

Es la una menos cuarto.   Son las _____.   Son _____.

Es la una y cinco.   Son las dos menos cinco.   Son _____.

B.
¿A qué hora . . . ?
(At what time . . . ?)

Horario—José Pérez

9:00	inglés	1:00	español
10:00	ciencia	1:45	laboratorio
11:30	matemáticas	2:30	geografía
12:15	historia		

Ahora conteste:

1. ¿A qué hora es la clase de español de José Pérez?
   La clase de español es a la . . .
2. ¿A qué hora es la clase de inglés? ¿Y de ciencia?
3. ¿Y de matemáticas? ¿Y de geografía? ¿Y de historia?
4. ¿A qué hora es la sesión de laboratorio?

Pronunciación

d There are several ways of pronouncing the *d* in Spanish, and those ways depend on the position of the *d* in the word or in the group of words. For example:

At the beginning of the word or of a group of words, *d* is pronounced like the *t*, but is voiced.

Diga ahora:
dígame, donde, doy, das, da, damos, dais, dan, directo, dirijo, duro

The same *d* sound is heard after *n* or *l*.
cuando, dando, caminando, andando, diciendo, indio, hallando

In most other cases, and particularly between two vowels, the Spanish *d* is close to the voiced English *th*, as in *mother*.

Lea otra vez:
nada, cada, todo, modo, codo, yodo, hallado, hablado, comido, tenido, andado, caminado, vivido, bebido, Estados Unidos

And at the end of a word, the *d* is like a *th*, but very soft.

Diga otra vez:
libertad, sociedad, universidad, fraternidad, verdad, bondad, unidad, maldad

Repita:

—*Abra la puerta, por favor.* Please open the door.
—**Con mucho gusto.** I'd be glad to.
—**Gracias.** Thank you.
—**De nada.** You're welcome.

ESCENAS

Abra la boca.
(Open your mouth.)

¡Por Dios! (For Heaven's
sake!) ¡Cierre la boca!

Tarde.
(Too late.)

Abra las manos.
(Open your hands.)

Rápido. Cierre las
manos.

Prosperidad

Levanten la mano
derecha.

Levanten la mano
izquierda.

¡Levanten las
manos!

Levántese, por favor.

Ahora, siéntese.

Pasen a la pizarra,
por favor.

Saquen papel y pluma.
(Take out paper and a pen.)

Vamos a pasar ahora a . . .   Let's turn now to . . .
Vamos a aprender . . .   Let's learn . . .
Vamos a continuar.   Let's continue.

Pronunciación

qu The combination *qu* appears in Spanish only before an *e* or an *i*, and is pronounced like the English *k*. The *u* is not sounded at all.

　　Lea en voz alta:
que, quiero, quito, aquí, aquel, quien, quienes, tequila, queso, toque, Roque, enfoque, bloque

(Incidentally, the letter *k* does not really belong to the Spanish alphabet, and appears only in a few words of foreign origin, such as *kilo, kilómetro,* etc.)

x When *x* appears in Spanish between two vowels, it sounds very much like a hard *g* followed by a soft *s*. In other words, the Spanish *exacto* has *no eggs* in it. Say *egsacto, egsamen.*

　　Ahora pronuncie:
exactamente, examen, éxodo, éxito, exorbitante

(There is one exception: In the words *México* and *Texas*, also spelled *Méjico* and *Tejas*, the *x* is pronounced like the *j*.)

When *x* appears before a consonant, the Spaniard usually pronounces it like *s* (extra—estra). The Latin American generally keeps the normal *x* sound.

　　Lea otra vez:
extra, extraordinario, extraño, explicar, extranjero, extremo

LC 18

10 LOS DÍAS DE LA SEMANA[1] (The Days of the Week)

lunes	Monday
martes	Tuesday
miércoles	Wednesday
jueves	Thursday
viernes	Friday
sábado	Saturday
domingo	Sunday

hoy today   **mañana** tomorrow

A. Ahora conteste:

1. ¿Qué día es hoy?   Hoy es (lunes, etc.) _____ .
2. ¿Qué día es mañana?   Mañana _____ .
3. Si (If) hoy es martes, ¿qué día es mañana?

    Si hoy es martes, mañana es _____ .

B. Conteste otra vez:

1. Si mañana es domingo, ¿qué día es hoy?
2. Si mañana es miércoles, ¿qué día es hoy?
3. Si mañana es _____ , ¿qué día es hoy?

C.

1. ¿Hay clases los (on) domingos?
2. ¿Hay clase de español mañana?
3. ¿Hay partido (game) de fútbol
    el sábado?
4. ¿Hay partido de básquetbol
    hoy?

D.

Según (According to) el calendario
a la derecha, ¿qué día de la semana
es el 2 de julio? ¿El 10? ¿El 6? ¿El 7?
¿El 8?

JULIO					
LUNES		7	14	21	28
MARTES	1	8	15	22	29
MIÉRCOLES	2	9	16	23	30
JUEVES	3	10	17	24	31
VIERNES	4	11	18	25	
SÁBADO	5	12	19	26	
DOMINGO	6	13	20	27	

Pronunciación

The Spanish *r* is entirely different from the English *r*. It is formed by placing
your tongue gently against the front upper part of your mouth, and letting

1. Notice that the Spanish week begins with Monday and that days of the week are not capitalized.

it bounce against the roof as the breath comes out. Remember above all that your lips should *never move* when you say an *r* in Spanish.

Here is a good trick for learning to say the *r*. Say the word *butter* (or budder, rudder, etc.) over and over again very rapidly: butterbutterbutterbutterbutter-butterbutter, etc. If you listen carefully, you will hear a trilled *r* sound coming out. You can do it!

Ahora lea en voz alta:

cara, para, moro, toro, pero, cero, curo, puro, mira, lira, pera, cera, aro, faro, claro, dar

andar, hablar, caminar, robar, comer, beber, meter, perder, decir, pedir, dormir, tener, repetir, despedir, sentir, ceder

11 LOS MESES DEL AÑO Y LAS ESTACIONES
(The Months of the Year and the Seasons)

Los Meses

enero	abril	julio	octubre
febrero	mayo	agosto	noviembre
marzo	junio	septiembre	diciembre

Did you notice that in Spanish we do not capitalize the months of the year?

Las Estaciones

el invierno   la primavera   el verano   el otoño

A. Ahora conteste:

1. ¿Cuál es el primer mes (which is the first month) del año?
2. ¿Cuál es el segundo mes del año?
3. ¿Cuáles (Which—plural) son los meses del invierno? ¿Y de la primavera? ¿Y del verano? ¿Y del otoño?
4. ¿Cuáles son los meses de _escuela_ ?
5. ¿Qué meses le gustan más?
6. ¿Qué estación del año le gusta más?

B. Conteste otra vez:

1. ¿En qué mes es su cumpleaños (your birthday)?
    Mi cumpleaños es en _____ .
2. ¿En qué mes es el cumpleaños de su madre?
    El cumpleaños de mi madre _____ .
3. ¿En qué mes es el día de San Valentín?
4. ¿En qué mes son las elecciones nacionales?

Pronunciación

rr The double *r* (*rr*) is a separate consonant in Spanish. It is pronounced like the single *r*, but with much more force. Instead of having the tongue bounce only once against the roof of the mouth, it bounces two, three, or even four times, giving the effect of a trilled *r*.

Ahora diga en voz alta:

pero, perro; caro, carro; cero, cerro; para, parra; coro, corro; mira, mirra; tiara, tierra; era, yerra; ahora, ahorra; barrera, carrera; hierro, cierro; barra, garra; gorra, porra

When a word *begins* with *r*, it is pronounced as if it began with *rr*.

Diga otra vez:

rico, roca, rato, rima, rey, reina, real, realidad

12 SALUDOS Y DESPEDIDAS (Greetings and Farewells)

A.

—Buenos días, Sr. Alonso.	Good morning, Mr. Alonso.
—Muy buenos. ¿Cómo está Ud. (usted)?	Good morning (to you). How are you?

—Bien, gracias. ¿Y Ud.?	Fine, thanks. And you?

Notice that Sr. (señor) means *Mr.;* Sra. (señora) means *Mrs.,* and Srta. (señorita) means *Miss.*

B.

—Buenas tardes.	Good afternoon (till about 8 p.m.)
—Muy buenas.	Good afternoon (to you).
—¿Cómo está?	How are you?
—Bien, gracias.	Fine, thanks.
—¿Y su familia?	And your family?
—Muy bien.	Very well.
—Pues adiós.	Well, goodbye.
—Hasta pronto.	So long. (Till soon)

C.

—Buenas noches. ¿Cómo están Uds. (ustedes)?	Good evening. How are you (all)?
—Muy bien, gracias. ¿Y Ud.?	Fine, thanks. And you?
—Mucho mejor, gracias.	Much better, thank you.
—Pues adiós, y muy buenas noches.	Well goodbye, and a very good night to you.
—Adiós, hasta mañana.	Goodbye, till tomorrow.

Did you notice that *Buenas noches* means both *Good evening* and *Good night?*

D.

Hola. ¿Qué tal?	Hello there. (Hi.) How goes it?
Regular. ¿Y Ud.?	O.K. (Fair). And you?
Así, así.	So-so.
Pues hasta luego, ¿eh?	Well, so long, eh?
Hasta luego.	So long.

As you can see, the little conversation we've just overheard is on much more familiar terms than the more formal ones we did before.

Pronunciación

Diphthongs. A diphthong is any combination of two vowels involving *u* or *i.* (Remember: *u* and *i* are weak, and everyone else is strong!) The two vowels are pronounced rapidly one after the other, and together they form one syllable, unless a written accent mark breaks them up.

Lea en voz alta ahora:

bueno, buenos días; Buenos Aires, Cairo; veinte, treinta; fui, fuiste, ruido, cuido; siento, viento, cielo, hielo; cuando, cuales; causa (cow-sa), pausa; heroico, estoico

13 NÚMEROS 13—30

A. Vamos a repasar (*Let's review*):

uno, dos, tres	1, 2, 3	**siete, ocho, nueve**	7, 8, 9
cuatro, cinco, seis	4, 5, 6	**diez, once, doce**	10, 11, 12

B. Ahora vamos a continuar:

trece	13	**diez y siete**	17
catorce	14	**diez y ocho**	18
quince	15	**diez y nueve**	19
diez y seis	16		

VEINTE	20	_____	25
veinte y uno	21	_____	26
veinte y dos	22	_____	27
veinte y _____	23	_____	28
veinte y _____	24	_____	29

TREINTA   30

Now how do you think we say *31* in Spanish? _____

C. Problemas de aritmética

10 + 9 =	14 + 16 =	9 × 3 =
11 + 12 =	30 − 8 =	5 × 6 =
15 + 3 =	26 − 5 =	8 × 4 =
17 + 10 =	22 − 7 =	24 ÷ 6 =
12 + 13 =	4 × 7 =	30 ÷ 3 =

D. Ahora conteste en español:
1. ¿Cuántos días hay en el mes de febrero?
2. ¿Cuántos días hay en junio?
3. ¿Cuántas semanas hay en un mes?
4. ¿Cuántas horas (hours) hay en un día?
5. ¿Cuántos estudiantes hay en su clase de español?

E. ¿Qué hora es?

Es la una y cuarto (o quince).

Es la una y veinte.

Es la una y veinte y cinco.

Son las dos y _____.

Son las dos y _____.

Son las dos menos ____.

División en sílabas (*Division into syllables*)

A single consonant that stands between two vowels goes with the *following* vowel. Remember that in Spanish *ll, rr,* and *ch* are considered single consonants. Never separate them!

Ahora divida en sílabas:

casa, rosa, pino, pollo, vivo, para, perro, teme, llama, sabe, toman, comen, sílabas, divida, repita, vamos a repasar, levante la mano derecha

When two consonants come together, they are usually broken up, except if the second one is *l* or *r*. For example: costa, cos-ta; perdón, per-dón; But: Pablo, Pa-blo; otro, o-tro.

Ahora divida Ud. en sílabas:

palma, resto, persona, contento, conteste, escriba, péndulo, gusto, habla, logro, nosotros, usted, abra, cabra, cobro

14 EXPRESIONES DE CORTESÍA

Por favor.	Please.
Gracias.	Thank you.
De nada.	You're welcome. (Not at all.)
Perdone.	Excuse me (for bothering you, interrupting you, etc.)
Con permiso.	Excuse me. (I'd like to pass. I'm going to leave now, etc.)

PLEASE, PLEASE, PLEASE

A. "Please" is a most important word in any language. And so, in Spanish there is more than one way of saying it. *Por favor* is the strongest, and perhaps the most pleading. It greatly softens the tone of the command.

—Ricardo, pase a la pizarra,
  por favor, y escriba . . .
—Por favor, señorita Moreno,
  hoy no. Por favor.

Richard, go to the board please
  and write . . .
Please, Miss Moreno, not today.
  Please.

B. Another very common way of saying "Please" is:

¿Me hace el favor de . . . ?

Will you do me the favor of . . . ?

¿Me hace el favor de cerrar la
  ventana?

Will you please close the window?
  (Will you do me the favor of
  closing . . . ?)

¿Me hace el favor de abrir la
  puerta?

Will you please open the door?

¿Me hace el favor de contestar el
  teléfono?

Will you please answer the telephone?

(Notice that we're not really using a command form here, as we did with *Por favor*. We'll tell you why later on.)

El alfabeto

Lea en voz alta:

a	a		**n**	ene
b	be		**ñ**	eñe (pronounce: *enye*)
c	ce		**o**	o
ch	che		**p**	pe
d	de		**q**	cu
e	e		**r**	ere
f	efe		**rr**	erre
g	ge		**s**	ese
h	hache (Don't pronounce		**t**	te
	the *h*)			

i	i	**u**	u
j	jota	**v**	ve
k	(k—*ca*, only in a few words of foreign origin)	**w**	(doble u, only in foreign words)
l	ele	**x**	equis
ll	elle (pronounce: *elye*)	**y**	i griega (*Y* is really the Greek *i*. Therefore: *i griega*)
m	eme	**z**	zeta

15 LA FAMILIA

A.

el padre
la madre

los padres   the parents

el hermano   the brother
la hermana   the sister

los hermanos   the brothers, the brother(s) and sister(s)

Have you noticed that when a group has both male and female in it, the male wins out in Spanish?

el hijo   the son
la hija   the daughter

los hijos   the sons, the son(s) and daughter(s)

el esposo   the husband
la _____   the wife

los esposos   the husband and wife

(What English word does *esposo* or *esposa* remind you of?)

el abuelo   the grandfather
_____   the grandmother

los _____   the grandparents

B.

mi tío   my uncle
_____   my aunt

mis tíos   my aunt(s) and uncle(s)

mi primo   my cousin (male)
mi _____   (female)

mis _____

C. Ahora conteste:

1. ¿Tiene Ud. (Do you have any) hermanos?
    Sí, tengo (Yes, I have) . . . No, no tengo . . .
2. ¿Cuántos hermanos tiene Ud.? ¿Cómo se llaman?

3. ¿Tiene Ud. abuelos? ¿Cuántos tiene?
4. ¿Tiene Ud. tíos? ¿Cuántos tíos tiene? ¿Cuántas tías tiene?
5. ¿Tiene Ud. muchos (many) primos?
6. ¿Cuántos primos tiene? ¿Cómo se llaman?

Which Syllable Do We Stress?

The rule is quite simple:

If a word ends in a vowel, or in -*n* or -*s*, the stress falls on the next to the last syllable. For example:

Lea en voz alta:

pasa, masa, cero, cinco, donde, cuando, primo, alto, padre, madre, hijo, hermanos, abuelos, caminos, escriba, repita, contesten, escuchen

If the word ends in a consonant other than -*n* or -*s*, stress the *last* syllable.

español, caminar, tener, hacer, libertad, universidad, real, cruel, capaz, hospital

If the word does not follow this rule, it has a written accent over the vowel of the stressed syllable.

corazón, lágrima, lástima, unión, nación, fácil, difícil, teléfono

D. Complete en español.

La familia Gómez

1. Juan Gómez es el padre de Enrique. Enrique es el _____ de Juan.
2. Ana María de Gómez es la esposa de Juan. Ana María es la _____ de Enrique.

3. Eloísa es la hija de Juan y Ana María. Enrique es el _____ de Eloísa.

4. Marta es la hermana de Ana María. Marta es la _____ de Enrique y Eloísa.

16 ¿QUÉ TIEMPO HACE? (How is the weather?)

Hace frío.
It's cold out.

Hace fresco.
It's cool out.

Hace mucho frío.
It's very cold out.

Hace calor.
It's warm (or hot) out.

Hace mucho calor.

A. Ahora conteste (y rápidamente, por favor):

1. ¿Hace frío hoy?
2. ¿Hace mucho calor hoy?
3. ¿Hace frío o calor en el invierno? ¿Y en el verano? ¿Y en el otoño? ¿Y en la primavera?
4. ¿En qué meses hace calor? ¿Y frío? ¿Y fresco?
5. ¿Le gusta más a Ud. el calor o el frío?

Llueve.
It's raining.

Nieva.
It's _____ .

Hace viento. (It's windy.)

Hace mucho viento.

B. Conteste otra vez:

1. ¿Llueve hoy?
2. ¿Nieva ahora?
3. ¿Hace mucho viento hoy?
4. ¿En qué estación del año llueve más?
5. ¿Nieva mucho en el continente de África? ¿Y en la Zona Ártica?
6. ¿Llueve mucho en California? ¿Y en la Florida? ¿Y en el desierto?

Puntuación

a. Within the sentence in Spanish we capitalize *only proper names*, that is, names of people or of countries. We do not capitalize the names of languages, nationalities, religions, days of the week, or months of the year. For example, *España*, Spain; *el español*, Spanish (language); *español*, Spanish or Spaniard; *católico*, Catholic; *lunes*, Monday; *mayo*, May.

b. Titles are capitalized only when abbreviated.

Buenos días, señora Rivera.   Good morning, Mrs. Rivera.
Buenos días, Sra. Rivera.

Buenas tardes, doctor García.   Good afternoon, Dr. Garcia.
Buenas tardes, Dr. García.

17 NÚMEROS HASTA 1000 (Numbers up to 1000)

A. Vamos a repasar:

diez, once, doce 10, 11, 12
trece, catorce, quince 13, 14, 15
diez y seis, diez y siete, diez y _____, diez y _____ 16, 17, 18, 19
VEINTE
veinte y uno   _____   _____

_____   _____   _____

TREINTA
treinta y uno   _____   _____

_____   _____   _____

B. Vamos a continuar:

CUARENTA (40)   (Remember: cuatro, 4; cuarenta, 40)

cuarenta y _____   _____   _____

_____   _____   _____

_____   _____   _____

CINCUENTA (50)   (Remember: cinco, 5; cincuenta, 50)
SESENTA (60)   (Remember: seis, 6; sesenta, 60)
SETENTA (70)   (Remember: siete, 7; setenta, 70)
OCHENTA (80)   (Remember: ocho, 8; ochenta, 80)
NOVENTA (90)   (Remember: nueve, 9; noventa, 90)
CIEN or CIENTO   100

(What English words do you know that have "cent" in them and refer in some way to 100?)

C. Más (More) problemas de aritmética

Lea en voz alta, y haga sus (do your) cálculos en español:

1.
$$\begin{array}{r} 32 \\ +17 \end{array} \qquad \begin{array}{r} 89 \\ +10 \end{array} \qquad \begin{array}{r} 25 \\ +33 \end{array} \qquad \begin{array}{r} 75 \\ -40 \end{array} \qquad \begin{array}{r} 100 \\ -\ 80 \end{array}$$

2.
$$\begin{array}{r} 85 \\ -34 \end{array} \qquad \begin{array}{r} 10 \\ \times\ 9 \end{array} \qquad \begin{array}{r} 11 \\ \times\ 8 \end{array} \qquad \begin{array}{r} 15 \\ \times\ 3 \end{array} \qquad \begin{array}{r} 25 \\ \times\ 4 \end{array}$$

3. $64 \div 8 =$ $96 \div 12 =$ $100 \div 4 =$ $30 \div 6 =$

D. Vamos a continuar:

cien or **ciento**   100
doscientos   200
_____   300
_____   400

QUINIENTOS   500   (*Quinientos* doesn't follow the usual rule, as you see.)

seiscientos   600
SETECIENTOS   700
   (A bit irregular, too)
ochocientos   800
NOVECIENTOS   900
   (The last of the rebels)
MIL   1000

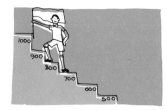

When we tell the year in Spanish, we count by hundreds only up to 1000, and then use 1000 plus 500, 700, 900, etc. to form the balance of the number. For example, the year 1970 is: one thousand nine hundred seventy—mil novecientos setenta. The year 1588 is: one thousand five hundred eighty-eight—mil quinientos ochenta y ocho. The year 1895 is: one thousand eight hundred ninety-five—mil ochocientos noventa y cinco.

Ahora continue Ud.:

a. 1600: mil _____
b. 1750: _____
c. 1812: _____
d. 1977: _____

Here are some famous historical dates. Can you match them up with their events and then write them out in Spanish?

$$\boxed{1492, 1776, 1865, 1963}$$

a. Guerra Civil entre (between) el Norte y el Sur
b. Asesinato del presidente Kennedy
c. Descubrimiento de América por Cristóbal Colón
d. Declaración de Independencia de los Estados Unidos de América

VOCABULARIO ACTIVO

La Familia

abuela, abuelo grandmother, grandfather
esposa, esposo wife, husband
hermana, hermano sister, brother
hija, hijo daughter, son
madre, padre mother, father
prima, primo cousin
tía, tío aunt, uncle
muchacha, muchacho girl, boy
amiga, amigo friend

En la Clase de Español

profesor, profesora teacher
estudiante student
escuela school
pizarra blackboard
tiza chalk
puerta door
ventana window
(el) lápiz pencil
pluma pen
(el) papel paper
libro book

mesa   table; desk
silla   chair
a la derecha → on the right
← a la izquierda   on the left

La Hora del Día
¿Qué hora es?   What time
    is it?

Es la una.   Son las dos.

Son las tres   Son las seis
    y media.   menos cuarto.
¿A que hora . . . ?   At what
    time . . . ?
A la una y veinte.   At 1:20.
A las ocho y media.   At 8:30.

Las Estaciones del Año
invierno   winter
primavera   spring
verano   summer
otoño   autumn

Los Días de la Semana
lunes   Monday
martes   Tuesday
miércoles   Wednesday
jueves   Thursday
viernes   Friday
sábado   Saturday
domingo   Sunday
hoy, mañana   today,
    tomorrow

Los Meses del Año
enero   julio
febrero   agosto
marzo   septiembre
abril   octubre
mayo   noviembre
junio   diciembre

¿Qué tiempo hace?
How is the weather?
Hace (mucho) frío.   It's
    (very) cold out.
Hace (mucho) calor.   It's
    (very) hot out.
Hace (mucho) viento.   It's
    (very) windy.
Llueve.   It is raining.
Nieva.   It is snowing.

Expresiones de Cortesía
Buenos días.   Good morning.
Buenas tardes.   Good after-
    noon.
Buenas noches.   Good
    evening; Good night.
Hola.   Hello. Hi!
¿Cómo está Ud.?   How are
                      you?
¿Cómo están Uds.?
Bien, gracias.   Fine, thanks.
Muy bien. ¿Y Ud.?   Very
    well. And you?
Así, así.   So-so.
Hasta luego.   So long.
Perdone.   Excuse me.
Por favor.   Please.
Gracias.   Thank you.
De nada.   You're welcome.

Expresiones Comunes

Bueno.	Good.	**¿Qué?**	What?	**¿Cuál(es)?**	Which?
Mal(o).	Bad.	**¿Quién(es)?**	Who?	**¿Cuánto(s)?**	How much (many)?

¿Cómo se llama Ud.?—Me llamo . . .
What is your name?—My name is . . .

¿Cómo se llama su mejor amigo?—Mi mejor amigo se llama . . .
What is your best friend's name?—My best friend's name is . . .

¿Es Ud. . . . ?—Sí, soy . . . No, no soy . . .
Are you . . . ?—Yes, I am . . . No, I'm not . . .

¿De dónde es Ud.?—Soy de . . .
Where are you from?—I am from . . .

¿De dónde es su familia?—Mi familia es de . . .
Where is your family from?—My family is from . . .

¿De dónde son sus padres?—Mis padres son de . . .
Where are your parents from?—My parents are from . . .

¿Hay . . . ?—Sí, hay . . . No, no hay . . .
Is there . . . ? Are there? . . . Yes, there is . . . Yes, there are . . . No, there isn't . . . No, there aren't . . .

¿Le gusta el español?—Sí, me gusta . . . No, no me gusta . . .
Do you like Spanish?—Yes, I like . . . No, I don't like . . .

¿Le gustan los exámenes?—Sí, me gustan . . . No, no me gustan . . .
Do you like exams?—Yes, I like . . . No, I don't like . . .

Números Cardinales

1–10	11–20	by 10's to 100	by 100's to 1000
1 uno	11 once	10 diez	100 cien(to)
2 dos	12 doce	20 veinte	200 doscientos
3 tres	13 trece	30 treinta	300 trescientos
4 cuatro	14 catorce	40 cuarenta	400 cuatrocientos
5 cinco	15 quince	50 cincuenta	500 *qui*nientos
6 seis	16 diez y seis	60 sesenta	600 seiscientos
7 siete	17 diez y siete	70 setenta	700 *sete*cientos
8 ocho	18 diez y ocho	80 ochenta	800 ochocientos
9 nueve	19 diez y nueve	90 noventa	900 *nove*cientos
10 diez	20 veinte	100 cien(to)	1000 mil

1 Lección Primera

A.

1. ¿Habla Ud. inglés? (Do you speak English?)
    Sí, hablo inglés. (Yes, I . . .)
    No, no hablo . . .
2. ¿Habla Ud. francés?
3. ¿Habla Ud. japonés?
4. ¿Estudia Ud. (Do you study) matemáticas?
    Sí, estudio . . .
    No, no estudio . . .
5. ¿Prepara Ud. bien las lecciones?
6. ¿Trabaja Ud. mucho? (Do you work . . . ?)
    Sí, trabajo . . .
7. ¿Estudia Ud. ciencia?
    Sí, estudio . . .

B.

1. ¿Habla español su familia? (Does your family speak . . . ?)
    Sí, mi familia habla español.
    No, mi familia no habla . . .
2. ¿Habla italiano su abuelo?
3. ¿Cómo se llama su padre?
    Mi padre se llama . . .
4. ¿Trabaja su madre?
5. ¿Prepara su madre las comidas (the meals)?
6. ¿Estudia español su mejor amigo?
7. ¿A qué hora termina la clase de español?

C.

1. ¿Come Ud. mucho? (Do you eat a lot?) Sí, como mucho.
   No, no como mucho.

2. ¿Come Ud. mucho chocolate?

3. ¿Bebe Ud. (Do you drink) mucha Coca Sí, bebo . . .
   Cola? No, no bebo . . .

4. ¿Comprende Ud. (Do you understand)
   español?

5. ¿Vive Ud. (Do you live) en los Estados Sí, vivo . . .
   Unidos de América?

6. ¿Vive Ud. en una casa (house) o en un Vivo . . .
   apartamento?

7. ¿Escribe Ud. bien? (Do you write well?)

D.

1. ¿Come mucho su familia? (Does your Sí, mi familia come . . .
   family eat . . . ?) No, mi familia no come . . .

2. ¿Quién come más—su madre o su
   padre?

3. ¿Bebe vino (wine) su familia? Sí, mi familia bebe . . .

4. ¿Aprende español su hermano? (Is your
   brother learning . . . ?)

5. ¿Dónde vive su tío favorito? Mi tío favorito vive en . . .

6. ¿Escribe mucho en la pizarra su
   profesor(a)?

ESCENAS DE LA VIDA

La Bienvenida

The Welcome

(SRA.: Señora   SRA. C: La señora de Campos)

Una señora *llama a la puerta de* la familia Campos. knocks at the door of
Tiene en la mano un papel evidentemente oficial. She has in her hand an
  evidently official paper.

SRA.: Buenos días. *¿Hablo con* la señora de Campos? Am I speaking with Mrs.
SRA. C: Sí, señora.

2

5 SRA.: *¿Pues me hace el favor de contestar algunas preguntas?*	Well, will you please answer a few questions?
SRA. C: Con mucho gusto.	
SRA.: Bueno. Ahora, ¿su *nombre entero,* por favor?	full name
SRA. C: Sara María de Campos.	
(La señora *saca* una pluma y escribe.)	takes out
10 SRA.: Sa-ra Ma-rí-a de Cam-pos. ¿*Así?*	Like this?
SRA. C: Sí.	
SRA.: *¿Su edad?*	Your age?
SRA. C: 36 años.	
SRA.: (escribe) Trein-ta y seis . . . Y *su* esposo, ¿cómo se llama?	your
15 llama?	
SRA. C: Ernesto.	
SRA.: *¿La edad de su esposo?*	Your husband's age?
SRA. C: 35.	
SRA.: *¿Y dónde trabaja?*	where does he work?
20 SRA. C: *En el centro.* Es ingeniero.	Downtown
SRA.: ¿Cuánto *gana al año?*	does he earn a year?
SRA. C: *Unos* ocho mil pesos, *creo.*	About ~ I think
SRA.: Ajá . . . ¿Cuántos hijos tiene Ud., señora Campos?	
SRA. C: Cuatro. Dos muchachos y dos *niñas.*	(little) girls
25 SRA.: ¿Cuántas *habitaciones* hay en la *casa?*	rooms ~ house
SRA. C: Seis.	
SRA.: ¿Cuántos *baños?*	baths
SRA. C: Dos.	
SRA.: ¿Cuántas *alcobas?*	bedrooms
30 SRA. C: Tres.	
SRA.: ¿Ud. trabaja, señora?	
SRA. C: No, no trabajo.	
SRA.: *¿Tiene criada?*	Do you have a maid?
SRA. C: No, no tengo criada.	
35 SRA.: *¿Entonces Ud. limpia la casa por sí sola?*	Then you clean the house by yourself?
SRA. C: Sí.	
SRA: ¿Y prepara las *comidas?*	meals
SRA. C: Sí, *siempre* preparo las comidas.	always
SRA.: *¿Vive Ud. feliz con* su esposo?	Do you live happily with
40 SRA. C: Sí, vivo *muy* feliz con mi esposo . . . *Pero, ¿por qué pregunta eso el gobierno?*	very ~ But why does the government ask that?
SRA.: Ah, señora Campos. No es el gobierno. Yo soy *su vecina,* Amelia del Paso. Vivo en la *casa de al lado* . . . a la derecha . . . ¡*Bienvenidos!*	your neighbor ~ house next door ~ Welcome!

VOCABULARIO ACTIVO

vivir en una casa — to live in a house

casa — house

trabajar — to work

alcoba — bedroom

baño — bathroom

yo

escribir — to write

comida — meal

preparar una comida — to prepare a meal

mi vecino / vecina — neighbor

¿dónde? — where?

¿por qué? — why?

hablar — to speak

contestar — to answer

siempre — always

de — from

a — to

en	pero	con	y
in, on, at	but	with	and

PREGUNTAS

1. ¿Quién llama a la puerta de la familia Campos?
2. ¿Cómo se llama la señora de la casa?
3. ¿Cuántos años tiene? (How old is she?)
4. ¿Cuántos años tiene el señor Campos?
5. ¿Dónde trabaja?
6. ¿Cuánto gana al año?
7. ¿Cuántos hijos hay en la familia Campos?
8. ¿Cuántas alcobas hay en la casa? ¿Y cuántos baños?
9. ¿Quién limpia la casa?
10. ¿Quién prepara las comidas?
11. ¿Quién es la otra (other) señora?
12. ¿Dónde vive?

DISCUSIÓN

1. ¿Cómo se llama su (your) vecina? ¿Es simpática (nice)? ¿Es como (like) Amelia del Paso?
2. ¿Cuántas personas hay en la familia de su vecina? ¿Hay niños?
3. ¿Trabaja Ud.? ¿Trabaja su madre? ¿Quién más (else) trabaja en su familia?
4. ¿Vive Ud. en una casa o en un apartamento? ¿Cuántas habitaciones tiene? ¿Cuántos baños?
5. ¿Cuántas ventanas tiene su alcoba? ¿Cuántas puertas tiene?

ESTRUCTURA

1. The Three Conjugations of Spanish Verbs

All Spanish verbs belong to one of three conjugations, according to the endings of their infinitives. First conjugation verbs end in -*ar*, second conjugation verbs in -*er*, and third in -*ir*.

1st conjugation	**2nd conjugation**	**3rd conjugation**
habl*ar* to speak	com*er* to eat	viv*ir* to live

(What other verbs do you know already that may be added to each of these conjugations?)

2. Present Tense of Regular Verbs: First and Third Person Singular
(I, he, she, it, you—Ud.)

	hablar	comer	vivir
1 sing.			
(yo)	hablo	como	vivo
3 sing.			
(Juan)			
(mi madre)	habla	come	vive
(Ud.—usted)			

The present tense tells what is happening *now* or what usually happens. In English you can say it in many ways.

For example:

Hablo . . .	I speak, I am speaking, I do speak . . .
¿Habla Ud. . . . ?	Are you speaking . . . ? Do you speak . . . ?
Juan come mucho.	John eats a lot.
	John is eating a lot.
	John does eat a lot.
¿Vive en el centro?	Does he live downtown?
	Is he living downtown?
	He lives downtown?

Ejercicios

A. Give the present tense form for each of the following verbs, according to the subject indicated: (Do you know what each one means?)

1. (yo): preparar, estudiar, hablar, comer, beber, vivir, abrir
2. (Luis): trabajar, ganar, llamar, escribir, creer, aprender
3. (Ud.): limpiar, tomar, sacar, insistir, resistir, comprender

B. Conteste afirmativamente:

1. ¿Abre Ud. la ventana?
2. ¿Abre Sara la puerta?
3. ¿Escribe bien el niño?
4. ¿Escribe Ud. rápidamente?
5. ¿Aprende Ud. español?
6. ¿Cree Ud. (Do you believe) en la democracia?
7. ¿Vive Ud. cerca (nearby)?
8. ¿Limpia la casa su hermana?

3. Questions and Negative Sentences

a. The usual way to ask a question in Spanish is simply to put the verb before the subject. Sometimes the subject winds up at the end of the sentence!

¿Escribe María hoy?	Is Mary writing today?
¿Escribe hoy María?	
¿Habla bien el niño?	Does the boy speak well?

b. And it is even possible to take an ordinary statement and make it a question by changing the inflection of your voice.

¿María escribe hoy?
¿El niño habla bien?

c. Sentences are made negative, as we have seen, by putting *no* before the verb.

María no escribe hoy.	Mary isn't writing today.
El niño no habla bien.	The boy doesn't speak well.

Ejercicios

A. Cambie a preguntas (*Change into questions*):

1. Ud. aprende mucho español.
2. Elena prepara la comida.
3. Su vecina llama siempre a la puerta.
4. Ud. toma el tren.
5. El profesor habla cuatro lenguas.
6. Su abuela vive cerca.
7. María trabaja en un hospital.
8. Su hermana come muy poco (very little).

B. Ahora conteste negativamente:

1. ¿Abre Ud. la ventana?
2. ¿Saca Ud. papel y pluma?
3. ¿Aprende Ud. francés ahora?
4. ¿Toma Ud. el autobús hoy?
5. ¿Prepara las comidas la criada?
6. ¿Gana mucho su padre?
7. ¿Escucha mucho la radio su madre?
8. ¿Comprende Ud. bien el español?
9. ¿Le gusta estudiar?
10. ¿Estudia Ud. día y noche?

4. Gender and Plural of Nouns

a. All nouns in Spanish are either masculine or feminine. Of course, male persons or animals are masculine, and female persons or animals are feminine.

el padre	the father	la madre	the mother
el hijo	the son	la hija	the daughter

b. In addition, almost all nouns that end in *-o* are masculine, and almost all that end in *-a* are feminine.

el libro	the book	la pluma	the pen
el baño	the bath	la casa	the house

(We have already found two important exceptions: *el día*, the day, and *la mano*, the hand. Do you remember?)

c. Nouns that end in a vowel (a, e, i, o, u) are made plural by adding *-s*.

padre   padres   casa   casas

Nouns that end in a consonant add *-es* to form the plural.[1]

papel   papeles   lección   lecciones

Notice that words ending in *-ión* or *-ción* lose their accent marks in the plural.

Ejercicios

A. Diga «masculino» o «femenina» para cada palabra (*for each word*): casa, alcoba, baño, ventana, puerta, general, capitán, mano, día

B. Ahora, hágalas plurales (*Now make them plural*).

5. The Articles

Articles in Spanish are masculine or feminine and singular or plural according to the noun to which they refer.

a. The definite article: *the*

el libro	the book	los libros	the books
la casa	the house	las casas	the houses

1. Nouns that end in -z change to -ces in the plural: lápiz   lápices.

Before a feminine singular noun that begins with a stressed *a* or *ha*, we use *el*.

el agua   the water   el hambre   hunger
el alma   the soul

But the plural remains:

las aguas   las almas

b.   The indefinite article: *a, an, some*

un amigo   a friend (male)   una amiga   a friend (female)

If we want to say "some," we can use the plural articles *unos* or *unas*.

unos amigos, unas amigas   some friends

Ejercicios

   A.   Place the proper form of the definite article before each of the following nouns:

madre, maestro, libro, pluma, pizarra, año, semana, mesa, papel, lápiz, música, béisbol, estación, mes, casas, alcobas, baños, puertas, días, meses, manos

   B.   Now the indefinite article:

amigo, vecina, ventana, papel, hijo, primo, abuelo, hermano, niños, niñas, muchachos, muchachas, preguntas, día, noche

   C.   Conteste en español:

1. ¿Le gusta la[2] música española?
2. ¿Le gustan los[2] animales?
3. ¿Vive Ud. en el centro?
4. ¿Vive su familia en un hotel?
5. ¿Toma Ud. el tren hoy?
6. ¿Cuántos libros hay en su mesa?
7. ¿Cómo se llama el libro de español?
8. ¿Escribe Ud. los ejercicios en la pizarra?
9. ¿Contesta Ud. bien las preguntas?
10. ¿Tiene Ud. unos amigos latinoamericanos? (Sí, tengo . . . No, . . .)

2. Don't use the article in English.

PARTIDO DE FÚTBOL AMERICANO (FOOTBALL GAME)

Primer período (First Period):   The class is divided into two teams. Now write on separate cards or slips of paper 10 infinitives of verbs we have studied or used, and with each, a subject. For example: *hablar . . . yo; comer . . . mi vecina,* etc. When your opponent is called on, he is then to give the proper form of the present indicative. For example, if he gets: *hablar . . . yo,* he is supposed to say: *(yo) hablo.* If he gets *comer . . . mi vecina,* he is to say: *Mi vecina come.* For each correct answer, he gains 10 yards. If he misses, he loses the ball, and you pick it up at that point on the field.

Segundo (Second) **período:** Write on separate cards or slips of paper 10 nouns, and your opponent will have to put a definite article before each one. For example: *profesor . . . el profesor; mano . . . la mano; días . . . los días.*

Tercer (Third) **período:** Use the same 10 nouns, but this time your opponent has to put the indefinite article before each one: *profesor . . . un profesor; madre . . . una madre; día . . . un día.*

Cuarto (Fourth) **período:** Surprise finish!

Y en el campo, la familia trabaja junta.

¿Quién es el Hispano?

Hombre de España. *Europeo*. Producto de una *larga* historia y tradición. Hijo de la *fusión antigua de muchos pueblos—griegos*, romanos, tribus germánicas, árabes y otros.

A European. ~ long
ancient blending of many peoples—Greeks

5   Hombre de América—de México, de la América Central y de la América del *Sur. Blanco, negro, indio, mestizo.* Producto *también* de muchos pueblos y *razas*—europeos, africanos, asiáticos. Pero en América, la fusión es moderna, reciente, incompleta.

South, White, black, Indian, mixed Indian and white. also ~ races

10   *Entonces*, ¿son diferentes el español y el hispanoamericano? En *ciertos* aspectos, sí. En *otros*, hay *poca* diferencia. La cultura española es la base principal de la cultura hispanoamericana y de su estructura social. El hispanoamericano habla la *lengua* de España y adopta también

15 su religión y su filosofía de la vida. Pero *al mismo tiempo*, la geografía de Hispanoamérica *crea una fuerte* unión con la América del Norte, especialmente con los Estados Unidos, y la influencia norteamericana es notable.

Then

certain ~ others ~ little

language
at the same time
creates a strong

    ¿Quién es el hispano, pregunta Ud.? *Vamos a conocerlo*
20 *ahora mismo.*

Let's get to know him right now.

Salvador Aliaga es capataz (foreman) de una hacienda en Costa Rica.

Víctor Rivera y León Valles son mecánicos industriales en Quito, Ecuador.

Isabel y Ermelinda Suárez son estudiantes en la Universidad de México.

Un gaucho en la pampa (prairie) argentina.

Elena Osorio trabaja en un laboratorio de Cartagena, Colombia.

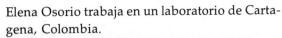

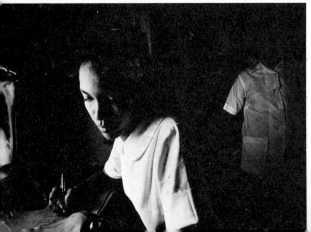

Manolo Rivas, carpintero en Tucarrique, Costa Rica, construye una casa completa en doce días.

Pescadores (fishermen) españoles de Asturias.

Eustasio Gagliano tiene una tienda de comestibles (grocery) en Maracaibo, Venezuela.

Un padre español camina a la iglesia (walks to church).

El hispano. Hombre de la ciudad (city). Hombre de la tierra (land).

PREGUNTAS

1. ¿De qué pueblos es producto el español? ¿Y el hispanoamericano?
2. ¿Cuál es la base principal de la cultura hispanoamericana?
3. ¿Qué lengua habla el hispanoamericano?
4. ¿Por qué hay mucha influencia norteamericana en Latinoamérica?
5. ¿Qué naciones hispanas puede Ud. (can you) mencionar?

2 Lección Segunda

A.

1. ¿Hablan Uds. (ustedes) inglés?
   (Do you—plural—speak English?)
2. ¿Estudian Uds. matemáticas?
3. ¿Toman Uds. (Do you take) el autobús hoy?
4. ¿Trabajan Uds. mucho en la clase?
5. ¿Preparan Uds. bien las lecciones?
6. ¿Ganan Uds. dinero? (Do you earn money?)
7. ¿Gastan Uds. (Do you spend) mucho dinero?
8. ¿Ayudan Uds. (Do you help) en la casa?

Sí, hablamos . . . (Yes, we speak . . .) No, . . .
Sí, estudiamos . . .
Sí, tomamos . . .

B.

1. ¿Hablan español sus vecinos?
   (Do your neighbors speak . . . ?)
2. ¿Qué lengua hablan los italianos?
3. ¿Qué lenguas estudian sus amigos?
4. ¿Toman lecciones de música sus hermanos?
5. ¿Trabajan mucho sus padres?

Sí, mis vecinos hablan . . .
No, mis vecinos no hablan . . .
Los italianos . . .
Mis amigos estudian . . .

6. ¿Compran (Do they buy) mucho en el supermercado?
7. ¿Gastan mucho dinero?

C.

1. ¿Comen Uds. frecuentemente (Do you eat often) en restaurantes?

Sí, comemos . . . (Yes, we . . .)
No, no comemos . . .

2. ¿Beben Uds. (Do you drink) mucho café?
3. ¿Comprenden Uds. bien el español?

Sí, comprendemos . . .

4. ¿Aprenden Uds. rápidamente?
5. ¿Creen Uds. (Do you believe) en la democracia?

Sí, creemos . . .

6. ¿Leen Uds. (Do you read) muchos libros?

D.

1. ¿Leen mucho sus padres?

Sí, mis padres leen . . .

2. ¿Aprenden español sus hermanos?
3. ¿Quiénes comen más—los muchachos o las muchachas?
4. ¿Venden (Do they sell) comidas en la escuela?
5. ¿Venden cigarrillos (cigarettes) en la escuela?
6. ¿Venden periódicos (newspapers)?

E.

1. ¿Dónde viven Uds.?

Vivimos en . . .

2. ¿Escriben Uds. ahora en español?

Sí, escribimos . . .

3. ¿Abren Uds. las ventanas cuando (when) hace mucho frío?

No, no abrimos . . .

4. ¿Abren Uds. las ventanas cuando hace mucho calor?

F.

1. ¿Viven en los Estados Unidos sus abuelos?

Sí, mis abuelos viven . . .
No, mis abuelos no viven . . .

2. ¿Dónde viven sus tíos?
3. ¿Escriben bien los estudiantes de su clase?
4. ¿A qué hora abren (do they open) la escuela?

Abren la escuela a las . . .

15

Entre Amigas (1)

Between Friends

(A.: Amelia   P.: Pilar)

La casa de la familia del Paso. Amelia del Paso y *su* amiga Pilar Covarrubias *toman* café y hablan en la *cocina*.

> her
> are drinking ∼ kitchen

A.: Sí. Se llaman Campos—Sara María y Ernesto.

P.: Viven a la derecha, ¿no?

5 A.: No. Viven a la izquierda, en la casa *del editor* de La Nación.

> of the publisher

P.: ¿Son *simpáticos*?

> nice

A.: Sí. Me gustan mucho . . . *aunque* la señora es mucho *mayor que su* esposo.

> although
> older than her

10 P.: ¿Ah, sí?

> Surely. She admits (that) she's 36, and I think that she's older

A.: *Seguro. Admite que tiene 36 años, y yo creo que tiene más.* El esposo *tiene sólo* 35.

> is only

P.: *¿La verdad?*

> Really?

A.: Absolutamente . . . ¿Más café, Pilar?

15 P.: Gracias, no. *Por* el momento. . . . . Pero, ¿tienen niños?

> For

A.: Cuatro.

P.: ¿Y el esposo? ¿Qué es?

A.: Es arquitecto. . . . No. Ingeniero. *Gana* nueve o diez mil al año.

> He earns

20 P.: Muy bien, ¿no?

● A.: Sí, excelente. Pero *no gastan.* Simplemente no gastan. No hay *criada.* La señora limpia la casa y prepara las comidas por sí sola. Y . . .

> they don't spend (money)
> a maid

P.: *¿Qué más?*

> What else?

25 A.: ¡Los niños trabajan!

P.: ¡No!

A.: ¡Sí! Los dos *grandes venden periódicos* y las niñas *ayudan* en la casa . . . *aun la pequeña.*

> big ones sell newspapers
> help ∼ even the little one

P.: Pues en mi casa *no permitimos eso.* Mis hijas *sólo* 30 estudian, y toman lecciones de música.

> we don't permit that ∼ only

16

A.: Sí. Uds. *saben vivir.* — know how to live

P.: *No tenemos* millones, pero vivimos bien. Tomamos — We don't have
vacaciones, y *compramos* . . . — we buy

A.: Claro. *Como yo.* Pero hay *personas* . . . — Like me ~ people

35   (*Suena* el teléfono, y Amelia contesta.) — Rings
Ah, Isabel . . . Sí . . . Sí . . . Se llaman Campos . . .
Sí . . . Mucho . . . Sara María . . . Tiene 39 años, o
más . . . No, no hay criada . . . No gastan *dinero.* Sim- — money
plemente no gas . . .

PREGUNTAS

1. ¿Quiénes hablan en esta (this) escena?
2. ¿Dónde hablan las dos señoras?
3. ¿De quién (About whom) hablan?
4. ¿En qué casa vive la familia Campos?
5. ¿Le gustan a Amelia del Paso sus nuevos (new) vecinos?
6. Según (According to) Amelia del Paso, ¿cuánto dinero gana el señor Campos? ¿Cuánto gana en realidad?
7. ¿Por qué cree Amelia que los Campos no gastan dinero?
8. ¿Cómo trabajan los niños de la familia Campos?
9. ¿Trabajan las hijas de la señora Covarrubias?
10. ¿Cómo viven Pilar y su (her) familia?
11. ¿Quién llama por teléfono (phones) ahora a Amelia?
12. ¿De quién hablan las amigas?
13. Según Amelia, ¿cuántos años tiene la señora de Campos?

DISCUSIÓN

1. ¿Le gusta a su (your) madre hablar de los vecinos? ¿Hablan de su familia los vecinos?
2. ¿Cree Ud. que son típicas las señoras del Paso y Covarrubias?
3. ¿Cree Ud. que es natural exagerar (to exaggerate)? ¿Exagera Ud. mucho?
4. ¿Ayuda Ud. mucho en la casa? ¿Ayudan mucho sus hermanos? ¿Gana Ud. dinero? ¿Gastan mucho dinero sus padres? ¿Toman Uds. muchas vacaciones?

VOCABULARIO ACTIVO

vender to sell   **dinero** money   **comprar** to buy

ganar to earn, win, gain   **gastar** to spend

comer to eat   **beber** to drink

tomar to eat, to drink   **tomar el autobús, etc.** to take a bus, train, etc.

AUTOBÚS

la criada maid   **cocina** kitchen   **ayudar** to help   **la verdad** the truth   ¿Verdad? Really?

NO SE PERMITE ENTRAR

la criada prepara la comida   **permitir** to permit, allow, let   By the way, all words ending in -**dad** or -**tad** are feminine.

una casa grande large   **una casa pequeña** small   **yo**   **mi hermano mayor** older

sólo only
que (conjunction) that, who
aunque although

6. Present Tense: 1st and 3rd Person Plural (we, they, you—Uds.)

	hablar	comer	vivir
1 pl.			
Ud. y yo			
Juan y yo	hablamos	comemos	vivimos
Mis tíos y yo			
3 pl.			
Uds. (ustedes)			
Juan y Luis	hablan	comen	viven
Las vecinas			

Ejercicios

A. Give the proper form of the verb, according to the subject:

1. (Ud. y yo): llamar (llamamos), ganar, gastar, hablar, trabajar, preparar, ayudar, vender, aprender, comprender, comer, permitir, abrir, escribir, vivir

2. (Mis amigos): estudiar, limpiar, tomar, comprar, contestar, creer, beber, aprender, insistir, admitir

B. Hagan plurales las frases según las indicaciones:

Por ejemplo: *Llamo* a la puerta.   *Llamamos a la puerta.*
   Mi tío vende vino.   *Mis tíos venden vino.*

1. *¿Abre Ud. la ventana?*
2. *Mi padre trabaja* mucho.
3. *La criada prepara* la comida.
4. *Compro* un automóvil nuevo.
5. *No contesto la pregunta.*
6. *¿Permite Ud.* eso?
7. *Creo* en Dios (God).
8. *Aprende* español ahora.
9. *Mi primo vive* cerca.
10. *El niño estudia* mucho.
11. *¿Escribe Ud.* bien?
12. *¿Cómo se llama Ud.?*
13. *La señora habla* con *su amiga.*
14. No *tomo* café.

C. Finish the following sentences as you see best:

1. Las señoras _____ café en la cocina.
2. Mis amigos y yo _____ español ahora.
3. Cuando hace mucho calor, _____ las ventanas.

19

4. Elena y su hermana _____ la casa hoy.
5. No. Absolutamente no. Mi esposo y yo no _____ eso.
6. ¿_____ Uds. mucho dinero en artículos innecesarios?
7. ¿Cómo se _____ sus primas?
8. Juan y Alberto _____ un automóvil.
9. ¿Por qué no _____ Uds. el teléfono?
10. Los muchachos no _____ bien la lección.

7. Contractions: a + *el* = *al*   de + *el* = *del*

In Spanish there are only two contractions: *al* (to the . . .) and *del* (of the . . . , from the . . .). They are used *only* with the masculine singular article, and with none other.

Escribo *al* profesor.	I'm writing to the teacher.
But: Escribo a la profesora, a los profesores, a las profesoras.	
Habla *al* niño.	He's talking to the boy.
But: Habla a la niña, a los niños, a las niñas.	
Es la casa *del* director.	It's the house of the director.
But: Es la casa de la directora, de los directores, de las directoras.	

Ejercicio

Cambie según las indicaciones (*Change according to . . .*)

Por ejemplo: Es la clase del *profesor* Ramírez. (profesora)
Es la clase de la profesora Ramírez.

1. Ayudamos a los *vecinos*. (vecino)
2. ¿Qué es eso? Es la silla de los *niños*. (niño)
3. ¿Escribe Ud. a la *señora* González? (señor)
4. ¿Tiene Ud. el libro de la *maestra*? (maestro)
5. Vive en la casa del *editor*. (editores)
6. Es director del *banco*. (escuela)
7. Llamamos a la *tía* de Pedro. (tío)
8. Venden su casa al *doctor* García. (familia)
9. Gana diez mil al *año*. (semana)
10. Es la mesa de la *secretaria*. (secretarias)
11. Es el primer día de la *semana*. (mes)
12. Por favor, abra la puerta del *baño*. (alcoba)
13. Es la comida de la *criada*. (criado)
14. Compramos el automóvil del *señor* Ramos. (señora)

The questions "have you?, doesn't he?, isn't she?", etc. at the end of an English statement are expressed in Spanish by ¿no? or ¿verdad? After a positive statement, either one can be used. After a negative statement, ¿verdad? is much more frequent.

Su padre es ingeniero, ¿no?	Your father is an engineer, isn't he?
Su padre es ingeniero, ¿verdad?	
No hablan español, ¿verdad?	They don't speak Spanish, do they?

Ejercicio: ¿Verdad o Falso? (*True or False?*)

Lea bien y diga después «Verdad» o «Falso».

1. El señor Robles gana ocho mil al año. El Sr. del Paso gana siete.
   El señor Robles gana más que (than) el señor del Paso, ¿verdad?
2. Ana María de Gómez tiene seis hijos. Cuatro son muchachas.
   Ana María tiene tres hijos varones (male), ¿no?
3. El padre de Enrique vive en una casa magnífica. Tiene cinco automóviles grandes, y veinte sirvientes.
   El padre de Enrique es muy rico, ¿no?
4. ¿De dónde es Ud., señora Luque?—Soy de Madrid.
   La señora Luque es francesa, ¿verdad?
5. Boston es la capital de los Estados Unidos, ¿verdad?
6. Y París es la capital de Inglaterra, ¿no? (!!!)

PASATIEMPO

TELÉFONO

On separate slips of paper write five sentences and hand them in to your teacher. The teacher will then start by giving a slip with one sentence on it to the first person in each row. That person will have 20 seconds in which to read it and then, without looking at the paper, whisper it to the person in back of him. When the message reaches the last person in the row, he will go to the blackboard as fast as he can and write the sentence there. Let's see how close you can get to the original message. The teacher will then hand out more slips, starting this time with the second person in each row. When the message reaches the last person, he goes to the front, tells the first person in the row the message, and the first person goes to the board, etc. Then start with the third person, and so forth. ¡Diviértanse! Have fun!

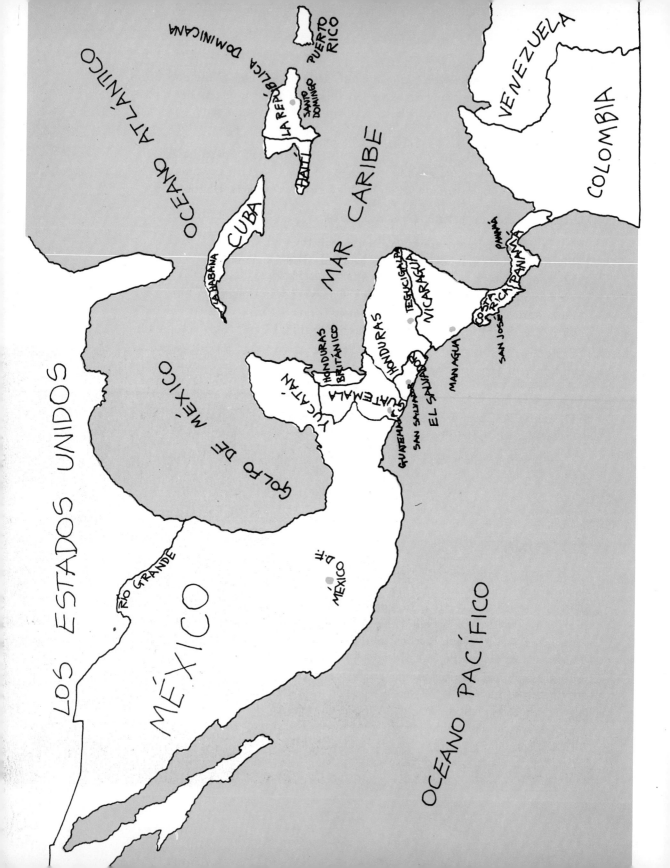

Mexico y la América Central

México, *nuestro vecino al sur,* está realmente en el
continente de Norteamérica, *muy cerca de* Texas. Los
habitantes de México se llaman mexicanos. (En España
escriben «Méjico» y «mejicanos», pero no hay diferencia
5 en la pronunciación.) Hay muchos indios en México,
descendientes de los *antiguos* aztecas y mayas. También
hay muchos mestizos. Los blancos, que son principal-
mente de *origen* español, son una *minoría*, pero una

our neighbor to the South
very near

ancient

origin ~ minority

El tráfico pasa delante de (*in front of*) un enorme mosaico moderno. México, D. F.

minoría muy importante en la economía y en la política
10 de la nación.

México no es un *país rico*, pero tiene mucha agricultura   rich country
y *minería* y ciertas industrias muy productivas. *Sus*   mining
ciudades, desde la moderna capital *hasta las viejas* ciudades   Its cities, from ∼ to the old
coloniales, son muy *hermosas*, y las ruinas de sus civiliza-   beautiful
15 ciones antiguas son una *gran* atracción turística. ¿No le   great
gusta a Ud. la idea de visitar México *algún día*?   some day

Si continuamos *un poco hacia* el sur, *llegamos a* Cen-   a little toward ∼ we come to
troamérica (o la América Central). Los países centro-
americanos son *pequeños y pobres,* con la posible excepción   small and poor
20 de Costa Rica, que es *más próspera.* Y la *mayor* parte de   more prosperous ∼ greater
su *población* son mestizos, indios y negros. La economía   population
de Centroamérica es *casi* totalmente *agrícola*, y produce,   almost ∼ agricultural
por ejemplo, *café, azúcar*, bananas y otras frutas.   coffee, sugar

Ahora bien, ¿cómo se llaman los habitantes de la Amé-   Now
25 rica Central? En Guatemala se llaman guatemaltecos; en
El Salvador, salvadoreños; en Costa Rica, costarricenses,
y en Nicaragua, nicaragüenses. En Honduras, son hon-
dureños y en Panamá, son panameños.

Cerca de las *costas* de la América Central están las *islas*   coasts ∼ islands
30 de Cuba, de la República Dominicana (con Haití) y de
Puerto Rico. Los cubanos y los dominicanos viven *más*   more or less like
o menos como los otros habitantes de la región centro-

El Zócalo, plaza
histórica en el centro de
la capital mexicana.

24

americana, pero sus dificultades políticas causan *aun* — even
más problemas para el *hombre común*. Los puertorri- — common man
35 queños, claro está, son *ciudadanos* de los Estados Unidos, — citizens
hermanos *nuestros*, y su contribución cultural a nuestro — of ours
país *ya* tiene una importancia vital. *Juntos vamos a crear* — already ∼ Together we are
una América *más grande*. — going to create ∼ greater

Una mujer guatemalteca lava (*washes*) sus utensilios en la fuente (*fountain*) pública.

PREGUNTAS

1. ¿Dónde está México? ¿Cómo se llaman sus habitantes?
2. ¿Qué atracciones tiene México para el turista?
3. ¿Son ricos o pobres los países de Centroamérica?
4. ¿Cuáles son algunos (some) de sus productos importantes?
5. ¿Cómo se llaman los habitantes de Guatemala? ¿De Costa Rica? ¿El Salvador? ¿Honduras? ¿Panamá?
6. ¿Qué islas hay cerca de las costas de la América Central?
7. ¿Por qué son «hermanos nuestros» los habitantes de Puerto Rico?

3 Lección Tercera

A.

1. ¿Trabajas mañana, Pepe? (Are you working tomorrow, Joe?)

   Sí, trabajo mañana.
   No, no trabajo.

   (Notice that we are speaking on more familiar terms now—to "Joe," not to "Mr. García."

2. ¿Estudias mucho, amigo?

   Sí, estudio . . .

3. ¿Hablas mucho con los vecinos?

4. ¿Escuchas (Do you listen to) mucha música?

5. ¿Bailas (Do you dance) bien?

   Sí, bailo . . . (Yes, I dance . . .)

6. ¿Caminas (Do you walk) a la escuela o tomas el autobús?

7. ¿Pasas (Do you spend) las tardes con amigos?

8. ¿Ganas dinero?

9. ¿Gastas mucho dinero?

10. ¿Preparas bien las lecciones?

B.

1. ¿Aprendes (Are you learning) español ahora?

   Sí, aprendo . . .

2. ¿Comes mucho chocolate?

3. ¿A qué hora comes esta noche
   (tonight)?   Como a las . . .
4. ¿Bebes mucho café?
5. ¿Crees en el amor?   Sí, creo . . . (Yes, I believe . . .)
6. ¿Lees (Do you read) muchos libros?
7. ¿Dónde vives ahora?   Vivo en . . .
8. ¿Escribes más con pluma o con lápiz?   Escribo más . . .
9. ¿Abres las ventanas cuando hace frío?
10. ¿Abres las ventanas cuando hace calor?

   C. The following familiar plural forms are normal everyday usage in
      Spain. In Latin America, however, the *ustedes* (*Uds.*) forms are used in
      their place.

1. Amigos, ¿trabajáis mañana? (Friends, are   Sí, trabajamos mañana.
   you working tomorrow?)   No, . . .
2. Muchachos, ¿preparáis la lección?
3. Niños, ¿leéis muchos libros?   Sí, leemos . . .
4. ¿Aprendéis español ahora?
5. ¿Escribís bien en español?   Sí, escribimos . . .
                                                 No, no . . .
6. ¿Abrís las puertas ahora?

ESCENAS DE LA VIDA

Camino a la Escuela   On the Way to School

(R.: Ricardo   E.: Enrique)

   Es el primer día del semestre, y muchos *jóvenes caminan*   young people are walking
hacia la escuela. Un muchacho de *unos* diez y seis años   toward ~ about
llama a Enrique Campos.   calls

  R.: Hombre, *¿me esperas?*   how about waiting for me?
5 E.: *Seguro.*   Sure.
     (El joven *se acerca,* y los dos caminan *juntos.*)   goes over to him ~ together
  R.: *Tú eres nuevo aquí,* ¿no?   You're new here
  E.: Sí. *Desde* julio.   Since
  R.: ¿Cómo te llamas?

10 E.: Enrique. Enrique Campos. ¿Y tú?	
R.: Ricardo Morales. *Mucho gusto, ¿eh?*	Pleased to meet you
E.: *¡Cómo no,* hombre!	You bet
R.: ¿Dónde vives?	
E.: En *la calle San Antonio,* número 25.	San Antonio Street
15 R.: ¿Ah, sí? *Siempre paso por ahí.* Mi amigo Gil Ramos	I always pass by there.
vive *cerca. ¿Lo conoces?*	nearby. Do you know him?
E.: No. En la calle donde *nosotros* vivimos no hay muchos	*we*
jóvenes. Sólo mi hermana y yo . . . y *ella no importa.*	*she* doesn't count
Los demás son *señoras gordas* y niños pequeños.	The rest ∼ fat ladies
20 R.: *¡Uf!* Pues mañana *te presento* a Gil. Es un *buen tipo.*	Ugh! ∼ I'll introduce you ∼
Un cerebro, pero buen muchacho.	nice guy. A brain, but a good kid.
E.: Gracias.	
R.: Y tú, ¿eres otro cerebro?	
E.: Así, así. *Regular.*	Fair.
25 R.: *¿Como yo,* eh? No me gusta mucho la escuela. *Aguanto*	Like me ∼ I'll suffer through
● un año más, y *adiós, muchachos.*	that's the end
E.: ¿Qué clases *tomas* ahora?	are you taking
R.: Historia.	
E.: Yo *también.*	also
30 R.: Y biología.	
E.: Yo tomo *química. ¿Qué más* estudias?	chemistry. What else
R.: Inglés. Estudio, pero *no aprendo.* Es la *tercera vez* que	I don't learn ∼ third time
tomo el *mismo* curso.	same
E.: ¡Uf!	
35 R.: Pero más importante, *tú juegas al* fútbol, ¿no?	you play
E.: Pues no.	
R.: ¿Juegas al tenis?	
E.: *Un poco.*	A little.
R.: *¿Bailas?*	Do you dance?
40 E.: Sí, pero no muy bien.	
R.: ¿Pues *cómo pasas el tiempo?*	how do you spend your time?
E.: *Leo,* y *escucho* música.	I read ∼ listen to
R.: ¿Lees y escuchas música? . . . Pues . . . *¿cuál es tu*	what is your
orquesta favorita?	
45 E.: La filarmónica.	
R.: ¿La fi-lar-mó- . . . ? *¡Por Dios!* ¡Otro cerebro! . . .	For Heaven's sake!
Adiós, hombre. Adiós. (Llama a dos muchachos que	
caminan también hacia la escuela.) Carlos . . . Rafael	
. . . hombres, ¿me *esperan?*	(Spain: esperáis)

Vocabulario Activo

caminar to walk

hacia toward

un **hombre** a man

mucho, a much very much

poco, a little, not, much

¿?

gordo, a fat

pase ud.

pasar to pass, come in, go on

un(a) **joven** a young person
pl. **jóvenes**

mismo, a same

bailar to dance

un coche **nuevo** new

esperar to wait for, hope, expect

leer to read

escuchar to listen to

pasar tiempo to spend time

aquí here

cerca near(by)

desde since (a certain time)
¿desde cuándo?

cuando when

también also, too

PREGUNTAS

1. ¿Qué día del semestre es?
2. ¿Quién llama a Enrique Campos?
3. ¿Desde cuándo vive Enrique en su casa nueva?
4. ¿Por qué pasa por ahí siempre Ricardo?
5. ¿Hay muchos jóvenes en la calle San Antonio?
6. ¿Qué clase (kind) de muchacho es Gil Ramos?
7. ¿Le gusta mucho la escuela a Ricardo?
8. ¿Es un estudiante bueno?
9. ¿Juega mucho al fútbol Enrique? ¿Juega mucho al tenis?
10. ¿Baila bien Enrique?
11. ¿Cómo le gusta pasar el tiempo?
12. ¿Cuál es su orquesta favorita?
13. ¿Qué responde Ricardo? ¿A quiénes llama entonces (then)?

DISCUSIÓN

1. ¿Quién le gusta más a Ud.: Enrique o Ricardo? ¿Es Ud. más como Enrique o como Ricardo? ¿Tiene Ud. un amigo como Ricardo?
2. ¿Hay un «cerebro» en su clase? ¿Es Ud. un «cerebro»? ¿Qué estudia Ud. este semestre?
3. ¿Baila Ud. bien? ¿Juega Ud. al tenis? ¿A qué deporte juega Ud. mejor?
4. ¿Qué clase de música le gusta más? ¿Cuál es su orquesta favorita? ¿Quién es su cantante (singer) favorito? ¿Y su cantante favorita?

	ESTRUCTURA

9. Present Tense of Regular Verbs: The Second Person

a. The second person, often called the familiar "you," is the form we use when we speak to friends, relatives, or anyone with whom we are on an intimate, first-name basis. (Remember always that *Ud.* and *Uds.*, the polite or respectful "you," belong to the *third* person in Spanish.)

	hablar	comer	vivir
2nd sing.	hablas	comes	vives
2nd pl.	habláis	coméis	vivís

¿Trabajas hoy, Roque?—
  Sí, trabajo siempre.
	Are you working today, Roque?—
	  Yes, I always work.

Anita, ¿comes ahora?—
  No. Como a las seis.
	Anita, are you eating now?—
	  No. I eat at six.

¿Dónde vives?—Aquí.	Where do you live?—Here.

b. The second person plural form is used commonly only in Spain. In Latin America, the *Uds.* form is used in its place.

Amigos, ¿tomáis café o
  leche?—Tomamos vino.
¿Creéis eso?—¡Qué va!
Muy bien, si insistís, chicos.
	Friends, do you take coffee or
	  milk?—We take wine.
	Do you (all) believe that?—No, indeed!
	All right, if you insist, boys.

Ejercicios

A. Give the proper form of the present tense for the following subjects and verbs:

1. (You, my love): tocar, ayudar, estudiar, llamar, tomar, pasar, bailar, creer, aprender, beber, insistir, abrir, vivir, permitir
2. (You all, my pals): gastar, sacar, ganar, esperar, caminar, contestar, comer, creer, comprender, leer, vivir, abrir, insistir, admitir

Now let's get friendly with the people in the following exercise.

B. Cambie a la segunda persona los verbos:

   Por ejemplo: *¿Habla Ud. español?—¿Hablas* español?
   Notice that you don't need any subject pronoun.

1. ¿Limpia Ud. la cocina hoy?
2. Ud. habla muy bien el español.
3. Ud. pasa por mi casa, ¿no?
4. ¿Qué lengua aprende Ud. ahora?
5. ¿Dónde vive Ud.?
6. ¿Camina Ud. a la estación?
7. ¿Me espera Ud.?
8. ¿Ud. cree eso?
9. ¿Por qué no contesta Ud. la pregunta?
10. Ud. no gasta mucho dinero.

	singular		plural	
1st person	yo	I	nosotros	we
			nosotras	we (feminine)
2nd person	tú	you	**vosotros**	you
		(familiar)	**vosotras**	you (feminine)
3rd person	él	he	ellos	they
	ella	she	ellas	they (feminine)
	usted (Ud.)	you (polite)	ustedes (Uds.)	you (polite)

There are several special things to notice about the subject pronouns in Spanish.

a. Since Spanish verbs usually show by their endings who the subject is, it is normal to *omit* the subject pronoun with the verb.

Estudio español ahora.—	I'm studying Spanish now.—
¡Magnífico!	Wonderful!
Aprendemos rápidamente.—	We learn fast.—
¡Qué bien!	Great!
¿Dónde trabaja Pedro?—	Where does Peter work?—
Trabaja en el centro.	He works downtown.

b. Subject pronouns are used ONLY for *emphasis*, or for *clarification*, if the subject is not clear. A good rule to follow is: If you raise your voice to stress the subject in English, then and only then use the subject pronoun in Spanish.

¿Dónde viven ahora Ramón y Alicia?—*Él* vive en Bogotá, y ella vive en Cali.	Where are Ray and Alice living now?—*He* lives in Bogota, and *she* lives in Cali.
¿Tiene calor?—No, yo no tengo calor. Ella, sí.	Are you warm?—No, *I'm* not warm. *She* is.

c. *Usted* and *ustedes* can be used more often than the other subject pronouns, but be sure not to over-use them.

Ah, señora Ríos. ¿Cómo está Ud.? ¿Dónde vive ahora?	Oh, Mrs. Rivers. How are you? Where do you live now?

d. *Nosotras, vosotras,* and *ellas* are used only when *all* the people referred to are female. Use *nosotros, vosotros,* and *ellos* for a mixed group.

Ejercicio

Answer the following questions, using subject pronouns in place of the names or people mentioned.

Por ejemplo: ¿Quién es? (Juan) *Él.*

¿Quién limpia la casa? (La criada) *Ella.*

1. ¿Quién prepara las comidas en su casa? (Mi madre) _____.
2. ¿Quién es el mejor estudiante de esta clase? (Your own name) _____.
3. ¿Quién trabaja con Ernesto? (Su hermano Pepe) _____.
4. ¿Quién es la muchacha más bonita del mundo? (You, amor mío) _____.
5. ¿Quiénes son sus vecinos? (Los señores del Paso) _____.
6. ¿Quiénes hablan constantemente? (Las vecinas) _____.
7. ¿Quiénes son los muchachos más populares de esta escuela? (Mariano y José) _____.
8. ¿Quién es el profesor de mi hija Rosario? (El señor Ortega) _____.
9. ¿Quiénes viven en esta casa? (Mi hija y yo—feminine) _____.
10. ¿Quiénes llaman a la puerta? (Los señores García) _____.
11. ¿Quiénes bailan ahora? (Mi prima y su amiga) _____.
12. ¿Quiénes escriben mejor? (Ud. y Pepe) _____.

11. Review of the Present Tense

	hablar	comer	vivir
Sing.			
1 (yo)	hablo	como	vivo
2 (tú)	hablas	comes	vives
3 (él, ella, Ud.)	habla	come	vive
Pl.			
1 (nosotros, as)	hablamos	comemos	vivimos
2 (vosotros, as)	habláis	coméis	vivís
3 (ellos, ellas, Uds.)	hablan	comen	viven

Ejercicios

A. Give the proper form of the present tense, according to the subjects indicated:

Por ejemplo: El señor Ramos _____ bien. (bailar)
El señor Ramos baila bien.
Mis vecinos _____ mucho dinero. (ganar)
Mis vecinos ganan mucho dinero.

1. Mi tío _____ en una casa grande. (vivir)
2. Sólo si tú _____ . (insistir)
3. ¿Cómo se _____ esos muchachos? (llamar)
4. Mi hermana y yo _____ en la casa. (ayudar)
5. La señora Campos simplemente no _____ dinero (gastar).
6. ¿No _____ Uds. la tarea? (escribir)
7. Yo no _____ eso. (creer)
8. ¿Por qué no _____ (tú) la pregunta? (contestar)
9. María y Rosa no _____ en la clase. (escuchar)
10. ¿Quién _____ la comida hoy? (preparar)
11. ¿Tú _____ el tren? (tomar)—No, (yo) _____ . (caminar)
12. ¿_____ Ud. otra lengua extranjera ahora? (aprender)—No, sólo _____ español. (estudiar)
13. ¿Me _____ , amigos? (esperar)
14. Mi familia y yo no _____ en casa hoy. (comer)
15. Paco y yo no _____ la clase de inglés. (aguantar)—¿Por qué no _____ Uds.? (estudiar)

B. Can you match up the remarks of Group **1** with the responses of Group **2**?

1.

¿Escuchas, Paco?

¿Escribimos el ejercicio ahora?

Diego y Miguel viven aquí, ¿no?

No aguanto matemáticas.

Ella habla muy bien, pero él habla muy mal.

¿Cuánto ganan Uds. al año?

Mis padres venden la casa.

Chicos (kids), ¿por qué no trabajan más?

Siempre camino (I always walk) a la escuela.

2.

—Sí, en la pizarra, por favor.

—No ganamos mucho.

—Sí, señor, con mucha atención.

—No. En la casa a la derecha.

—Porque no comprendes los conceptos.

—Porque no hay tiempo.

—Yo tomo el tren.

—Al contrario. Me gusta su pronunciación.

—¿Compran otra más cerca?

C. ¿Qué pasa (What's happening) en las escenas de las páginas 35 y 36? Tell in Spanish what you see in the pictures on pages 35 and 36, and use your imagination to fill in the details.

 PASATIEMPO

¿QUÉ CONTESTA UD.?

Write five questions on separate slips of paper. You may use the Escenas de la Vida of Lessons I, II, and III as models, if you like. *(Por ejemplo: Hola, tú eres nuevo aquí, ¿verdad? Or: ¿Hay muchos chicos en la calle donde vives tú? Or: ¿Cuántas personas hay en su familia?*, and so forth.) Put all the questions into a box and mix them up. Your teacher will then ask you and your classmates to draw one question each. When you draw a question, read it aloud and then point to someone else in the class. That person will have to give some answer (logical, I hope!) to your question. If he does, he gets to ask a question and to point to someone else. If he doesn't, you choose another question and pick a new victim. *¡Vamos a empezar!* Let's begin!

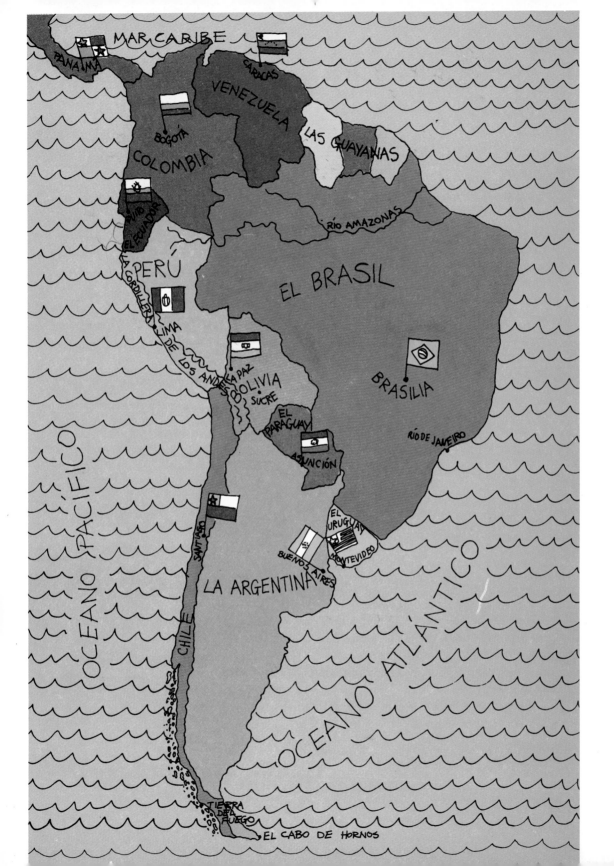

Sobre la América del Sur

Venezolanos, colombianos, ecuatorianos, peruanos, argentinos, bolivianos, paraguayos, uruguayos, chilenos, brasileños. *Éstos* son los habitantes de Sudamérica. *Todos, menos* los brasileños, hablan español. (En el Brasil,[1] *por*
5 *supuesto,* hablan portugués.) Pero la América del Sur es una curiosa combinación de *mundo* moderno y de mundo primitivo, de mundo europeo y de mundo americano, y las diferencias existen *aun dentro del mismo* país. Porque Sudamérica es muy grande, y *sus gentes* son *tan*
10 variadas *como su* geografía.

These
All, except
of course
world

even within the same
its peoples ～ as
as its

La capital del Ecuador conserva su antigua atmósfera colonial. Quito.

¿Cómo es su geografía? *Pues* hay largas costas tropicales o semi-tropicales. Y de norte a sur hay la *cordillera* de los Andes, como una *enorme columna vertebral.* En la región *andina* hay ciudades como Quito y Cuzco, ciudades
15 coloniales de arquitectura española *al lado de edificios* modernos de estilo americano. Y *fuera de* las ciudades viven los indios en sus *chozas* pequeñas. En *algunas* partes hay junglas donde viven *tribus* de indios en con-

Well
mountain range
enormous backbone
Andean
alongside of buildings
outside of
huts ～ some
tribes

1. Strictly speaking, the definite article should be used with the names of certain countries. But in actual usage, the article often disappears.

diciones primitivas. *En cambio* hay magníficas ciudades On the other hand
20 de estilo europeo como Buenos Aires, Argentina, «el París
del Nuevo Mundo», y centros industriales y comerciales
como Caracas, Venezuela y Valparaíso, Chile. Hay vastas
extensiones de *tierra* donde *pacen los ganados*—las pampas land ~ the herds graze
argentinas con sus *gauchos*, los *llanos* venezolanos y "cowboys" ~ prairies
25 colombianos. Hay plantaciones de café, de bananas y de
cacao en las fértiles tierras del norte, y hay industria y cocoa
ganadería y minería en las regiones no agrícolas. cattle raising

Pero, ¿quiénes viven en *esas* tierras? Pues hay blancos, those
descendientes de los *conquistadores* y *colonos* españoles, conquerors ~ colonists
30 y otro europeos—italianos, alemanes, ingleses—*de todas* from everywhere
partes; hay mestizos y mulatos, indios y negros; aun hay
chinos y japoneses y *comerciantes de la India oriental*. El businessmen from India
hispanoamericano no es un hombre de una *sola raza*, y single race
su posición social depende *más de* su educación y de su more on
35 condición económica *que del* color de *su piel*. than on the ~ his skin

Bogotá, la capital de Colombia—grande, moderna, tumultuosa.

En un camino ecuatoriano.
La vida del indio es difícil.

PREGUNTAS

1. ¿Cuál es la capital de la Argentina? ¿De Venezuela? ¿De Colombia? ¿De Chile? ¿Del Perú? ¿Del Brasil?
2. ¿Cómo se llaman los habitantes de Chile? ¿Del Ecuador? ¿Del Perú? ¿Del Uruguay? ¿Del Brasil? ¿De Bolivia?
3. ¿Hablan español todos los latinoamericanos?
4. ¿Qué son los Andes?
5. ¿Qué contrastes hay en las ciudades sudamericanas?
6. ¿Es hombre de una sola raza el hispanoamericano?
7. ¿De qué depende su posición social?

4 Lección Cuarta

A.

1. ¿Es Ud. norteamericano   Sí, soy . . .
   (norteamericana)?   No, no soy . . .
2. ¿Es Ud. inglés (inglesa)?
3. ¿Es Ud. muy rico (rich)?
4. ¿Es Ud. alto o bajo (tall or short)?

B.   (*Now let's get more familiar.*)

1. (María), ¿eres (are you a) buena   Sí, soy buena . . .
   estudiante?   No, no soy . . .
2. (Roberto), ¿eres buen estudiante?
3. (Alicia), ¿eres muy rica?
4. (Paco), ¿eres feliz (happy)?
5. (Emilio), ¿eres joven o viejo (old)?   Soy . . .

C.

1. ¿Es joven su padre?   Sí, mi padre es . . .
                                        No, mi padre no es . . .

2. ¿Es alto su mejor amigo?
3. ¿Es bonita (pretty) su mejor amiga?
4. ¿Es bonita o fea (ugly) su vecina?

41

5. ¿Es negro su pelo? (Is your hair black?)   Sí, mi pelo es . . .
                                                No, mi pelo no es . . .

6. ¿Es rubia (blonde) su madre?
7. ¿Es grande su cocina?
8. ¿Es muy pequeña su alcoba?

D.
1. ¿Son Uds. brillantes?   Sí, somos . . . (Yes, we are . . .)
                                                No, no somos . . . .

2. ¿Son Uds. buenos estudiantes?
3. ¿Son Uds. jóvenes o viejos?
4. ¿Son Uds. millonarios?
5. ¿Son Uds. norteamericanos o
   sudamericanos?

E. Now this is the way you would say the familiar plural form in Spain.
In Latin America, as you remember, the *Uds.* form is used instead.

1. Muchachos, ¿sois (are you) buenos   Sí, somos . . .
   amigos?   No, no somos . . .
2. Chicas, ¿sois buenas amigas?

F.
1. ¿Son ricos sus vecinos? (Are your   Sí, mis vecinos son . . .
   neighbors . . . ?)   No, . . .
2. ¿Son muy altos sus padres?
3. ¿Son viejos sus abuelos?
4. ¿Son pequeños sus hermanos?
5. ¿Son grandes sus ojos (your eyes)?   Sí, mis ojos son . . .
                                        No, . . .
6. ¿Son negros sus ojos?
7. ¿De dónde son sus abuelos?   Mis abuelos son de . . .

42

Clase de Historia

(P.: Profesora   L.: Lorenzo   M.: Marisela   V.: Vicente
F.: Federico   C.: Carmen   E.: Emilio)

La profesora de historia es una señora *baja, ni bonita ni fea,* ni *vieja* ni joven. Su pelo es negro. Camina *de un lado* a otro *mientras* habla. Su *voz* es *alta,* clara, monótona.

short, neither pretty nor homely ~ old
from one side ~ while ~ voice ~ loud (or high)

P.: . . . Hernán Cortés, el conquistador de México, es de
5 la provincia de Extremadura, en el oeste de España.
Es un hombre bien educado, de la clase *alta.* Francisco
de Pizarro, al contrario, el conquistador del Perú . . .
(La profesora *se para y mira hacia la última fila* de la
clase.) Lorenzo, *¿le aburro mucho?*

upper

stops and looks toward the last row
am I boring you terribly?

10 (Un muchacho *le da un codazo,* y Lorenzo, un joven
● *rubio* y grande, abre *los ojos.*)

nudges him
blond ~ his eyes

L.: *¿Cómo?* . . . Ah, . . . no, señora.

What? . . .

P.: Pues si uno *desea dormir,* es *mejor en la cama,* no en
la clase. ¿Verdad, Lorenzo?

wants to sleep ~ better in bed

15 L.: Sí, señora.

P.: Bien. Ahora, *a repasar.* ¿Quién es el conquistador de
México?

to review

(Tres o cuatro estudiantes levantan la mano.)

P.: Muy bien. Marisela.

20 M.: Cortés.

P.: Conteste siempre con una frase completa.

M.: Hernán Cortés es el conquistador de México.

P.: Muy bien, Marisela . . . ¿Y de dónde es Hernán
Cortés, Federico?

25 F.: Es de España.

P.: Sí, chico, pero ¿de qué provincia de España es?

F.: ¿De Castilla?

P.: Federico, *¿pregunta Ud.* o contesta?

are you asking

F.: Es de Castilla.

43

30 P.: Pues no. No es de Castilla. Carmen . . .

C.: *No sé.* — I don't know.

P.: Emilio . . .

E.: Perdone, señora. *No recuerdo* la pregunta. — I don't remember

P.: Bueno. Repito. ¿De qué provincia es Hernán Cortés?

35 Vicente . . .

V.: Es del oeste.

P.: El oeste no es una provincia, Vicente. Es una región
geográfica.

(Marisela levanta la mano.)

40 M.: Hernán Cortés es de Extremadura. Y es un hombre
muy educado. Sus padres son de la clase alta, y cuando
Cortés *llega a* América . . . — arrives in

P.: Muy bien, Marisela. *Eres una alumna excelente.* — You are an excellent student.

M.: Gracias, señora Olvera.

45 E.: (a Vicente) *La llama de «tú»* ahora. — She calls her "tú" (the familiar form)

V.: (a Emilio) No me gusta *esa* Marisela. Siempre . . . — that

P.: Ahora repitan *todos*: Hernán Cortés . . . es de Extre- — everybody
madura . . .

(La clase repite.)

50 P.: Lorenzo y Ricardo, ¿Uds. no son miembros de *esta* — this
clase? (Hay *risas*.) ¿Hay *algo* cómico? . . . (Más risas.) — laughter ~ something
Por Dios. No somos niños. Yo no soy maestra de primer
año, y Uds. no son *nenes. Si llamo al rector* . . . (Silencio — babies. If I call the principal . . .
absoluto) . . . Bueno. A continuar. Francisco de Pizarro,
55 el conquistador del Perú . . .

(Marisela levanta otra vez la mano.)

¿Sí, Marisela?

M.: Francisco de Pizarro, el conquistador del Perú, es un
hombre de poca educación. *No sabe* leer ni escribir, y — He doesn't know how to
60 cuando llega al Perú en el año . . .

(La profesora tiene *en la cara* una expresión *feliz.* — on her face ~ happy
Lorenzo cierra otra vez los ojos.)

44

PREGUNTAS

1. ¿Es alta o baja la profesora de historia?
2. ¿Es bonita? ¿Es fea? ¿Es vieja? ¿Es joven?
3. ¿De qué color es su pelo?
4. ¿De quiénes habla la profesora?
5. ¿De dónde es Hernán Cortés?
6. ¿Quién es Francisco de Pizarro?
7. ¿Quién es Lorenzo? ¿Cómo, es? (What is he like?)
8. ¿Qué otros alumnos hay en la clase?
9. ¿Quién es la estudiante favorita de la maestra?
10. ¿Le gusta a Ud. Marisela?

DISCUSIÓN

1. En su opinión, ¿es típica o no la clase de la señora Olvera? ¿Hay estudiantes como Lorenzo en la clase de Ud. (*your* class)?
2. ¿Es Ud. buen estudiante (buena estudiante)? ¿Qué clase le gusta más? ¿Le gusta dormir (sleep) en la clase?
3. ¿Es Ud. rubio (rubia)? ¿Cuántas personas de pelo rubio hay en su clase? ¿Hay más personas de pelo negro o de pelo rubio?

ESTRUCTURA

12. The Present Tense of *Ser*

Spanish has two verbs that mean *to be*. Let's look first at *ser*.

ser	to be
soy	I am
eres	you are (familiar singular)
es	he is, she is, it is, you are (*usted*)
somos	we are
sois	you are (familiar plural)
son	they are, you are (*ustedes*)

Ejercicios

A. Give the proper form of *ser* for each subject:

1. Ramón _____; Yo _____; Mis hermanos _____.

2. Tú no _____; Mi hermano y yo _____.
3. Ud. _____; María _____; María y Juana _____.

    B. Now answer affirmatively, always using a subject pronoun.

        Por ejemplo: ¿Es María? *Sí, es ella.*
                      ¿Son sus vecinos? *Sí, son ellos.*
                      ¿Eres tú? *Sí, soy yo.*

1. ¿Es Ud.?
2. ¿Son Dolores y Elvira?
3. ¿Son los García?[1]
4. ¿Eres tú, Juanito?
5. ¿Es su padre?
6. ¿Soy yo? (Is it I?)
7. ¿Es su abuela?
8. ¿Son las niñas?
9. ¿Son Uds.?
10. ¿Son los muchachos?

    C. Ahora conteste negativamente las preguntas del Ejercicio B.

13. Some Uses of *Ser*

    a. *Ser* tells *who* or *what* the subject is.

¿Qué es su esposo?—Es maestro.	What is your husband?—He is a teacher.
¿Quién es?—Soy yo.	Who is it?—It's I.
¿Son Uds. católicos?—No, somos protestantes.	Are you Catholics?—No, we are Protestants.
Es una casa muy bonita.—Gracias.	It is a very pretty house.—Thank you.

    In other words, as you can see, *ser* joins the subject with a noun or a pronoun.

    b. *Ser* tells where the subject is from, what it is made of, or what it is for.

¿De dónde son los Molina? —Son de México.	Where are the Molinas from? —They are from Mexico.
¿Es de madera su casa? —No, es de cartón.	Is your house (made of) wood? —No, it's cardboard.
Las cortinas son para la cocina. —No me gustan.	The curtains are for the kitchen. —I don't like them.

    c. When used with an adjective, *ser* tells what the subject is *really* like, *not* what it seems like or what condition it is in.

---

1. Notice that Spanish family names do not have a plural form.

Juanito es muy inteligente.—	Johnny is very intelligent.—
Sí, y es simpático también.	Yes, and he's nice, too.
Mis hermanos no son altos.	My brothers are not tall.
La lección no es muy difícil.	The lesson isn't very hard.
—Sí, pero es larga.	—Yes, but it's long.

Ejercicio

Conteste en español:

1. ¿Es de madera su casa?
2. ¿Es de metal un automóvil?
3. ¿Es difícil esta (this) lección?
4. ¿Son buenos atletas sus amigos?
5. ¿Es Ud. muy alto (alta)?
6. ¿Es muy bonita su madre?
7. ¿Es español(a) su profesor(a)?
8. ¿Es blanca su cocina?
9. ¿De dónde son los peruanos?
10. ¿Es gordo su padre?
11. ¿Quién es mayor (older), su madre o su padre?
12. ¿Somos norteamericanos o europeos?
13. ¿Qué es el hermano de su madre? (El hermano de mi . . .)
14. ¿Son Uds. jóvenes o viejos?

14. Adjectives

Adjectives in Spanish must always agree with the noun they describe. Therefore, just like nouns, they have masculine and feminine forms, singular and plural.

Pablo es muy simpático.	María es muy simpática.
Los libros son largos.	Las lecciones son largas.

Here's how we make the feminine and plural forms of adjectives:

a. The feminine singular of adjectives

1. Adjectives that end in -*o* change *o* to *a*.

un niño bueno	una niña buena
un baño pequeño	una cocina pequeña
un hombre alto	una señora alta

2. Adjectives of nationality that end in a consonant add -*a*.[2]
   (If there is a written accent on the masculine form, it disappears in the feminine.)

Mi padre es francés.	Mi madre es francesa.
¿Es español o alemán (German)?	¿Es española o alemana?

2. So also do the few adjectives ending in -*dor*, -*án*, -*ón*, and -*ín* [hablador, habladora (talkative); holgazán, holgazana (lazy)].

48

3. All other adjectives have the same form for both masculine and feminine.

Es un libro interesante.   Es una lección interesante.
Mi maestro es muy joven.   Mi maestra es muy joven.

4. When we add -*mente* (-ly) to the feminine singular, we turn the adjective into an adverb.

rápido   quick   rápidamente   quickly
completo   complete   completamente   completely
fácil   easy   fácilmente   easily

b. The plural of adjectives

Adjectives form their plural just the way nouns do. Therefore, those ending in a vowel add -*s*, those ending with a consonant add -*es*. (Remember also that a final *z* becomes *ces*.)

alto	alta	altos	altas
bajo	baja	bajos	————
inglés	inglesa	ingleses	inglesas
español	española	————	————
fácil	fácil	fáciles	fáciles
difícil	————	————	————
joven	————	jóvenes	————
feliz	————	felices	————

Ejercicios

A. Cambie las frases siguientes según las indicaciones:

Por ejemplo: *Una madre* española (padre)   *Un padre español*

1. *Una mesa* grande (Un hotel)
2. *La pizarra* es negra. (El libro)
3. *El niño* es rubio. (Los niños)
4. Mi *lápiz* es blanco. (pluma)
5. *El señor García* es chileno. (Los García)
6. *Mi vecino* es alemán. (Mi vecina)
7. *Una escuela* francesa (Un automóvil)
8. *Los estudiantes* ingleses (Las estudiantes)
9. *Un hombre* muy viejo (Una mujer)
10. *Su maestro* es joven. (Sus maestros)

B. Ahora cambie a adverbios los adjetivos siguientes:
simple, inmediato, constante, rico, claro, lento (slow), difícil

15. The Position of Adjectives

As you may have noticed, adjectives in Spanish are placed both before and after the noun. When a descriptive adjective serves to set the noun off from others of its kind, it usually *follows.*

Tiene ojos azules.　　　　　　　　　He has blue eyes. (Not green or
　　　　　　　　　　　　　　　　　　　purple or pink!)

Pepe es un niño muy inteligente.　　　Joey is a very intelligent boy.
　(Here *inteligente* sets Joey off from the not-so-bright boys.)

Adjectives of color, shape, nationality, religion, or quality generally fall into this category, and for that reason usually follow their noun.

una mesa baja　　　　　　　　　　　una casa grande
una cara fea　　　　　　　　　　　　la religión protestante
un libro interesante　　　　　　　　los artistas franceses

Mucho, poco, and many other short non-descriptive adjectives go *before* the noun.

No tengo mucho dinero.　　　　　　I don't have much money.
Hay poco tiempo.　　　　　　　　　There is little time.

Ejercicios

A. Can you match up each word in column 1 with a word in group 2, and then use them in original sentences?

1	2
las mujeres (women)	azules (blue) . . . muy bonita . . .
un matrimonio	francesas . . . moderno . . . joven . . .
una cara	muy feliz . . . interesantes . . . grande
ojos	
un baño	
unos programas	
una comida	
un artista	

B. Conteste ahora en español:
1. ¿Le gustan más las casas grandes o las casas pequeñas? ¿Es grande su casa?
2. ¿Le gustan más los coches (cars) grandes o pequeños? ¿Los coches americanos o europeos?

50

3. ¿Tiene Ud. unos amigos españoles? ¿O hispanoamericanos? ¿O franceses? ¿O italianos? ¿O alemanes?
4. ¿Tiene Ud. mucho dinero o poco dinero?
5. ¿Tiene Ud. ojos azules? ¿Tiene ojos negros?
6. ¿Cuál es su programa favorito de televisión?

VAMOS A CANTAR

Hoy vamos a aprender una canción popular de México. Se llama

Cielito Lindo

E - se lu - nar que tie - nes cie - li - to lin - do jun - to a la bo - ca _____. No se lo des a na - die, cie - li - to lin - do que a mí me to - ca _____

Courtesy of Edward B. Marks Music Corporation

52

¡Ay ay ay ay! ___ can - ta y no llo - res, ___ Por que can - tan - do se a - le gran cie - li - to lin - do los ___ co - ra - zo - nes. ___ Siem-pre que te e - na - mo - res, cie - li - to lin - do, mi - ra pri - me - ro.

Don-de po - nes los o - jos cie - li - to lin - do no____ llo - res

lue - go._____ ¡Ay ay ay ay!_____

can ta y no llo - res_____ por - que can tan do se a

le - gran cie - li - to lin - do los co - ra - zo - nes.

Primera Vista de España

First View

Por fin llegamos a España—España, la madre de la América latina. España ocupa con Portugal la Península *Ibérica* en el *suroeste* del continente europeo. Al norte está Francia; al oeste, el Océano Atlántico; al sur, África; 5 al este, el Mediterráneo *e* Italia. Separada del resto del mundo *por montañas y mares*, España también está dividida en *distintas* regiones geográficas por sus numerosas

Finally

Iberian ~ southwest

and by mountains and seas
differènt

Madrid, corazón de Castilla, capital de España.

Un pastor (*shepherd*)
vasco y su rebaño (*flock*).
Provincias Vascongadas.

montañas y sus *ríos*. Y *así*, el español, *acostumbrado* a vivir
en su pequeña región, *llega a ser* independiente, indivi-
10 dualista. Conserva sus viejas tradiciones y su dialecto
local, y *a veces tiene más amor por la «patria chica» que*
por la nación.

Castilla, en el centro de España, es el *«corazón»* del
país. Su capital, Madrid, moderna y antigua *al mismo*
15 *tiempo*, es la ciudad principal, y su lengua, el castellano,
es la lengua oficial de toda España. Históricamente,
Castilla es el impulso *unificador* de la nación.

Galicia, en el *noroeste*, cerca de Portugal, es una provincia agrícola—*verde, húmeda y montañosa*. Tiene *algunas*
20 ciudades modernas. Pero su ciudad más típica, Santiago
de Compostela, *vive todavía bajo la sombra* de su inmensa
catedral medieval, y las supersticiones *abundan entre la*
neblina.

En el *nordeste* de la península, cerca de Francia y de
25 Italia, está Cataluña. Su capital, Barcelona, *gran puerto de*
mar y centro industrial, es *sin duda* la ciudad más *cosmo-*
polita de España. Los catalanes son individualistas *hasta*
el punto de ser separatistas. *Junto con el castellano*, hablan
su *idioma*, el catalán, símbolo de su independencia.
30 El *«País Vasco»*, en los *Montes* Pirineos, es un *mundo*
propio. Su idioma, el vascuence, es de un origen mis-
terioso, y es totalmente diferente de los otros dialectos
españoles. Los vascos, generalmente *conservadores* en
su religión y en la política, son muy industriosos, y Bilbao
35 es una de las ciudades más productivas de España.

Ahora llegamos a Valencia y Andalucía; Valencia en la

rivers ~ so ~ accustomed
gets to be

at times he has more love for the
  "little homeland" than

heart
at the same time

unifying

northwest
green, humid and mountainous ~
  some

still lives under the shadow
cathedral ~ abound amid the
  mist

northeast
a great seaport ~
without a doubt
sophisticated
to the point of
  being ~ Along with Castilian
  language

"Basque Country" ~ Mountains
  ~ world of its own

conservative

56

costa *oriental,* Andalucía en el sur. *Estas* dos provincias east coast ∼ These
reflejan la influencia de la larga ocupación árabe en reflect
España, y sus *hermosas* ciudades—Valencia, Córdoba, beautiful
40 Granada, Sevilla—*parecen* ser parte *todavía* del Norte de seem ∼ still
África. *En fin,* España es una nación, pero *dentro de ella* in short ∼ inside her
hay muchos mundos *envueltos* en uno. wrapped up

Un patio típico de Córdoba. El sur (*south*) de España refleja todavía la influencia árabe.

PREGUNTAS

1. ¿Qué países ocupan la Península Ibérica?
2. ¿Qué país está al norte de España?
3. ¿Qué hay al oeste de la Península Ibérica? ¿Y al sur? ¿Y al este?
4. ¿Cuál es la capital de España? ¿En qué provincia está?
5. ¿Dónde está Galicia? ¿Cuál es una de sus ciudades principales?
6. ¿Qué importancia tiene Barcelona? ¿Cómo son los catalanes?
7. ¿Dónde está el «País Vasco»? ¿Qué lengua hablan los vascos?
8. ¿Qué influencia reflejan Valencia y Andalucía?

5 Lección Quinta

A.

1. ¿Tiene Ud. hermanos? (Do you have . . . ?)
2. ¿Tiene Ud. muchos amigos?
3. ¿Tiene Ud. muchos discos (records)?
4. ¿Tiene Ud. muchas fiestas (parties)?
5. ¿Cuántos primos tiene Ud.?

Sí, tengo . . .
No, no tengo . . .

B. (*Now let's get familiar.*)

1. (Alicia), ¿cuántas clases tienes hoy?
2. (Riqui), ¿tienes frío? (Are you cold?)
3. (Miguel), ¿tienes calor ahora?
4. (Rosario), ¿tienes hambre? (Are you hungry?)
5. (María), ¿tienes sed? (Are you thirsty?)

Tengo . . .

C.

1. ¿Tienen Uds. clases hoy?
2. ¿Tienen Uds. examen mañana?
3. ¿Tienen Uds. buenos maestros?
4. ¿Tienen Uds. mucho calor ahora?

Sí, tenemos . . .

5. ¿Tienen Uds. mucho frío?
6. ¿Tienen muchos amigos sus padres?   Sí, mis padres tienen . . .
7. ¿Tienen hermanos sus padres?
8. ¿Cuántos años tienen sus abuelos?   Mis abuelos tienen . . .
   (How old are . . . ?)

D.
1. ¿Viene Ud. aquí todos los días?   Sí, vengo . . . (Yes, I come . . .)
   (Do you come here every day?)   No, no vengo . . .
2. ¿Viene Ud. a la escuela mañana?
3. ¿Viene Ud. a la clase de español mañana?

E.
1. (Diego), ¿tú vienes aquí mañana? (Jim,
   are you coming . . . ?)
2. (Marta), ¿tú vienes aquí los sábados?
3. (Rodrigo), ¿tú vienes aquí los lunes?

F.
1. ¿Vienen Uds. a la escuela los martes?   Sí, venimos . . .
2. ¿Vienen Uds. a la clase de español los
   domingos?
3. ¿Vienen Uds. a la fiesta mañana?
4. ¿Vienen a la escuela sus padres?   Sí, mis padres vienen . . .
                                            No, mis padres no vienen . . .
5. ¿Vienen a esta (this) escuela sus
   hermanos?
6. ¿Vienen a la clase de español sus
   amigos?

Periódicos . . . tomando el sol. Santo Domingo.

Triángulo

(L.: Lorenzo   M.: María   E.: Estela)

María y Estela *salen del colegio*. Lorenzo *se acerca a ellas*.

  are coming out of
   school ~ approaches
  them

L.: Hola, María . . . Hola, Estela.

E.: Hola, Lorenzo.

5 M.: Hola.

L.: María, *¿tú vienes ahora?* Are you coming now?

M.: *¿Adónde?* Where to?

L.: Al *partido* de fútbol. Yo soy capitán del *equipo*. game ~ team

M.: No sé. No me gusta mucho el fútbol.

10 L.: *Después hay fiesta.* Afterwards there's
   a party.

M.: Pues no sé. *Tengo que estudiar.* I have to study.

L.: ¿Tienes que estudiar? ¿Por qué? Hoy es viernes. Mañana no hay clases.

E.: Yo no tengo que estudiar esta tarde, Lorenzo.

15 L.: ¿Ah, sí? Pues María, ¿vienes o no vienes?

M.: *No creo.* Pero gracias, Lorenzo. Y *buena suerte. Tal vez otro día.* I don't think so. ~
  good luck. Maybe some
   other time.

E.: Lorenzo, yo . . .

 (María *le dirige una mirada furiosa* y Estela *se calla*.) sends her a furious look ~
  stops talking

20 L.: Muy bien . . . Pues *hasta el lunes*, ¿eh? until Monday

 (Lorenzo *se marcha*.) walks away

E.: Lorenzo . . . Adiós, Lorenzo.

M.: Estela, tú eres terrible. *No hablo más contigo.* I'm not speaking to
  you any more.

E.: ¿Yo? ¿Qué . . . ?

25 M.: Sí, tú. La inocente. «Hola, Lorenzo . . . Yo no tengo que estudiar esta tarde, Lorenzo. . . .»

E.: ¿Y por qué no? Si *tú no vas con él* . . . *you* aren't going with him

M.: *No importa.* Si un muchacho habla *conmigo*, si la invitación es *para mí, no para ti*, tú *no debes* contestar. It doesn't matter. ~ with me
  for me, not for you ~
  shouldn't

30 *¿Tengo razón* o no? Am I right

E.: Pues sí, tienes razón. Pero, ¡pobre Lorenzo! Hoy no tiene suerte. Primero la señora Olvera, y ahora tú . . .

M.: Estela, eres como una *niña*. ¿Cuántos años tienes?   little girl

E.: Catorce, *con* tres meses.   and

35 M.: Pues entonces, tienes que *aprender cómo portarte con los muchachos*. Yo, por ejemplo, yo no acepto la primera *vez que me invitan* a una fiesta. Tenemos que ser *un poco difíciles con ellos*. Si no, no aprenden a ser *caballeros* con nosotras.

learn how to act with boys

*time that they invite me
a little difficult with them*

gentlemen

40 E.: ¿Ah, sí?

M.: Absolutamente.

(Las muchachas caminan un poco en silencio.)

E.: Rosario *dice* que Lorenzo *sale* sólo con ella.   says ~ goes out

M.: ¿Ah, sí? ¿Rosario del Paso?

45 E.: Sí. La rubia.

(Las muchachas llegan a la casa de María.)

E.: María, ¿vienes a mi casa ahora *a tomar algo*?

M.: No, gracias, Estela. *No tengo hambre. Además*, no tengo tiempo ahora. Tengo que *ir* al partido de fútbol, y

50 después, a la fiesta con Lorenzo . . . Rosario del Paso, ¿eh?

*to have something
(to eat or drink)
I'm not hungry. Besides
go*

PREGUNTAS

1. ¿Quiénes salen del colegio?
2. ¿Quién se acerca a ellas?
3. ¿Adónde invita Lorenzo a María?
4. ¿Qué hay después del (after the) partido de fútbol?
5. ¿Acepta María la invitación?
6. ¿Es verdad que María tiene que estudiar? ¿Por qué?
7. ¿Qué dice Estela? (What does Estela say?)
8. ¿Qué dice María a Estela cuando Lorenzo se marcha?
9. ¿Por qué dice María que Estela no debe contestar?
10. ¿Cuántos años tiene Estela?
11. ¿Qué dice Rosario acerca de (about) Lorenzo?
12. ¿Toma María algo en casa de Estela ahora? ¿Por qué?
13. ¿Adónde tiene que ir María?

Vocabulario Activo

aprender to learn

estudiar to study

colegio school ¿Qué más asocia Ud. con el colegio?

partido de fútbol soccer game

equipo team

¿Cómo está Ud?

deber to owe, should, ought to

difícil difficult, hard

la suerte luck

***venir** to come

***tener** to have mi bicicleta, mi perro

fiesta party

aceptar una invitación to accept

bailar cantar

¿otra vez? another time, again

tal vez perhaps

una vez one time, once

dos veces twice

¿Cómo...? How?
ahora now
además besides
para in order to

DISCUSIÓN

1. ¿Quién le gusta más a Ud.—María o Estela? ¿Tiene Ud. una amiga como María o como Estela?
2. Le gusta a Ud. el fútbol? ¿Quién es el capitán del equipo de su escuela?
3. ¿Tiene Ud. mucha hambre por la tarde (in the afternoon)? ¿Tiene Ud. tiempo para estudiar por la tarde? ¿Tiene Ud. tiempo para ir al cine frecuentemente? ¿Tiene Ud. que trabajar? ¿Tiene Ud. que estudiar mucho el español?
4. ¿Cuántos años tiene su mejor amigo o amiga? ¿Cuántos años tienen sus hermanos?

ESTRUCTURA

16. *Tener* and *Venir*

	tener to have	**venir** to come
(yo)	tengo	vengo
(tú)	tienes	vienes
(él, ella, Ud.)	tiene	viene
(nosotros)	ten*e*mos	ven*i*mos
(vosotros)	ten*é*is	ven*í*s
(ellos, ellas, Uds.)	tienen	vienen

Tener (to have, to possess) is an irregular verb of the second conjugation. *Venir* (to come) is an irregular verb of the third conjugation. As you can see, they are very much alike. Notice also that not all their forms are irregular. Those that are not irregular follow the usual rules for *-er* and *-ir* verbs.

Ejercicios

A. Complete las frases siguientes según las indicaciones:

1. Mi primo ——————— mañana. (venir)
2. María, ¿tú ——————— al partido de fútbol? (venir)
3. (Yo) ——————— que estudiar. (tener)
4. El niño ——————— hambre (is hungry). (tener)
5. ¿ ——————— Uds. tiempo esta tarde? (tener)

6. ¿ _____ los estudiantes nuevos hoy? (venir)
7. (Yo) _____ a la clase todos los días. (venir)
8. Amigos, ¿ _____ tiempo esta tarde? (tener)
9. Mi hermana y yo _____ calor. (tener)
10. Uds. no _____ razón (aren't right). (tener)
11. ¿A qué hora _____ Uds. mañana? (venir)
12. Ramón y yo siempre _____ con Gloria. (venir)
13. (Tú) _____ que preparar la comida esta noche. (tener)

B. Look at each clock and see what time it is. Then read the little dialogues and answer the questions. Por ejemplo:

—Mi amigo Paco viene en una hora.
—¿Ah, sí?
Conteste: ¿A qué hora viene Paco?
Paco viene a las cuatro.

1.

—Tenemos examen de inglés en quince minutos.
—¡Ay, no!
Conteste: ¿A qué hora tienen su examen de inglés los alumnos?

2.

—¿Tienes hambre, Ramón?
—Sí, mucha.
—Bueno. En media hora tienes el almuerzo (lunch).
Conteste: ¿A qué hora tiene el almuerzo Ramón?

3.

—En veinte minutos vienen los carpinteros.
—¿A trabajar en la cocina?
—Sí.
Conteste: ¿A qué hora vienen los carpinteros?

4.

—¿Vienes a la fiesta, Arturo?
—Sí, en dos o tres horas. Primero tengo que estudiar.
Conteste: ¿A qué hora viene a la fiesta Arturo?

64

5. —Miguel, ¿tienes tiempo ahora?
—No, mamá. Tengo clase en media hora.
Conteste: ¿A qué hora tiene clase Miguel?

17. Idioms with *Tener*

Many very common Spanish expressions use *tener*. Here are some of them:

tener frío   to be (feel) cold

—Ana, ¿tienes frío?   Anna, are you cold?
—Sí, tengo mucho frío.   Yes, I'm very cold.

tener calor   to be (feel) warm

—Paco, ¿tienes calor?   Frank, are you warm?
—No, no mucho.   No, not very.

¿Qué tiene la niña?

¿Qué tiene el señor?

tener sed   to be thirsty

Aquí tiene Ud. una Pepsi.   Here's a Pepsi.—No, thanks.
  —No, gracias. No tengo mucha sed.   I'm not very thirsty.

tener hambre   to be hungry

María, ¿tienes mucha hambre?   Mary, are you very hungry?
  —No, no mucha.   —No, not very.

tener sueño   to be sleepy

No tengo mucho sueño ahora.   I'm not very sleepy now.
  —Yo sí.   —*I* am.

tener miedo   to be afraid

Ana, ¿vienes a la fiesta?   Ann, are you coming to the party?
  —No. Voy a estudiar. Tengo   No. I'm going to study. I'm
miedo del examen mañana.   afraid of the exam tomorrow.

¿Qué tiene?   ¿Qué tiene?   ¿Qué tiene?   ¿Qué tiene?

tener suerte   to be lucky

tener . . . años de edad   to be . . . years old

Mi abuelo tiene cien años de
  edad. —¡Qué suerte tiene, eh!

My grandfather is 100 years old.
  —How lucky he is, eh?

tener razón   to be right

Yo creo que . . . —Sí, señor.
  Ud. tiene mucha razón.

I think that . . . Yes, sir.
  You're very right.

What do you think **no tener razón** means?

tener que (estudiar, trabajar, etc.)   to have to (study, work, etc.)

¿Tienes que estudiar hoy? —No,
  pero tengo que ayudar en casa.

Do you have to study today?
  —No, but I have to help at home.

In these expressions, as you have noticed, *very* is translated by *mucho, mucha* (*mucho*, of course, before a masculine noun, and *mucha* before a feminine).

Ejercicio

Conteste las preguntas siguientes:
1. ¿Tiene Ud. mucho calor hoy? ¿Tiene frío?
2. ¿Tenemos más calor en el verano o en el invierno?
3. ¿Tiene Ud. razón siempre? ¿Casi (almost) siempre?
4. ¿Tiene Ud. mucha suerte? ¿Tienen mucha suerte sus padres?
5. ¿Tiene Ud. miedo de sus profesores?
6. Cuando Ud. tiene mucha sed, ¿toma agua, café o leche (milk)?
7. ¿Tiene Ud. sueño en la clase de español? ¿Y en las otras clases?
8. ¿Tiene Ud. que estudiar para un examen mañana?
9. ¿Tiene Ud. miedo del número trece?
10. ¿Cuántos años tiene Ud.? ¿Cuántos años tienen sus padres?

a. The pronouns that we use after prepositions are exactly like the subject pronouns, except for *mí* (me) and *ti* (you, my pal). Here is the whole list.

(para) *mí*	(for) me
ti	you, my chum
él	him
ella	her
usted (Ud.)	you
nosotros (nosotras)	us
vosotros (vosotras)	you, my buddies
ellos	them
ellas	them (all feminine)
ustedes (Uds.)	you-all

No hablan de ti. Hablan de mí.	They're not talking about *you*. They're talking about *me*.
La invitación es para ella, no para Ud.	The invitation is for *her*, not for *you*.
¿Es para nosotros? ¡Mil gracias!—No. Es para ellos.	It's for us? Thanks so much!— No. It's for them.

b. After the preposition *con* (with), *mí* and *ti* become *-migo, -tigo* and are attached. All the other forms remain the same.

¿Vienes conmigo?—Contigo siempre, mi amor.	Are you coming with me?— With you always, my love.
¿Por qué no hablas conmigo?— Me gusta hablar con él.	Why don't you talk with me?— I like to talk with *him*.

Ejercicios

A. Replace the words in italics with the proper pronouns.

Por ejemplo: Hablan de *Juan*. Hablan de *él*.

1. ¿Vienen con *los niños*?
2. ¿Hablas de *María*?
3. ¿La invitación es para *Estela y Juana*?—No, es para *Ud. y su hermana*.
4. ¿Vienes al partido . . . ? (*with me*)—Sí, . . . , mi amor. (*with you*)
5. La casa es de *los* Vargas.
6. Hablamos con *el profesor nuevo*.
7. ¿Tienes algo para . . . ? (*me*)
8. Hay tres radios en *la casa*.

9. Hay una foto muy interesante en *el libro*.
10. Creemos en . . . , Russell. (*you*)
11. Y yo creo en . . . , amigos. (*you*)
12. Siempre hablan mal de . . . (*us*)—¿De . . . , señores? (*of you*). ¡Imposible!
13. No tengo tiempo para comer . . . (*with you, fam.*)—¿Por qué no?

B. **¿En quién piensas?** (*Whom are you thinking about?*)

Write five names of people in your class (including your teacher and yourself) and then write a list of five other nouns that you may possibly be thinking about. (*Por ejemplo: mis amigos, una buena comida, el examen, la señora del Paso, un programa de televisión, el partido de fútbol*, etc.) Then, when someone asks you: «*¿En quién piensas?*» or «*¿En qué piensas?*» (What are you thinking about?), You choose one from your list and say: «*Pienso en* (Ricardo, María, *un programa de televisión*, etc.).» Then you point to someone, and that person must say: «*¿Ah, sí? ¿Piensas en él (ella*, etc.)?*»

By the way, if the person about whom you're thinking is the same one you're pointing to, that person must answer: «*¿Piensas en mí?*» And you say, «*Sí, pienso en ti.*»

PASATIEMPO

FRASES REVUELTAS (SCRAMBLED SENTENCES)

Make up ten good original sentences in Spanish, not exceeding eight words in each. (*Por ejemplo: En mi familia hay cinco personas.*) When you are called on, you will read one of your sentences aloud, but not in its proper order. Scramble the words and see if your classmates can unscramble the meaning in 20 seconds. (*Por ejemplo: personas mi hay cinco familia en.*) Read each word slowly and clearly so that your friends can write them down as you say them. Then start counting the seconds—¡*en español, por supuesto*! If they give up, tell them the correct answer, and then you read aloud the next scrambled sentence. If they get it right, the one who says the correct answer first reads one of *his* sentences, and *you* start unscrambling along with the rest. *¿Quién va a empezar?* (Who's going to start?)

Oh yes, have your ten original sentences, *unscrambled*, ready to hand in to your teacher for checking at the end of class.

Un Día con una Familia Urbana

La familia González vive en Cartagena, Colombia. Aunque es muy pequeña, en otros respectos es típica de la clase *media*. El padre, *don* Remigio, es secretario de un *abogado*. La madre, doña Teresa, *cuida* de la casa. Y
5 el hijo, Alberto, es estudiante de *secundaria*.

middle ~ (title of respect)
lawyer ~ takes care
high school

El día en la ciudad *comienza* más o menos *como el nuestro*. Los *negocios se abren entre* las
10 nueve y las nueve y media. Pero *se cierran* a la una, y el hispano *vuelve a su casa a almorzar. Mientras* come, *charla* con
15 la familia, y *después* toma una *siesta*. A las cuatro tiene que *volver* a trabajar. Los negocios se cierran otra vez *a eso de* las ocho,
20 y entonces *empieza la hora de la merienda*, tiempo para conversar con los amigos o para tomar una *cerveza* en un café. *No hay*
25 *prisa*, porque la comida

begins
like ours
businesses open between

they close
goes
home for lunch.
While ~ he chats
afterwards
nap
go back

around
begins the merienda (social
    hour and snack time)

beer ~ There's no
hurry

de la noche es muy *tarde*. Las *funciones* de teatro también comienzan tarde, ¡y frecuentemente *terminan* a la una de la mañana! Sí, el día del hispano es muy *largo*, pero además del *trabajo*, siempre hay tiempo *para descansar* y
30 para estar con la familia.

late ~ performances
they end

long
work ~ to rest

69

1. 8:00. La familia toma su desayuno (break-fast)—café o chocolate con pan (bread).

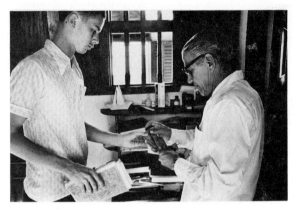

2. 8:30. Alberto recibe su dinero para los gastos (expenses) de la semana.

5. 2:30. Mientras Alberto lee en su cuarto, el padre toma una corta (short) siesta.

6. 4:15. Don Remigio consulta con su jefe (boss), el Dr. León Martínez. Los abogados hispanos tienen el título de «Doctor».

9. 11:30. Alberto toca la guitarra en casa de unos amigos.

10. 12:40. Mientras esperan a (wait for) su hijo, don Remigio y su esposa escuchan la radio. Buenas noches. La visita termina.

3. 8:40. Alberto y su padre caminan como dos amigos. La oficina (office) de don Remigio y la escuela de Alberto están cerca.

4. 1:30. La familia está reunida (together) otra vez. El almuerzo (lunch) del hispano es una comida grande.

7. 8:10. Hora de la merienda. Camino a (On the way to) su casa, don Remigio saluda a algunos (greets some) amigos en un café.

8. 9:45. Doña Teresa prepara la comida de la noche. La comida comienza generalmente a las diez.

PREGUNTAS

1. ¿Quiénes son los González? ¿Cómo es su vida?
2. ¿Cómo comienza el día en una ciudad hispana?
3. ¿Qué ocurre a la una de la tarde?
4. ¿Qué hace el hispano (does he do) después de almorzar (after lunch)?
5. ¿A qué hora se abren otra vez los negocios?
6. ¿Qué es la hora de la merienda?
7. ¿A qué hora es la comida de la noche en hispanoamérica?
8. ¿Qué tiene el día del hispano además del trabajo?

REPASO

1 REPASO DE GRAMÁTICA

A. Estudie la conjugación de todos los verbos regulares (11), y escriba cinco oraciones originales usando verbos de esas categorías. (Write five original sentences using them.)

B. Repase los verbos *ser* (12), *venir* y *tener* (16), y después escriba cuatro oraciones usando expresiones con *tener* (17).

C. Now can you find the proper response in group **2** for each of the statements or questions in group **1**?

1	2
¿Me ayudas en la cocina?	Al contrario. Es muy bonita.
¿De dónde son sus abuelos?	Sí. ¿Me hace el favor de abrir la ventana?
Tiene una cara muy fea, ¿no?	Gracias. Tengo mucha sed.
¿Quieres una Coca Cola?	Son de Irlanda.
Hace mucho calor aquí, ¿no?	Con mucho gusto. Siempre preparo las comidas en mi casa.
Su esposo es médico, ¿verdad?	A las diez y media.
¿Hay clases hoy?	No. No me gusta la música clásica.
¿Le gusta la casa?	No, es dentista.
¿A qué hora es la comida?	Sí, pero las alcobas son pequeñas.
¿No viene Ud. al concierto?	No, la escuela está cerrada.

D. Complete de una manera original:

1. María, . . . conmigo en la fiesta mañana?
2. Mi familia y yo . . . en la casa del . . .
3. Los chicos . . . a la escuela, ¿no?—No. . . . el autobús.
4. ¿ . . . Uds. al partido de fútbol con . . . ?

5. (Yo) No . . . aquí.—¿Por qué?—Porque no . . .
6. ¿Por qué no . . . las preguntas?
7. Su pelo es . . . y sus ojos son . . .
8. Niños, ¿tienen Uds. . . . ?—No, pero tenemos . . .
9. Tengo que . . . esta tarde.—Yo también.
10. ¿Cuántos años . . . ?—Quince.

2 ESTUDIO DE VOCABULARIO

A. ¿Cuáles son los antónimos de las palabras siguientes? (What are the opposites of the following words?)

Por ejemplo: rico—*pobre*

alto, joven, fea, blanca, nuevos, difíciles, grandes; comprar, preguntar, ganar

B. How many words do you know that refer to people?

Por ejemplo: padre, vecino, amigo, etc.

C. What do you think of when you hear each of the following?

Por ejemplo: cocina: *comer, comidas, mi madre, tengo hambre*

casa: _____   amigos: _____
escuela: _____   dinero: _____

3 PEQUEÑO TEATRO

Write an original dialogue of at least eight lines for each of the following scenes. (You may find some help in the *Escenas* of the lessons indicated in parentheses. But be sure to add some ideas of your own.)

1. You interview someone. You inquire about his family, etc. (I)
2. A man inquires about a house he may want to buy. (I)
3. Two ladies are talking about their neighbors. (II)
4. Two students meet on the way to school. (III)
5. A scene in one of your classes. It can be a math class, a history class, your Spanish class, or any you choose. If you want to, you may include some of the people you know. (IV)
6. A fellow asks a girl for a date. (V)
7. Two girls are talking on their way home from school. (V)

LOS COLORES

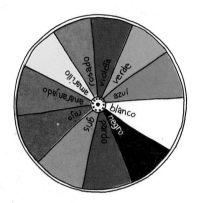

Conteste ahora:

1. ¿Cuáles son los colores de la bandera de los Estados Unidos?

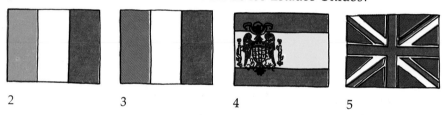

2. ¿Y de la italiana?
3. ¿Y de la francesa?
4. ¿Cuáles son los colores de la bandera española?
5. ¿Cuáles son los colores de la bandera británica?

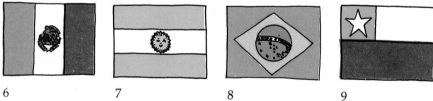

6. ¿Cuáles son los colores de la bandera mexicana?
7. ¿Y de la argentina?
8. ¿Y de la brasileña?
9. ¿Y de la chilena?

10 11 12 13 14

10. ¿De qué color es una manzana?
11. ¿De qué color es una naranja?
12. ¿De qué color son las bananas?
13. ¿De qué color es la hierba?
14. ¿Y un árbol?

15 16 17 18 19

15. ¿De qué colores son las flores?
16. ¿De qué color es el océano?
17. ¿Y el cielo?
18. ¿Y el sol?
19. ¿Y la luna?

20. ¿De qué color son sus ojos? ¿Y los ojos de su madre?
    ¿Y de su padre? ¿Y de sus hermanos?
21. ¿De qué color es la felicidad (happiness)?
    ¿Y la cobardía (cowardice)? ¿Y el amor?
22. ¿Cuál es su color favorito?
23. ¿De qué color es su casa? ¿Y su cocina?
    ¿Y su alcoba? ¿Y su baño?
24. ¿De qué color es el invierno? ¿Y la primavera?
    ¿Y el verano? ¿Y el otoño?
25. ¿En qué colores piensa Ud. cuando oye . . . (What colors do you think
    of when you hear someone say): ¿La Navidad (Christmas) . . . ? ¿El
    Día de San Valentín . . . ? ¿El cuatro de julio . . . ? ¿El mes de junio . . . ?
26. Think of a color, write it down on a slip of paper, and see whether your
    classmates can guess what it is. If they get it in three tries, they win.
    If they don't, you get a point, and you get another chance. Let's see
    how many points you can make.

6 Lección Sexta

A.

1. Hola. ¿Cómo está Ud.?　　　　　　　　Estoy bien, gracias.
   (Hi. How are you?)　　　　　　　　　No estoy muy bien, gracias.
2. ¿En qué clase está Ud. ahora?　　　　Estoy en . . .
3. ¿Está Ud. bien preparado (preparada)?
4. ¿Está Ud. contenta (contento) con la
   clase?
5. ¿Está muy interesado en el español?
6. ¿Va Ud. al cine hoy? (Are you going to　Sí, voy . . .
   the movies . . . ?)　　　　　　　　　No, no voy . . .
7. ¿Va Ud. al laboratorio de ciencia?
8. ¿Va Ud. a un partido de fútbol el
   sábado?
9. ¿Da Ud. muchas fiestas en su casa? (Do　Sí, doy . . .
   you give . . . ?)　　　　　　　　　　No, no doy . . .
10. ¿Da Ud. las tareas al maestro?

B.　(Now let's get chummy.)

1. (Pepe), ¿estás contento con la　　　　Sí, estoy . . .
   escuela?　　　　　　　　　　　　　No, no estoy . . .
2. (Alicia), ¿estás muy ocupada (busy)
   ahora?

76

3. (Ramón), ¿estás dormido (asleep)?

4. (Miguel), ¿vas al cine mañana?
   (. . . are you going . . . ?)

                                                 Sí, voy . . .
   No, no voy . . .

5. (Juanita) ¿das muchas fiestas?
   (. . . do you give . . . ?)

                                                 Sí, doy . . .
   No, no doy . . .

C.

1. ¿Cómo están Uds. hoy?   Estamos bien, gracias.
2. ¿Están Uds. muy ocupados?   Sí, estamos . . . No, . . .
3. Chicos (Kids), ¿están Uds. dormidos?
4. ¿Van Uds. a la clase de inglés hoy?   Sí, vamos . . . No, . . .
5. ¿Qué lección vamos a comenzar (begin) ahora?
6. ¿Dan Uds. lecciones a otros chicos?   Sí, damos . . . No, . . .
7. ¿Dan Uds. dinero a la Cruz Roja (Red Cross)?

D.

1. ¿Cómo está su madre?   Mi madre está muy bien.
                                      Mi madre no está . . .
2. ¿Dónde está su casa?   Mi casa está en . . .
3. ¿Dónde está Madrid?
4. ¿Va a trabajar hoy su padre?   Sí, mi padre va . . .
   (Is your father going . . . ?)   No, mi padre no va . . .
5. ¿Va al centro (downtown) hoy su madre?
6. ¿Da muchas fiestas su familia?

E.

1. ¿Cómo están sus abuelos?   Mis abuelos están . . .
2. ¿Dónde están sus hermanos ahora?
3. ¿Van sus amigos a un partido de fútbol   Sí, mis amigos van . . .
   hoy?   No, . . .
4. ¿Dan muchos exámenes sus maestros?   Sí, mis maestros dan . . .
                                             No, . . .

Crisis (1)

(M.: María   SRA.: Sra. Delgado, la madre de María
R.: Ramón, el hermano de María)

María entra en su casa. Su madre *la llama desde* la cocina.   calls her from

SRA.: ¿María? ¿Eres tú?

M.: Sí, mamá. *¿Cómo estás?*   How are you?

SRA.: Bien, gracias, hija.

5 M.: ¿Dónde está *la abuelita?*   Granny

SRA.: En su *cuarto.* Creo que está *dormida.* . . . María,   room ~ asleep
    ¿sabes?, un chico acaba de telefonear. Se llama Lorenzo   you know?, some boy just
    Barrios.   called

M.: ¿Ah, sí? ¿Hay *recado?*   a message

10 SRA.: Sí, *algo acerca de un partido.* ¿De qué partido habla?   something about a game.

M.: Del partido de fútbol. *Esta tarde.*   This afternoon.

SRA.: *¿Cómo? ¿Desde cuándo te gusta* el fútbol?   What? Since when do you like

M.: No me gusta realmente, pero . . . es que . . . Lorenzo
    es capitán del equipo, y . . . *después* hay fiesta.   afterwards

SRA.: *¿Y tú vas* con él?   you're going

M.: Pues sí, más o menos. *Todos vamos juntos.*   We're all going together.

15 SRA.: María, si papá *no te da permiso,* tú no vas *a ninguna*   doesn't give you permission
    parte.   anywhere

● M.: Por favor, Mamá. *No estamos ya en el siglo quince.*   in the fifteenth century any
                                                                   more
20 SRA.: ¡María!

M.: Pues Carmen y Juanita y Nilda van.

SRA.: No me gusta *esa* Nilda.   that

M.: Mamá, tú no *comprendes.* Rosario del Paso cree que   understand
    Lorenzo va siempre con ella, y yo . . . (Ramón, el her-
25 mano mayor de María, *acaba de entrar.)*   has just come in

R.: Hola. ¿Cómo están?   (Spain: ¿Cómo estáis?)

SRA.: Muy bien, Ramón.

M.: Terrible. Estoy *desesperada.*   desperate

R.: *¿Qué pasa,* chica?   What's the matter

30 M.: Pues es que esta tarde hay partido de fútbol y después
    hay fiesta . . .

R.: Y papá no da permiso.

SRA.: Exactamente. Pero . . . María, tengo una idea *estupenda* . . . Si Ramón va *contigo* . . .

terrific
with you

35 R.: ¿Yo? Imposible. Esta tarde doy una lección de tenis. Necesito el dinero.

M.: Y yo no necesito chaperón.

SRA.: Entonces, *tu* hermano Paco va a ir. Él no está *ocupado*.

your
busy

40 M.: ¿¿Paco?? ¡Mamá! Yo no voy a una fiesta con un niño de doce años. Los chicos van a *pensar* que estoy *loca*, o . . .

think
crazy

SRA.: Entonces *no hay más remedio*.

there's no other solution

M.: Yo voy a hablar con la abuelita. (María *da unos gritos*

lets out some enormous shouts

45 *tremendos*.) Abuelita . . . A-bue-li-ta . . .

SRA.: ¡María! Tu abuela está dormida.

M.: *Ya no.* ¡A-bue-li-ta . . . !

Not any more (she's not)!

PREGUNTAS

1. ¿En dónde entra María?
2. ¿Dónde está su madre? ¿Y su abuela?
3. ¿Quién acaba de telefonear?
4. ¿Qué recado hay?
5. ¿Le gusta mucho el fútbol a María?
6. ¿Van los chicos juntos o solos (alone) a la fiesta?
7. Si su papá no da permiso, ¿va a la fiesta María?
8. ¿Qué cree Rosario del Paso?
9. ¿Quién entra ahora?
10. ¿Qué idea tiene la madre de María?
11. ¿Por qué no va Ramón a la fiesta con María?
12. ¿Quién es Paco?
13. ¿Por qué no va María con Paco?
14. ¿Con quién va a hablar María?

DISCUSIÓN

1. ¿Son muy estrictos los padres de Ud. (*your* parents)? ¿Cree Ud. que los padres deben ser muy estrictos o no? ¿Va Ud. solo (sola) al cine? Cuando Ud. va a una fiesta, ¿van juntos todos sus amigos?

2. ¿Viven con Uds. sus abuelos? Si no, ¿dónde viven? ¿Vive con Uds. otro pariente (relative)—un tío, una tía, etc.?

Vocabulario Activo

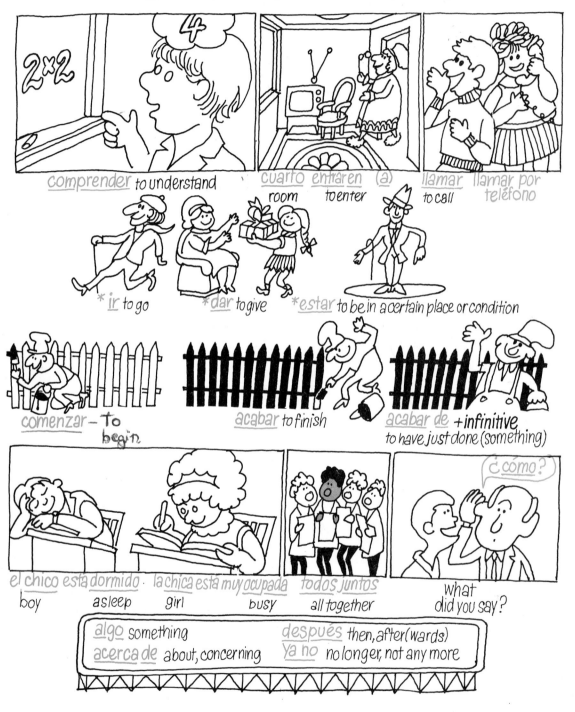

comprender to understand

cuarto room entraren (a) to enter

llamar to call llamar por teléfono

*ir to go

*dar to give

*estar to be in a certain place or condition

comenzar — to begin

acabar to finish

acabar de +infinitive to have just done (something)

el chico boy esta dormido asleep la chica girl esta muy ocupada busy

todos juntos all together

¿cómo? what did you say?

algo something
acerca de about, concerning

después then, after(wards)
ya no no longer, not any more

19. Ir, Dar y Estar

ir to go	**dar** to give	**estar** to be (in a certain place or condition)
voy	doy	estoy
vas	das	estás
va	da	está
vamos	damos	estamos
vais	dais	estáis
van	dan	están

Do you notice how similar these verbs are in the present tense?

Ejercicios

A. Can you give the proper form of the verb for each subject?

1. (yo): ir, estar, dar
2. (tú): estar, dar, ir
3. (Ud.): dar, ir, estar
4. (Roberto y yo): estar, ir, dar
5. (vosotros): ir, dar, estar
6. (ellos): dar, estar, ir

B. Otra vez.

1. ir: Yo, Su padre, Mis vecinos, Las alumnas, Ana y yo, Tú, Uds.
2. dar: Mi primo, Los Pérez, Yo, Ud., Paco, Mi tía Amanda, mamá y yo
3. estar: El equipo, Yo, Los López, Tú, Nosotros, Ud., Uds., Pepe y Ada

C. Conteste en español:

1. ¿Cómo está Ud. hoy?
2. ¿Cómo están sus padres?
3. ¿Dónde está París?
4. ¿A qué escuela va Ud.?
5. ¿Va Ud. a muchas fiestas?
6. ¿Van sus amigos a esta escuela?
7. ¿Vamos a tener examen hoy?
8. ¿Ud. y sus hermanos van al cine?
9. ¿Dan muchas fiestas sus amigos?
10. ¿Da muchos exámenes su profesor?

20. Some Uses of Estar

As you have seen, Spanish has two verbs that mean *to be*. These verbs are *ser* and *estar*, and their meanings are really quite different. *Ser* tells *who* or *what* the subject is—in other words, what the subject really is like. *Estar*, on the other hand, tells *where* or *how* the subject is. Here are some of the main uses of *estar*.

a. *Estar* tells *where*. It is used for location.

¿Dónde estás, Eduardo?—Estoy aquí, en mi cuarto.	Where are you, Ed?—I'm here, in my room.
Diego, ¿dónde está París? --En Inglaterra, señora. (!!!)	Jimmy, where is Paris? —In England, ma'am. (!!!)
Sra. González, ¿está Juanito? —No, no está. Está en Lima.	Mrs. Gonzalez, is Johnny in? —No, he's not. He's in Lima.

b. *Estar* tells *how* the subject is, in what condition or position it happens to be.

¿Cómo está la abuela?—Bien. Está dormida ahora.	How is grandma?—Fine. She's asleep now.
¿Qué pasa? Están malos? —No. Estamos cansados.	What's the matter? Are you ill? —No. We're tired.
¿Está frío o caliente el café? —Está frío.	Is the coffee cold or hot? —It's cold.

c. Notice the difference between *ser* and *estar* when we use them with the same adjectives. For example:

El hielo es frío.	La sopa está fría.
Ice is cold. (That is its natural state.)	The soup is cold. (It could be cold, warm, or in between.)
Las uvas son verdes.	Las uvas están verdes.
The grapes are green. (Green is their normal color.)	The grapes are green. (They're not ripe yet.)
¡Qué bonita es Rosario!	¡Qué bonita está Rosario!
How pretty Rosario is! (She's such a pretty girl.)	How pretty Rosario looks! (She looks great today.)
Pepito es muy malo.	Pepito está muy malo.
Joey is very bad. (He's a terrible little kid.)	Joey is very sick. (He's in bad shape.)
La señora Campos es joven.	Ah, Pilar, ¡qué joven estás!
Mrs. Campos is young. (She really is.)	Oh, Pilar, how young you look! (That dress, the makeup, etc. really flatter you.)

As we have said, *ser* tells what the subject is really like. *Estar* tells how it happens to be or look or seem.[1]

---

1. A quick reminder: When the weather is cold or hot, we say: *Hace frío. Hace calor.* When we *feel* cold or warm, we say: *Tenemos frío. Tenemos calor.* ¿*Recuerda?* (Do you remember?)

Ejercicios

    A. Mire los dibujos (*Look at the pictures*), y después conteste.

1. ¿Dónde está la taza (cup) de café?
   ¿Está caliente o frío el café?
   ¿Le gusta a Ud. el café?
   ¿Le gusta más el café o la leche?

2. ¿Dónde estamos ahora?
   ¿Le gusta viajar (to travel)?

3. ¿Y dónde estamos ahora?
   ¿Le gusta a Ud. Italia?
   ¿Cómo se llaman los habitantes de Italia?

4. ¿Dónde estamos ahora?
   ¿Quién está al frente (in front) de la clase?
   ¿Cuántos alumnos hay en la ilustración?
   ¿Están sentados (seated) o parados (standing)?

5. ¿Quién es esta señora?
   ¿En qué cuarto está?
   ¿En qué estación del año estamos?
   ¿Qué hora es?

    B. Indique la conclusión correcta:

1. —¿Estás muy ocupada, Lolita?
   —Sí. (Tengo que estudiar. Tengo que dormir. Estoy muy bien preparada.)
2. —La escuela está muy cerca de mi casa.
   —¿Ah, sí? ¿Entonces (Ud. tiene que tomar el tren, ¿verdad?, toma una hora llegar, ¿no?, Ud. viene en diez minutos, ¿verdad?)
3. —Mis padres están en Sudamérica ahora. Están de vacaciones.
   —¡Qué bien! ¿Están en (Londres, México, Buenos Aires) ahora?
4. —¿Le gustan las uvas?
   —No. (Son verdes. Están verdes. Son muy grandes.)

5. —Creo que Alonso está malo hoy. (Está sentado cerca de la ventana. Está muy cansado (tired) y pálido. Está al frente de la clase.)

6. —¡Qué bonita está Nilda!
   —Es verdad. (Es porque no está bien hoy. Es una chica muy bonita, y simpática también. Es porque está muy interesada en sus estudios.)

7. —No me gusta esta sopa. No está muy caliente.
   —Ah, perdón. (Ud. tiene mucho calor, ¿verdad? ¿Ud. desea algo más frío? Hace mucho frío hoy y es bueno tomar algo caliente.)

21. *Acabar de* . . . to have just

Acabar de, followed by an infinitive, means *to have just* (done something).

Acabo de comer.	I have just eaten.
Acaban de llamar.	They have just called.
Acabamos de leer el libro.	We have just read the book.

Ejercicios

A. Cambie las frases siguientes según las indicaciones:

1. José y Ana acaban de llegar.
   José y yo _____.
   _____ comer.
   ¿Tú _____?
   ¿_____ llamar?
   ¿Pepe y Juanita, _____?
   Señor Gutiérrez, ¿Ud. _____?
   ¿Los vecinos _____?

2. ¿Quién acaba de entrar?
   ¿Quiénes _____?
   ¿_____ hablar?
   ¿_____ cantar?
   María, ¿tú _____?
   ¿Uds. _____?
   ¿_____ bailar?

B. Ahora conteste negativamente, usando siempre *acabar de*.

Por ejemplo: ¿Bailan Uds. esta noche? *No, acabamos de bailar.*

1. ¿Tomas algo ahora?
2. ¿Escucha la abuelita el programa?
3. ¿Estudian Uds. ahora la lección cinco?
4. ¿Vas a llamar a Anita?
5. ¿Uds. van a tener un examen mañana?
6. ¿Van a llegar los otros chicos?

C. Termine de una manera original, usando siempre *acabar de* . . .

1. Mi mejor amigo . . . 2. María, un muchacho . . . 3. Elena y yo . . . 4. No, gracias, (yo) . . . 5. La clase . . .

CRUCIGRAMAS

Can you do these crossword puzzles?—*¡en español, por supuesto!*

A. Horizontal
1. Month
2. Possessive
4. Preposition
5. Means of transportation
6. Number
9. They love
12. A language

Vertical
1. Close relatives
2. ¿Cómo _____ llama Ud.?
3. Article
5. Theme, subject
7. Or
8. Cape, layer
10. Year
11. Negative
13. Article

A.

B.

B. Horizontal
1. Hace _____ en el verano
6. No bien
7. Forma del verbo *ir*
8. Padre
9. Vamos _____ empezar
11. Escriba en la _____
14. Terminación de infinitivo
15. Afirmativo
16. Parte de la boca

Vertical
2. (Juan) loves
3. Utensilio para escribir
4. Wave (del océano)
5. _____ de español
   (2 palabras)
8. Saquen pluma y _____
10. Hace _____ en el invierno
12. Anger
13. So, like this

C. **Horizontal**

1. _____ 7 días en una semana
4. Mi mejor _____
8. Metal precioso
9. Posesivo
10. Contracción
11. Already
12. No todo
13. Genuino, no falso
16. Or
18. Nombre femenino
22. No _____ gusta
23. Forma del verbo *roer* (to gnaw)
24. Either
25. Mass, bulk
26. If
27. *Tú* form of *ríe*
28. _____ en voz alta

Vertical

1. No mañana
2. Infinitivo de *ara*
    (he plows)
3. _____ soy
4. Ample, full (pl.)
5. Posesivo
6. Un animal doméstico
7. Hooray!
14. Artículo
15. Special airs
17. ♥
19. Forma singular de *sean*
20. Terminación verbal
    plural
21. No caliente
25. _____ llamo
26. Mi padre _____ llama . . .

Ahora, ¿puede Ud. hacer un crucigrama original con el vocabulario de la Lección de Conversación y de las Lecciones I–VI?

Un Día con una Familia Rural

La familia Madrigal vive en una plantación de café
en Guayabo, Costa Rica. Don Óscar no es un hombre
pobre. *En efecto,* es *propietario* de muchas *hectáreas de
tierra* que cultiva con la *ayuda* de su familia. La familia
5 Madrigal es grande. Tiene once hijos, y la casa que
ocupan es relativamente nueva y *cómoda.* La vida en el
campo es muy difícil. Hay *menos* educación *que* en la
ciudad, menos oportunidad *de salir de casa y ver* el mundo.
Por eso las costumbres cambian lentamente. La mujer tiene
10 menos independencia. Y los hijos probablemente van a
vivir el resto de su vida exactamente como viven ahora—
sin coche, sin televisión, tal vez *aun* sin electricidad—pero
contentos, porque no tienen hambre y porque la tierra
es *de ellos.* Comparada con la *mayor parte* de las familias
15 *campesinas,* la familia Madrigal tiene mucha suerte.

In fact ~ the owner ~ acres
of land ~ help

comfortable
country ~ less ~ than
to leave home and see
Therefore the customs

without a car ~ even

theirs ~ majority
(of the) country

Son las seis de la mañana y la cocina está lista (ready) para el desayuno. El hombre del campo se levanta más temprano (gets up earlier) que el hombre de la ciudad y toma un desayuno mucho más grande.

La casa de los Madrigal tiene cinco piezas (rooms)—cocina, sala (living room) y tres alcobas, una para los padres, las otras dos para los hijos. La casa no tiene agua corriente (running water) ni electricidad, y el baño está fuera (outside), en el jardín (garden).

Joaquín Madrigal y sus hermanos recogen (pick) los rojos capullos del café (red coffee beans). Casi todo el trabajo en el campo es labor manual (hand labor). En efecto, muchos agricultores (farmers) usan todavía instrumentos casi primitivos.

Al mediodía (noon), don Óscar y sus hijos se sientan (sit down) para tomar una comida caliente (hot) de arroz y frijoles (rice and beans). Después, todos van a tomar una breve siesta bajo el sol (under the sun).

Ésta (This) es una alcoba de la casa. El día termina más temprano en el campo que en la ciudad. No hay teléfono. No hay televisión. Después de la comida de la noche, los jóvenes charlan (chat), y se acuestan (go to bed) temprano. Mañana tienen que trabajar otra vez.

En realidad, la diferencia entre la vida urbana y la vida del campo es mucho más grande en el mundo hispánico que en los Estados Unidos. El *granjero* norteamericano tiene su coche, su *televisor* y su teléfono y está en contacto con el mundo *de fuera.* El hispano, generalmente no. Hay pocas escuelas en el campo, pocos médicos, pocas *farmacias*, pocos *medicamentos.* Pero la familia rural hispana es una *unidad* inseparable. Su *única* ambición es tener sus *propias tierras,* y los hijos trabajan con los padres, generación *tras* generación, para realizar su ideal.

farmer

TV set

outside

drugstores ∼
medicines

unit ∼ only

own lands

after

PREGUNTAS

1. ¿Dónde vive la familia Madrigal?
2. ¿Cómo es su casa?
3. ¿Por qué tiene suerte la familia Madrigal comparada con otras?
4. ¿Por qué cambian lentamente las costumbres en el campo?
5. ¿Cómo es el día típico de la familia?
6. ¿Qué diferencias hay entre la vida del granjero norteamericano y la (that) del campesino hispano?

7 Lección Séptima

A.

1. ¿Dice Ud. siempre la verdad?   Sí, digo . . . (Yes, I tell . . .)
   (Do you always tell the truth?)   No, no digo . . .
2. ¿Dice Ud. que viene María?
   (Do you say that . . . ?)
3. ¿Dice Ud. que vamos al cine hoy?
4. ¿Dice Ud. que su familia vive aquí?
5. (Gloria), ¿tú dices siempre la verdad?   Sí, digo . . .
6. (Riqui), ¿dices que tienes hambre?   Sí, digo que tengo . . .

B.

1. ¿Dice su madre que necesita más   Sí, mi madre dice . . .
   dinero?   No, mi madre no dice . . .
2. ¿Dice su padre siempre que está
   ocupado?
3. ¿Dice su profesor que está contento con
   la clase?
4. ¿Dicen sus amigos muchas cosas (things)   Sí, mis amigos dicen . . .
   interesantes?   No, mis amigos no dicen . . .
5. ¿Dicen sus profesores que es necesario
   estudiar más?
6. ¿Dicen siempre en la radio la
   temperatura de hoy?

C.

1. ¿Dicen Uds. que es difícil el español?
2. ¿Dicen Uds. que hay partido de fútbol mañana?
3. ¿Dicen Uds. que hace frío hoy?
4. ¿Dicen Uds. que ahora debemos terminar?

Sí, decimos . . . (Yes, we say . . .)
No, no decimos . . .

ESCENAS DE LA VIDA

Don Alberto el Consejero

Adviser

(LOC.: Locutor   D. A.: Don Alberto   AB.: Abuela
M.: María)

(La escena es el cuarto de la abuela de María. La abuela está *sentada cerca de* la ventana y escucha la radio. *Su* programa favorito, «Don Alberto el Consejero», acaba de comenzar. El *locutor* habla.

5 LOC.: Y ahora, señoras y señores, la *voz del grande, del único*, don Alberto el Consejero—*su* amigo, *nuestro* amigo, el amigo de todos.

D. A.: Gracias, señor Remilgo. Y muy buenas tardes a todos mis *queridos oyentes*.

10 AB.: (*para sí*) ¡Ay, *qué simpático* es! Buenas tardes, don Alberto.

D. A.: Y ahora, ¿me hace el favor de leer la primera *carta*?

LOC.: Con mucho gusto, don Alberto. La primera carta es de la señorita M.M.M., y *dice*:

15 VOZ DE MUJER: *Estimado don Alberto, Hace veinte años que estoy enamorada de cierto caballero.* Y hace veinte años que sufro en silencio. Vivimos en la misma casa, y cuando él *me ve* y me dice: «Buenos días, señorita», creo que *mi vida comienza*. Pero ahora dicen que mi

20 amor *se va a casar con otra* mujer. Yo no sé *qué hacer*.

sitting near ~ Her

announcer

voice of the great,
   the only ~ your ~ our

dear listeners
to herself ~ how nice

letter

says

A woman's voice: Dear ~
For 20 years I've been
   in love with a certain
   gentleman.
sees me
my life is beginning
is going to marry
   another ~ what to do.

Dígame, don Alberto, ¿debo abandonar *la esperanza*?   Tell me ~ hope

¿O cree Ud. que él me *ama*, y que sufre en silencio   loves

como yo?   like me

D. A.: Ah, mi querida M.M.M. Comprendo muy bien

25   *sus sentimientos.* Y digo que no debe abandonar la   your feelings

esperanza. Veinte años no son muy *largos* cuando   long

consideramos la eternidad *del tiempo.* No, señorita.   of time

La esperanza es *luz.* El amor es *fuego.* Paciencia, digo.   light ~ fire

Porque el amor tiene que *triunfar.*   Because ~ triumph

30 AB.: *¡Qué hermoso! ¡Qué bien dicho!*   How beautiful! ~ said

LOC.: Gracias, don Alberto. Y ahora, la segunda carta.

Está firmada sencillamente: «*Preocupado*», y la carta   It is signed simply: "Worried"

dice:

VOZ DE OTRO HOMBRE: Querido don Alberto, Mi caso es

35   un caso extraordinario. Estoy enamorado *igualmente*   equally

de dos mujeres. Cuando estoy con una, *no puedo* vivir   I can't

sin la otra. Y cuando estoy con la otra, no puedo vivir

sin la primera. ¿Qué voy a hacer? *Si me caso con* una, . . .   If I marry

D. A.: Sí, sí, ya *entiendo* su problema, mi querido Pre-   I understand

40   ocupado. Y la solución es fácil. ¡Un *hermano gemelo*!   twin brother

Entonces Ud. *se casa con* una, y él se casa con la otra.   marry

Pero *mientras tanto, le digo* que no debe abandonar la   in the meantime, I tell you

esperanza. Porque la esperanza es luz. El amor es . . .

LOC.: (*en una voz muy bajita*) *Chist* . . . don Alberto . . .   (very quietly) Shh . . .

45   *Ésa es la contestación de* la carta de M. M. M.   That's the answer for

D. A.: Ah, . . . Digo, . . . el amor es . . . como el *sol.* Y el   sun

sol siempre tiene que *brillar.*   shine

AB.: Don Alberto es un poeta . . . ¡un genuino *filósofo*!   philosopher

D. A.: Y ahora, señor Remilgo, *¿de quién* es la *próxima*   from whom ~ next

50   carta?

LOC.: Es de una joven señorita *que firma* solamente: «De-   who signs

sesperada». Y la carta dice:

VOZ DE UNA CHICA: Soy una muchacha de quince años,

y mi problema es que mi madre no me comprende.

55   *Nadie* me comprende. Si quiero ir . . .   Nobody

(La puerta del cuarto de la abuela *se abre* violenta-   opens

mente, y María entra, muy *agitada.*)   upset

M.: Ay, abuelita. Mamá no me comprende. Nadie me

comprende. A-bue-li-ta . . .

60   (La abuela da un *profundo suspiro,* y *apaga* la radio.)   deep sigh ~ turns off

92

VOCABULARIO ACTIVO

abrir to open

abrir la ventana

abrir la puerta

el sol the sun

la vida es hermosa
life   beautiful

amar to love

estar enamorado de
to be in love with

muy simpático
nice

apagar (las luces) to turn off (the lights, etc.)

la voz voice
hablar – cantar
*decir to say, tell

carta letter

largo
long, not large!

sentado
seated

como like, as
cerca de (preposition) near
cerca de la escuela
cerca de la ventana
porque because
próximo, a next
único, a only one, unique

el tiempo
period of time

¿Qué tiempo hace hoy?
weather

no tengo tiempo
time

PREGUNTAS

1. ¿Dónde está la abuela de María?
2. ¿Qué programa escucha?
3. ¿De quién (From whom) es la primera carta?
4. ¿Qué problema tiene la señorita?
5. ¿Qué contesta don Alberto?
6. ¿Cómo está firmada la segunda carta?
7. ¿De cuántas mujeres está enamorado el señor que escribe la carta?
8. ¿Qué solución tiene don Alberto para su problema?
9. ¿Qué opinión tiene la abuela de María acerca de don Alberto?
10. ¿De quién es la próxima carta?
11. ¿Qué dice la muchacha?
12. ¿Qué dice María cuando entra en el cuarto de la abuela?

DISCUSIÓN

1. ¿Escucha Ud. mucho la radio? ¿Mira Ud. (Do you watch) mucho la televisión? ¿Cuál le gusta más: la radio o la televisión? ¿Cuántos televisores (television sets) tiene Ud. en su casa?
2. ¿Cuál es su programa favorito de radio? ¿Cuál es su programa favorito de televisión? ¿Cuántas horas al día (per day) mira Ud. la televisión?
3. ¿Le gusta a Ud. la abuela de María? ¿Tiene Ud. una abuela o una tía como ella? ¿Qué piensa Ud. de don Alberto? ¿Hay personas como don Alberto en la radio o en la televisión?

ESTRUCTURA

22. The Verb *Decir*

decir   to say; to tell

digo	decimos
dices	decís
dice	dicen

Be sure to learn these forms, because *decir* is one of the most common verbs in the Spanish language.

Ejercicios

  A. Let's practice. Give the proper form of *decir* for each of the following:

1. El presidente _____; Yo _____; Juan y Pedro _____.
2. Mis amigos y yo _____; Los estudiantes _____; Ud. _____.
3. Mi tía Teresa _____; Uds. _____; Ellas _____.
4. Tú _____; Todos los chicos _____; Ud. y Felipe _____.

  B. **¿Quién lo dice?** (*Who says so?*)
     Read each of the following sentences aloud. Then, when someone says to you: «*¿Quién lo dice?*» (Who says so?), you make up an answer such as: «*Yo lo digo. (I say so.) El profesor lo dice. Todos los chicos lo dicen*», etc. Try to be as original as you can with your replies. (And be sure to include "lo" in every answer.)

1. Hace mucho calor aquí. (¿Quién lo dice? _____.)
2. Nuestro (Our) profesor (nuestra profesora) de español es maravilloso (maravillosa).
3. Nuestro profesor (Nuestra profesora) de matemáticas es horrible.
4. Todos los profesores son crueles con los alumnos.
5. La democracia es el mejor sistema de gobierno (government).
6. Hace mucho frío hoy.
7. Va a llover (It's going to rain) mañana.
8. El dinero no importa mucho. Sólo el amor es importante.
9. Vamos a tener un examen muy difícil el lunes.
10. Paciencia, querida amiga. El amor tiene que triunfar.
11. Yo soy el (la) mejor estudiante de la clase.
12. (Name of your favorite male singer) es el mejor cantante del mundo.
13. (Name of your favorite actress) es la mejor actriz del mundo.

23. Possession

De plus a noun expresses possession in Spanish. (My mother's house. = The house of my mother.) Spanish NEVER uses an apostrophe.

el hermano de María	Mary's brother
la mesa del maestro	the teacher's desk
los libros de Juan	John's books
el pelo de la chica	the girl's hair

Ejercicios

A.   Can you find in Group **2** the endings for Group **1**?

1	2
La casa de mi mejor amiga	es negro . . . tienen muchos
El pelo de mi madre	ejercicios nuevos . . . es dos años
La hermana de Paco	mayor que él . . . está cerca de aquí
Los libros de los alumnos	. . . es muy viejo . . . son muy
Los ojos de Mariana	hermosos . . . no escribe muy bien
La pluma de Juanito	. . . está al frente de la clase
El coche de mi padre	
La mesa del maestro	

B.   **De quién es?**   *(Whose is it?)*

Make up answers to the following questions.

Por ejemplo: ¿De quién es el coche? (Whose car is it?) *Es de mi padre; Es de mi amigo Juan*, etc. ¿De quiénes son los libros? (To whom—plural—do the books belong?) *Son de los alumnos; Son de Ramón y Pepe*, etc.

1. ¿De quién es esta silla?
2. ¿De quién es el sombrero azul?
3. ¿De quiénes son los lápices?
4. ¿De quién es la casa a la derecha?
5. ¿De quién es la casa a la izquierda?
6. ¿De quiénes son los coches (cars)?
7. ¿De quién es el dinero?
8. ¿De quién es la alcoba grande?
9. ¿De quién son los papeles (the papers)?
10. ¿De quiénes son los papeles? (The papers belong to several people.)

24. Possessive Adjectives

We have already used possessive adjectives many times. Notice that they must agree with the noun that *follows* them.

a.   Singular Forms

Here are the possessive adjectives we use with a *singular* noun.

mi my	**nuestro, nuestra** our
tu your (belonging to you— *tú*)	**vuestro, vuestra** your (belonging to you—*vosotros*)
su his, her, your (*de Ud., de Uds.*), their	

1. *Mi*, *tu*, and *su* use the same form for both masculine and feminine.

Mi padre se llama . . .   Mi madre se llama . . .

Luis, ¿dónde está tu libro?   Ramón, ¿dónde está tu pluma?

Juan y su hermano vienen   Ana y su prima vienen mañana.
  hoy. (John and his . . .)   (Ann and her . . .)

Los niños y su perro . . .   Los alumnos y su profesora . . .
  (The boys and their   (The pupils and their . . .)
  dog . . .)   Sr. García, ¿cuál es su casa?

Sr. López, ¿cuál es su cuarto?
  (. . . which is your room?)

2. *Nuestro, nuestra,* and *vuestro, vuestra* have separate masculine and feminine forms that agree with the noun that *follows* them.

Nuestro cuarto es azul.   Nuestra cocina es blanca.

Chicos, ¿dónde está vuestro tío?   Niños, ¿dónde está vuestra casa?

b. Plural Forms

When the possessive adjective describes a *plural* noun, we simply add *-s* to the singular ending.

Mis padres se llaman . . .   *Nuestros* ojos son verdes.

¿Dónde están *tus* libros?   ¿Son grandes *vuestras* casas?

Remember always: The possessive adjective agrees with the noun that follows it, *not* with the possessor!

c. Replacing *su* and *sus*

Since *su* and *sus* can mean *his*, *her*, *their*, or *your* (de Ud. or Uds.), sometimes we have to make clear exactly who the owner is. And so, when necessary, we can replace *su* and *sus* as follows:

su amigo: *el amigo de él, de ella, de Ud., de ellos, de ellas, de Uds.*
sus amigos: *los amigos de él, de ella, de Ud., de ellos, de ellas, de Uds.*

In most cases it isn't necessary to clarify, and so *su* and *sus* are still the normal forms.

Ejercicios

  A. Cambie según las indicaciones:

      Por ejemplo: mi padre (padres) . . . *mis padres*
                   nuestro tío (tía) . . . *nuestra tía*

  1. Mi clase (clases); su padre (padres); nuestro coche (casa).
  2. Tu amigo (amigos); nuestro equipo (equipos).

3. Tu cara (pelo); nuestro dinero (alcoba); su baño (cocina).
4. Nuestros libros (plumas); mi carta (exámenes); su idea (ideas).

B. Conteste en español:
1. ¿Cómo está Ud. hoy?
   ¿Y cómo está su familia?
2. ¿Cómo se llaman sus mejores amigos?
3. ¿Dónde está la casa de Ud.?
   ¿Están cerca las casas de sus tíos?
4. ¿Le gusta nuestra clase de español?
5. ¿Cuál es su día favorito de la semana?
   ¿Cuál es su número favorito?
6. ¿Cuándo es su cumpleaños (birthday)?
7. ¿Cuándo tiene su padre sus vacaciones (his vacation)?
8. ¿Cuándo tienen sus padres sus cumpleaños (their birthdays)?
9. ¿De qué color es la alcoba de Ud.?
10. Amigo (amiga), ¿tienes tu propio (own) cuarto?
11. ¿Tienen Uds. sus propios coches? (Sí, tenemos nuestros . . . No, . . .)
12. Chicos, ¿estudian bien sus lecciones?

25. *Hace* + Period of Time + *Que*

Very often we talk about things that started in the past, but that are still happening now; in other words, things that *have been going on for* a certain length of time, and still are. In Spanish we express this idea by using the idiom *Hace* (Now it makes . . .) + period of time + *que* . . . The verb that follows is in the present tense because the action is still happening now. For example:

Hace un año que vivo aquí.	I have been living here for a year (and still am).
Hace seis semanas que estudiamos español.	We have been studying Spanish for six weeks (and still are).
Hace dos meses que trabaja.	He has been working for two months.

Remember: *Hace* (Now it makes) *plus a period of time* tells for how long the situation has been going on. The second half of the sentence tells what the action is.

98

Ejercicios

A. Cambie según las indicaciones:

1. Hace un año que trabaja.

_____ seis meses _____ .

_____ estudiamos.

_____ tres horas _____ .

_____ esperamos.

_____ esperan _____ .

2. Hace dos años que viven aquí.

_____ con él.

_____ meses _____ .

_____ estudia _____ .

_____ mis hermanos _____ .

_____ seis semanas _____ .

3. Hace cinco años que viene con nosotros.

_____ cuatro días _____ .

_____ ellos.

_____ está _____ .

_____ sus tíos _____ .

B. Y ahora conteste:

1. ¿Cuántos meses hace que estudia Ud. español?
2. ¿Cuánto tiempo hace que vive Ud. en su casa?
3. ¿Cuántos años hace que viene Ud. a esta escuela?
4. ¿Cuántos días hace que estudiamos esta lección?
5. ¿Cuántas semanas hace que están Uds. en esta clase?

4 PASATIEMPO

FRASES FRACTURADAS

Write down the words called for in each of the following groups. You may choose whatever words you please within the suggested categories. Then, when you get to class, you'll see how they fit into the little stories your teacher has for you. *¡Que se diviertan!* Hope you have fun!

A. **1.** el nombre de una persona **2.** un infinitivo (one that can take an object) **3.** el título de un libro **4.** un sustantivo (noun) femenino referente a una persona **5.** un adjetivo femenino singular **6.** otro adjetivo femenino singular **7.** un infinitivo **8.** un adverbio **9.** otro infinitivo

B. **1.** el nombre de una persona **2.** un lugar (place) geográfico **3.** un número **4.** un adjetivo masculino singular **5.** otro adjetivo masculino singular **6.** un adjetivo femenino singular **7.** otro adjetivo femenino singular **8.** un número **9.** otro número **10.** otro número **11.** un adjetivo femenino singular **12.** un infinitivo **13.** la primera persona del singular de un verbo **14.** otra primera persona del singular

C. **1.** el nombre de una persona (girls should write a man's name; boys write a girl's) **2.** un adjetivo singular (masculino o femenino según el nombre de la persona en **1.**) **3.** otro adjetivo **4.** un infinitivo **5.** un adjetivo femenino singular **6.** otro adjetivo femenino singular

NOTAS HISPÁNICAS

El Hispano y Su Religión

Hombre del campo. Hombre de la ciudad. ¿Qué tienen en *común*? *Más que nada*, su profundo sentimiento religioso. Porque el catolicismo es la religión oficial de España y de muchos países americanos, y su presencia
5 es evidente en todos los aspectos de su vida pública y personal.

    Cuando nace un niño, por ejemplo, recibe generalmente el *nombre del santo cuyo* día especial está *más cerca*. Y el individuo celebra siempre el día del santo, ¡no su *propio*
10 *cumpleaños*! Muchas veces los padres *le dan* los *nombres* de varios santos, y *así el pequeño llega al* mundo con una *serie* de nombres *más larga que él mismo*. Además, le gustan al hispano los nombres *bíblicos*, nombres como Jesús, Ángel, Concepción y Resurrección. (*A propósito*, el nombre
15 María *se usa* para hombres también, pero no como el primero de sus nombres. Por ejemplo: José María Pérez, Juan María Salinas, etc.)

    La religión entra en la educación y en *la política*, y la *mayor parte* de las *fiestas* hispanas también son religiosas.

common ~ More than anything

When a child is born
name of the saint whose ~ nearest

own birthday ~ give him ~ names
so the baby comes into the series ~ longer than he is himself
Biblical
By the way
is used

politics
most ~ holidays

La estatua de Nuestra Señora
de Guadalupe domina la ciudad de Bogotá.

Los fieles (*faithful*) se acercan
de rodillas (*on their knees*) a la Basílica
de la Virgen de Guadalupe. México, D. F.

La Semana Santa en Sevilla
se celebra exactamente
como en tiempos antiguos.

20 *La Cuaresma*, como sabemos, comienza con la fiesta del   Lent
Carnaval, *época* de música y *máscaras y bailes* en muchas   a time ~ masks and dances
partes. *Las Pascuas se celebran durante* un período que se   Easter is celebrated during
llama la Semana *Santa*, tiempo de numerosos festivales   Holy
y ceremonias tradicionales. Hay muchas otras fiestas
25 religiosas, y *por supuesto, la Navidad* es la más importante   of course, Christmas
de todas. Pero de ella vamos a hablar un poco *más tarde*.   later
   El hispano *siente* una relación muy *íntima con su Dios*.   feels ~ close to ~ God
Para él, Dios es una figura *al mismo tiempo* celestial y   at the same time
humana. Y el hispano *le habla como* a un padre o a un   speaks to him as
30 amigo. «Tú», *Le dice*, «Tú, Padre nuestro», «Tú, *Jesusito*».   he says to Him ~ little Jesus
María es la madre de la humanidad, y el hispano es como
un hijo *delante de ella. Sabe* que él es *pecador*, pero la   before her ~ He knows ~
Virgen siempre *perdona*. Sin la presencia de su Dios, el   a sinner ~ forgives
hispano *se siente pequeño y débil en la tierra. Con ella puede*   feels little and weak
35 triunfar sobre *cada* día, y ya no tiene miedo de *la muerte*.   on earth. With it, he can
                                                               each ~ death

PREGUNTAS

1. ¿Cuál es la religión oficial de muchos países hispanos?
2. ¿Qué nombre le dan los padres cuando nace un niño?
   ¿Qué día celebran después?
3. ¿Qué nombres le gustan al hispano? ¿Por ejemplo . . . ?
4. ¿Con qué fiesta comienza la Cuaresma?
5. ¿Cómo se llama la semana de las Pascuas?
6. ¿Cómo considera a Dios el hispano?
7. ¿Cómo considera a María?
8. ¿Cómo se siente sin la presencia de Dios? ¿Y con esa presencia?

8 Lección Octava

A.

1. ¿Sabe Ud. la lección para hoy? (Do you know . . . ?)
2. ¿Sabe Ud. dónde está Madrid?
3. ¿Sabe Ud. dónde está mi casa?
4. ¿Sabe Ud. el número de mi teléfono?

Sí, sé . . . (Yes, I know . . .)
No, no sé . . .

B. (Let's get a little closer now.)

1. (Roberto) ¿sabes hablar español? (Do you know how to speak . . . ?)
2. (Marisela), ¿sabes bailar?
3. (Alano), ¿sabes cantar?
4. (Elena), ¿sabes dónde vive Ricardo?

Sí, sé hablar . . .

C.

1. ¿Saben Uds. hablar ruso?

2. ¿Saben Uds. preparar una comida?
3. ¿Saben Uds. quién es el presidente de los Estados Unidos?

Sí, sabemos . . .
No, no sabemos . . .

4. ¿Saben Uds. quién es el primer ministro
   de Inglaterra?
5. ¿Saben hablar español sus padres?

Sí, mis padres saben . . .
No, mis padres no saben . . .

6. ¿Saben mucho de ciencia?
7. ¿Saben muchas cosas (things) interesantes?

D.
1. ¿Conoce Ud. bien a sus profesores?
   (Do you know your teachers well?)

Sí, conozco bien a mis . . .
No, no conozco bien a . . .

2. ¿Conoce Ud. personalmente a una
   persona famosa?[1]
3. ¿Conoce Ud. a muchas personas de la
   América Latina?
4. (Alicia), ¿tú conoces a María?
5. (José), ¿tú conoces bien a Miguel?
6. (Esteban), ¿tú conoces personalmente a
   una actriz de cine?

E.
1. ¿Conocen Uds. Nueva York?
   (Are you familiar with New York?)

Sí, conocemos Nueva York.
No, no conocemos . . .

2. ¿Conocen Uds. San Francisco?
3. ¿Conocen Uds. El Paso?
4. ¿Conocen tus padres a tus profesores?
   (Do your parents know . . . ?)

Sí, mis padres conocen a mis . .
No, mis padres no . . .

5. ¿Conocen tus padres a todos tus amigos?
6. ¿Conocen tus padres a muchas personas
   interesantes?

1. Notice that *conocer* is followed by the preposition *a* when you know a *person*.

Al Teléfono (1)

On the Telephone

(E.: Estela   SRA.: Sra. Arias, la madre de Estela
C.: Carmen   J.: Juanita   R.: Rosario del Paso)

Estela entra en su casa y va inmediatamente al teléfono.

E.: ¿Carmen? . . . Ah, perdone, señora García. *Aquí habla*   This is Estela . . .
Estela . . . Sí . . . ¿Está Carmen? . . . Bueno, gracias . . .   Is Carmen in?
(Un breve silencio) ¿Carmen? Estela . . . ¿Sabes,   you're not going
5   Carmen?, *no lo vas a creer*, pero esta tarde . . . *a que*   to believe it ~
no adivinas nunca . . . no . . . no . . . ¡ay no!, *nada de*   I bet you'll never guess / nothing like that
eso . . . Pues esta tarde *a la salida* del colegio, Lorenzo   Well, ~ at dismissal time
. . . sí, *le conoces*—Lorenzo Barrios, el capitán del   you know him
equipo de fútbol—pues Lorenzo viene a hablar con
10   María Delgado, ¡y *la* invita a la fiesta!   her
     (La señora Arias, la madre de Estela, llama desde
     la cocina.)
SRA.: Estela, *¿eres tú?*   is it you?
     (Estela *cubre* el teléfono con *la mano*.)   covers ~ her hand
15   E.: Sí, mamá.
SRA.: ¿Por qué *no saludas* cuando entras?   don't you say hello
E.: Es que . . . perdona, mamá . . . pero tengo que hablar
con Carmen. Es importante. *Cosas de la escuela.*   Something about school.
SRA.: Muy bien. Pero no vas a hablar mucho tiempo,
20   ¿verdad?
E.: *Claro que no. En un momentito acabo.* (Otra vez al   Of course not. I'll be done right away.
teléfono.) ¿Carmen? . . . Sí . . . Sí . . . No . . . Rosario
no sabe nada . . . No. En absoluto. Ni una palabra a nadie.   doesn't know anything ~ / Absolutely not. Not a word to anyone. Do you promise? ~ I can't
¿Prometes? . . . Pues *no puedo* hablar más ahora. Adiós,
25   Carmen . . . Adiós.

     (Estamos ahora en la casa de Carmen. Carmen habla
     por teléfono.)   on the
C.: ¿Juanita? . . . Carmen . . . Juanita, *si te digo* un secreto,   if I tell you
no lo vas a decir a nadie, ¿verdad? ¿Prometes? Pues   you're not going to tell it

How do I know?

All right?

later

are you saying?

I don't know that
dance . . . are you
going to dance it at

(Don't translate)

we know

hangs up the receiver

dance lesson

somewhere else

To herself

30 Lorenzo Barrios no va a la fiesta esta tarde con Rosario
del Paso . . . Sí . . . Con María Delgado . . . *¿Qué sé
yo?* Estela me acaba de llamar . . . Sí. Pero ni una palabra
a Rosario. *¿Está bien?* . . . Bueno . . . De nada. Adiós,
Juanita. Hasta luego.

35 (Cinco minutos *más tarde,* en la casa de Juanita.
Juanita habla por teléfono.)

J.: ¿Rosario? Aquí habla Juanita . . . ¿Cómo estás? . . .
¿Estás muy ocupada esta tarde? . . . ¿Qué *dices?* ¿Aprendes a . . . qué? ¿Aprendes a bailar el «Gorila»? *No
40 conozco ese baile . . . ¿Pues lo vas a bailar en* la fiesta
esta tarde? . . . Rosario, ¿tú no vas a la fiesta? Pero *si*
todos los chicos que *conocemos* van a ir. Nilda y Alfredo,
Carmen y Rodrigo, María Delgado y Lorenzo . . . Sí
. . . María Delgado y Lorenzo Barrios . . . Sí. Abso-
45 lutamente . . . Ah, sí . . . Pues muy bien . . . Adiós,
Rosario . . . Adiós.

(Rosario *cuelga el receptor* y llama a su madre.)

R.: Mamá, tengo que cancelar mi *lección de baile* esta
tarde . . . Es que tengo que ir *a otra parte.* Es muy im-
50 portante. Cosas del colegio. (*Para sí*): María Delgado,
¿eh?

PREGUNTAS

1. ¿A quién telefonea Estela cuando llega a su casa?
2. ¿Qué noticia (news) tiene Estela para Carmen?
3. ¿Qué dice la madre de Estela?
4. ¿Qué excusa tiene Estela por tener que hablar con Carmen?
5. ¿Sabe Rosario que Lorenzo acaba de invitar a María a la fiesta?
6. ¿Qué promete Carmen?
● 7. ¿A quién llama Carmen?
8. ¿Qué le dice? (What does she tell her?)
9. ¿A quién llama Juanita?
10. ¿Está ocupada esta tarde Rosario?
11. ¿Qué baile aprende ahora Rosario?
12. ¿Qué dice Juanita a Rosario?
13. ¿Qué decisión toma Rosario?
14. ¿Qué dice Rosario a su madre?

106

VOCABULARIO ACTIVO

la tarde afternoon   tarde (adverb) late   más tarde later

esta tarde

buenas tardes

*conocer to know a person or a place, to be acquainted with

la mano derecha hand

tú tienes mi palabra word

SALIDA ENTRADA

salida exit; dismissal time

saludar to greet

prometer to promise

cosa thing

¡no!

inglés nombres de amigos español número de teléfono

cubrir to cover

¿Qué significa "descubrir"?

*saber to know a fact, to know how to do something, to know thoroughly

una parte part, place

nada nothing

nadie nobody, no one

¿Qué sé yo? How do I know?

¿está Carmen?

a que I'll bet...

claro que no of course not

nunca never

Is Carmen in?

DISCUSIÓN

1. ¿Usa Ud. mucho el teléfono? ¿Quién usa más el teléfono en su casa? ¿Cuántos teléfonos hay en su casa?
2. ¿Conoce Ud. a algunas (some) chicas como Estela y sus amigas? En su opinión, ¿son muchachas típicas Estela, Carmen y Juanita? ¿Le gusta a Ud. Juanita? ¿Le gusta Rosario? ¿Cree Ud. que los muchachos son más sinceros que las chicas? ¿Cree Ud. que los hombres son más inteligentes que las mujeres?

ESTRUCTURA

26. *Saber* and *Conocer*

a. In Spanish there are two verbs that mean *to know*. *Saber* means *to know a fact, to know how to do something,* or *to know something completely and thoroughly. Conocer* means *to know a person or a place,* or *to be familiar or acquainted with someone or something.* This is their present tense.

saber	**conocer**
sé	conozco
sabes	conoces
sabe	conoce
sabemos	conocemos
sabéis	conocéis
saben	conocen

b. Notice the difference between *saber* and *conocer* as they are used in the following sentences.

¿Sabe Ud. qué hora es?—
  Son las tres.
	Do you know what time it is?
	  It's three o'clock.

No sé si va a venir.
  —Sí, viene.
	I don't know if he's going to
	  come. —Yes. He's coming.

¿Sabes hablar inglés?
  —Claro.
	Do you know how to speak
	  English?—Of course.

¿Saben Uds. el poema?—
  Perfectamente.
	Do you know the poem? (Do you
	  know it thoroughly? By heart?)
	  —Perfectly.

But: No conozco a Ana.	I don't know Anna.
Conocemos muy poco Toledo.	We know Toledo very slightly. (We're not familiar with it.)
¿Conocen Uds. este poema? —Ah, sí. Es muy famoso.	Do you know this poem? (Are you acquainted with it?)—Oh, yes. It's very famous.

Remember that *conocer* is followed by *a* when the object is a person.

Ejercicios

A. Conteste afirmativamente las preguntas siguientes:
1. ¿Sabe Ud. que hay fiesta mañana?
2. ¿Saben Uds. que va a llover (that it's going to rain)?
3. ¿Sabe Ud. dónde está Lima?
4. Chico, ¿sabes dónde vive la familia del Paşo?
5. ¿Saben Uds. cuándo viene Pablo?
6. ¿Conoces personalmente a un actor de cine?
7. ¿Conocen Uds. mi casa?
8. ¿Conoce Ud. a la esposa del Rector (the Principal's wife)?
9. ¿Conocen Uds. el poema «Árboles» (Trees)?

B. Ahora conteste negativamente:
1. ¿Sabe Ud. el poema «Árboles»?
2. ¿Conoce Ud. Lima?
3. ¿Conoce su madre a todos los amigos de Ud.?
4. Chicos, ¿saben la lección?
5. Roberto, ¿sabes dónde vive Amelia?
6. ¿Conoce Ud. muy bien los Estados Unidos?
7. ¿Saben Uds. escribir a máquina (type)?
8. ¿Sabe Ud. el nombre del presidente de Francia?

27. The Double Negative

a. In Spanish, you "don't know nothing," and you "don't talk to nobody —never!" In other words, a double, or even a triple negative still adds up to a negative. Here are the most common negative words in Spanish:

nada nothing   **nadie** nobody, no one   **nunca** never

No sé nada.	I don't know anything.
No hablan con nadie.	They don't speak with anybody.
No vamos nunca al cine.	We never go to the movies.
No viene nadie hoy.	Nobody's coming today.
Diego no dice nada a nadie.	Jim doesn't tell anyone anything.

b. If you prefer, you may put *nadie* or *nunca* before the verb, and then you no longer need the *no.*

Nunca vamos al cine.	We never go to the movies.
Nadie viene hoy.	Nobody's coming today.

Ejercicios

A. Answer as negatively as you can:

Por ejemplo: ¿Vas siempre al cine? *No. No voy nunca al cine.*
¿Viene Alonso? *No. No viene nadie.*
¿Tiene Ud. algo? *No. No tengo nada.*

1. ¿Habla Ud. con Carmen?
2. ¿Juanita dice el secreto a Rosario?
3. ¿Uds. van frecuentemente al cine?
4. ¿Van a venir todos los chicos?
5. ¿María baila con Lorenzo?
6. ¿Hay algo esta tarde?
7. ¿Hay alguien (somebody) famoso en su familia?
8. ¿Dice Ud. siempre la verdad?
9. ¿Tienen razón siempre sus padres?
10. ¿Con quién vas al partido?

B. Lea bien los diálogos siguientes y después conteste:

1. —No conocemos a nadie aquí. Es una vida muy solitaria.
   —Paciencia, Gloria. En poco tiempo Uds. van a tener muchos amigos.
   Conteste: a. ¿Hace mucho o poco tiempo que Gloria vive aquí?
               b. ¿Vive Gloria sola o con su familia?

2. —Rosario nunca sabe nada en la clase. Es muy estúpida.
   —Eres muy cruel, Juanita. Tú sabes que Rosario es muy inteligente. Es que nunca viene preparada.
   Conteste: a. ¿Quiénes son las dos personas que hablan aquí?
               b. En su opinión, ¿quién conoce mejor a Rosario?

3. —Nuestros vecinos nunca invitan a nadie a su casa. Nunca dicen nada a los otros vecinos. ¡Qué familia más curiosa!
   —Pero Ramón, ¿tú conoces a los hijos, ¿verdad? ¿Cómo son ellos?
   —No sé. No están nunca en casa (at home). Nunca hablo con ellos.
   Conteste: a. ¿Cómo son los vecinos de Ramón?
               b. ¿Por qué no conoce Ramón muy bien a los hijos de sus vecinos?
               c. Si no están nunca en casa, ¿dónde pasan su tiempo los jóvenes?

28. The Preposition *a* after Certain Verbs

a. Verbs of motion such as *ir* (to go) and *venir* (to come) are followed by *a* before an infinitive.

Vamos a acabar hoy.   We're going to finish today.
Vienen a ayudar.   They're coming to help.
Voy a comprar un coche nuevo.   I'm going to buy a new car.

b. Verbs of learning, teaching, and beginning are also followed by *a* before an infinitive.

Aprenden a bailar el «Gorila».   They're learning to dance the "Gorilla."

La maestra nos enseña a hablar   The teacher is teaching us to speak
   español.   Spanish.
Ahora empiezo a aprender.   Now I'm beginning to learn.

Ejercicios

A. Cambie según las indicaciones:

1. Vamos a escribir una carta.
    (Yo) _____ .
    _____ un poema.
    Nuestra clase _____ .
    _____ aprender _____ .

2. Mi prima siempre viene a comer.
    _____ hablar.
    _____ empieza _____ .
    Los vecinos _____ .
    _____ van _____ .

B. Creación:

Let's see whether you can make up an original story using at least *six* of the following elements. Of course, you may mix the elements as you choose, add whatever vocabulary you need, and use whatever subjects you want for the verbs.

Voy (vamos, va, van, etc.) a estudiar (escribir, comprar, gastar todo el dinero, ir al cine, ir a la escuela, dar una fiesta)
aprender a (tocar, bailar, cantar, hablar español, etc.)
enseñar (teach) a (bailar, tocar el piano, la guitarra, etc.)
Primero voy (vamos, etc.) a. . . . Y después. . . .
Esta tarde, esta noche, mañana
Viene (vienen, etc.) a mi casa (al partido de fútbol, a la fiesta, al colegio, a mi cuarto, a la cocina, etc.)
Empiezo (empieza, empezamos, etc.) a. . . .

CANCIONES DE NAVIDAD

Hoy vamos a cantar algunas canciones navideñas internacionales.

Noche de Paz
(Silent Night)

Noche de paz, noche de amor;
Todo duerme en derredor,
Entre los astros que esparcen su luz
Bella, anunciando al Niño Jesús,
Brilla la estrella de paz,
Brilla la estrella de paz.

Noche de paz, noche de amor;
Oye humilde el fiel pastor
Coros celestes que anuncian salud,
Gracias y glorias en gran plenitud,
Por nuestro buen Redentor,
Por nuestro buen Redentor.

Venid, Fieles Todos
(Come, All Ye Faithful)

Venid, fieles todos,
A Belén marchemos,
De gozo triunfantes,
Henchidos de amor.
Al rey de los cielos

Todos adoremos;
Vengamos, adoremos,
Vengamos, adoremos,
Vengamos, adoremos
A nuestro Señor.

Oíd un Son
(Hark the Herald Angels Sing)

Oíd un son en alta esfera,
En los cielos, gloria a Dios.
Y al mortal paz en la tierra
Canta la celeste voz.
Con los cielos alabemos,
Al eterno rey cantemos,
A Jesús que es nuestro bien,
Con el coro de Belén,
Canta la celeste voz,
En los cielos, gloria a Dios.

Príncipe de paz y tierra,
Gloria a ti, señor Jesús,
Entregando el alma tierna,
Tú nos traes vida y luz.
Has tu majestad dejado,
Y a buscarnos te has dignado,
Para darnos el vivir,
A la muerte quieres ir.
Canta la celeste voz,
En los cielos, gloria a Dios.

La Navidad

Christmas

La Navidad en el mundo hispánico es una ocasión mucho más solemne que en los Estados Unidos. Y *por eso* el hispano normalmente *no pone árboles (o palos) de Navidad ni manda tarjetas de felicitación* (excepto donde hay

5   mucha influencia norteamericana). Pero sí casi todas las familias ponen *nacimientos*, pequeños o grandes, elegantes o pobres, a veces *verdaderas obras* de arte, otras veces *figuritas sencillas de yeso o de cartón.*

En México y en otros países de Hispanoamérica, las

10 fiestas de Navidad comienzan el diez y seis de diciembre. Durante nueve noches celebran las «*posadas*», que representan los nueve días del *viaje de José y María a Belén.*

that is why

doesn't put up Christmas trees nor send greeting cards

nativity scenes

real works

simple little figures of plaster or cardboard

stops (resting places)
Joseph and Mary's trip to Bethlehem.

«Lección primera: Cómo hacer una piñata.»

113

Llevan figuritas de José, María y el Niño Jesús, y van *de puerta en puerta pidiendo alojamiento.* Pero en las ocho

15 primeras puertas, *una voz les dice* siempre que la *posada* está llena. Finalmente, cuando llegan a la *novena,* alguien *les dice* que pueden pasar la noche en el *establo.* La procesión entra. *Colocan* las figuritas en el altar, y entonces empieza la fiesta.

20 Después de poner el nacimiento, los niños *juegan a romper* la «piñata». La piñata es una figura en la forma de un animal o de *cualquier* otra cosa original, *adornada con papeles y cintas* y llena de *dulces y juguetes.* Con los *ojos vendados,* cada niño *trata tres veces de romper* la piñata

25 con un *palo.* Por fin, uno *la rompe* y los niños *corren a recoger* los dulces que *caen al suelo.*

La *víspera* de la Navidad se llama la Nochebuena, y las familias van a la *misa de medianoche.* Después *vuelven* a casa para *cenar* y cantar sus tradicionales «villancicos» o

30 «aguinaldos». Curiosamente, la Navidad no es el día de dar regalos a la familia. Los niños reciben sus regalos el

Glosses (right column):
They carry ~ from door to door asking for lodging

a voice tells them ~ inn ninth, someone tells them ~ stable

They place

play at breaking

any ~ decorated with papers and ribbons ~ sweets and toys. Blindfolded ~ tries three times to break

stick ~ breaks it. ~ run to pick up ~ fall to the ground

eve

midnight mass ~ they return

eat supper ~ carols

Los Reyes Magos vienen tradicionalmente el 6 de enero. ¿Qué traen para mí?

114

«San Nicolás» en una tienda de San José, Costa Rica. La influencia norteamericana llega también al mundo hispánico.

seis de enero, y no es San Nicolás quien *los trae, sino los Reyes Magos*. Los niños que *esperan* la visita de los tres reyes *ponen sus zapatos* en el *balcón* o en la ventana de su
35 alcoba, y *los llenan de paja* para los *camellos* de los reyes. Llega el día, y así acaban las fiestas de Navidad, un momento supremo de cada año para el *alma* del hispano.

brings them, but the Wise Kings (Wise Men) ~ await

put their shoes ~ balcony

fill them with straw ~ camels

soul

PREGUNTAS

1. ¿Qué ponen casi todas las familias hispanas en la Navidad?
2. ¿Cúando comienzan en México las fiestas de Navidad?
3. ¿Durante cuántas noches celebran las «posadas»?
4. ¿Qué es una piñata?
5. ¿Cómo se llama la víspera de la Navidad?
6. ¿Qué es un «villancico»?
7. ¿Cuándo reciben sus regalos los niños? ¿Quiénes los traen?

9 Lección Novena

CONVERSACIÓN

A. (Let's be very friendly today.)

1. ¿Me hablas, (Juanito)? — Sí, te hablo.
   (Are you talking to me . . . ?) — No, no te hablo.
2. ¿Me amas, (Lorenzo)? — Sí, te amo.
   (Do you love me, . . . ?) — No, no te amo.
3. ¿Me ayudas, (Ricardo)?
4. ¿Me preparas una comida, (María)?
5. ¿Me escribes una carta, (Roberto)?
6. ¿Me escuchas, (Alicia)?
7. ¿Me esperas, (Antonia)?
8. ¿Me invitas a tu casa?
9. ¿Me quieres, amor mío? — Sí, te quiero . . .
   (Do you love me, darling?) — No, . . .

B.

1. ¿Me vas a esperar? — Sí, te voy a esperar.
   (Are you going to wait for me?) — No, no te voy a . . .
   ¿Vas a esperarme? — Sí, voy a esperarte.
   — No, no voy a . . .
2. ¿Me vas a ayudar con el español? — Sí, te voy a . . . No, no te . . .
   ¿Vas a ayudarme con el español? — Sí, voy a . . . No, no voy a . . .
3. ¿Me vas a dar un beso (kiss)? — Sí, te voy . . . No, . . .
   ¿Vas a darme un beso? — Sí, voy . . . No, . . .

116

C. As you know, the second person plural forms are used commonly only in Spain, not in Latin America. Be sure to practice at least the *nos* forms in this section and the next.

1. ¿Nos esperas, muchacho?

   (Are you waiting for us . . . ?)

   Sí, os espero.
   No, no os espero.

2. ¿Nos miras, chico?

   Sí, os . . .

3. ¿Nos llamas esta tarde?

4. ¿Nos dices la verdad, (Paco)?

   Sí, os digo . . .

5. ¿Nos hablas en español, (Emilia)?

6. ¿Nos preparas una comida, (Ana)?

D.

1. ¿Nos vienes a visitar, (Carlos)?

   ¿Vienes a visitarnos?

   Sí, os vengo a visitar.
   Sí, vengo a visitaros.

2. ¿Nos vas a comprar algo, (Daniel)?

   ¿Vas a comprarnos algo?

   Sí, os voy a comprar . . .
   Sí, voy a . . .

3. ¿Nos vas a decir la verdad?

   ¿Vas a decirnos la verdad?

   Sí, os voy . . .
   Sí, voy . . .

ESCENAS DE LA VIDA

Sueño de una Tarde de Fiesta

Dream

(E.: Estela   L.: Lorenzo   M.: María   R.: Rosario)

Son las cinco de la tarde, y Estela está *sola* en su cuarto. Sus amigas *se preparan en estos momentos para* ir a la fiesta, y Estela no tiene nada *que hacer. Saca un disco de* su pequeña colección, y *lo pone en el tocadiscos.* La música
5 comienza. Es una *canción* sentimental *cantada por* cuatro o cinco voces masculinas. Estela baila un poco *por sí sola. De vez en cuando canta algunas frases* con el disco.

«Porque *te quiero,* te quiero,
te amo, te adoro.
10 *Sin ti no puedo* vivir.
Porque te quiero, te quiero,
te amo, te adoro.
¿Qué más te *puedo* decir?»

alone
are getting ready about now to ~ to do ~
She takes out a record from ~ puts it on the record player ~ song ~ sung by
by herself. From time to time she sings some phrases
I love you

Without you I cannot

can I

117

El disco *termina*, y Estela lo pone *otra vez*. *Baila con*
15 *los ojos cerrados*.

   E.: Ah, sí, Lorenzo. Me gusta mucho bailar.

   L.: ¿Sabes, Estela? Bailas divinamente. Eres la *muchacha*
       más bonita de todas.

   E.: Y tú eres el muchacho *más guapo*.

20 L.: Te quiero, te quiero, te amo, te adoro. *Sin* ti no puedo
       vivir.

   E.: ¿Realmente, Lorenzo? ¿Me quieres? Y yo . . .

   M.: Estela, no te voy a hablar nunca. Cuando un muchacho
       me habla a mí, tú no debes contestar.

25 R.: Sí, Estela. Cuando Lorenzo me habla a mí, tú no debes
       contestar.

   E.: Pero Lorenzo me quiere, me quiere, me ama, me
       adora.

   L.: Es verdad, Estela. ¿Qué más te puedo decir?

30 M.: *Además*, Estela, *las muchachas* tenemos que aprender
       cómo *portarnos* con los muchachos. La *primera* vez
       que *nos* declaran su amor, no debemos decir: «Y yo
       te adoro también.»

   R.: Ella no entiende. Es muy joven. ¿Cuántos años tienes,
35 Estela?

   E.: Catorce, *con* diez meses.

   M.: Con tres meses, Estela.

   R.: Con tres meses, tres meses, tres meses, Estela.

   L.: Eres mucho más bonita que ellas, Estela. *¿Vamos*
40 *a bailar?*

   E.: Tengo que decirte la verdad, Lorenzo. No bailo muy
       bien. Y no conozco el «Gorila».

   L.: No importa. *Yo te voy a enseñar*. Porque te quiero,
       te quiero, te quiero, te quiero, Estela, te quiero—Es-te-la,
45 te quiero, ¡Es-te-la!, ¡¡Es-te-la!! (Es la voz del padre de
       Estela ahora.)

PADRE: ¡¡¡Estela!!! ¡¡El tocadiscos!!

   E.: Ah, . . . Sí, papá. Gracias.

PADRE: *¿No bajas a comer* ahora? Tú sabes que no nos
50 gusta esperar.

   E.: Por favor, papá. No tengo hambre. (Estela *quita el
       disco lentamente. Sus ojos están llenos de lágrimas.*)

Margin glosses:

finishes ~ again
She dances with her eyes closed.

prettiest girl

handsomest

Without

talks to *me*

Besides ~ we girls
to act ~ first
to us

and

Shall we dance?

I'll teach you.

Aren't you coming down to eat

takes the record off slowly. Her eyes are full of tears.

Vocabulario Activo

la canción — song

algunos discos — some

un disco — record

el tocadiscos — record player

cantar — to sing

sueño — dream

tener sueño — to be sleepy

terminar — to finish

sacar — to take out

hermosa

guapo — handsome

solo — alone

coche está lleno — full, filled

está lleno de chicos

primero — first

otra vez — again

quitar algo — to take (something) off or away

enseñar — to teach

la puerta está cerrada — closed

bajar — to go down, to lower

sin — without

de vez en cuando — from time to time

PREGUNTAS

1. ¿Dónde está Estela?
2. ¿Para qué se preparan sus amigas en estos momentos?
3. ¿Qué saca Estela?
4. ¿Dónde pone el disco?
5. ¿Qué hace Estela (What does Estela do) de vez en cuando?
6. ¿Qué hace cuando el disco termina?
7. ¿Con quién empieza a hablar en su sueño?
8. ¿Qué dice Lorenzo?
9. ¿Qué dice María?
10. ¿Y qué dice Rosario?
11. ¿Cuántos años dice Estela que tiene? ¿Cuántos tiene realmente?
12. ¿Qué le va a enseñar Lorenzo? (What is Lorenzo going to teach her?)
13. ¿Quién llama ahora a Estela?
14. ¿Por qué no desea comer Estela?

DISCUSIÓN

1. ¿Se identifica Ud. (Do you identify yourself) con Estela? (Sí, me identifico . . . No, . . .) ¿Se identifica Ud. con María? ¿O con Rosario? ¿O con Lorenzo? ¿Quién le gusta más ahora? ¿Por qué?
2. ¿Sueña Ud. (Do you dream) mucho? ¿Sueña Ud. todas las noches? ¿Son buenos o malos generalmente sus sueños? ¿Sueña Ud. más con (about) sus amigos o con su familia? ¿Sueña Ud. con sus actores o actrices favoritos? ¿Sueña Ud. con sus maestros? ¿Sueña Ud. en colores? ¿Sueña Ud. en la clase? ¿Cree Ud. en los sueños? (Do you believe in dreams?)

ESTRUCTURA

29. First and Second Person Object Pronouns

a. Object pronouns receive the action of a verb. A direct object receives the action directly. (He hit *me*.) An *indirect* object is the one *to* whom the action is aimed. (Please talk *to me*.) A reflexive object refers to the same person as the subject.

(*We're* enjoying *ourselves*. So *I* said *to myself* . . .)

b. These are the first and second person object pronouns in Spanish. They are really very easy to learn.

	Direct	Indirect	Reflexive
me	me	to me	myself, to myself
te	you (fam.)	to you	yourself, to yourself
nos	us	to us	ourselves, to ourselves
os	you (fam. pl.)	to you	yourselves, to yourselves[1]

Lorenzo, ¿me quieres?—Sí, te quiero, te adoro.

Larry, do you love me?—Yes, I love you, I adore you.

¿No me hablas, María?—No, no te voy a hablar más.

Aren't you talking to me, Mary? —No, I'm not going to talk to you any more.

¿Cómo te llamas?—Me llamo Carlos.

What is your name? (How do you call yourself?)—My name is (I call myself) Charles.

¿Nos comprenden?—Sí, os comprenden bien.

Do they understand us?—Yes, they understand you well.

¿Nos vas a escribir?—Sí, os escribo frecuentemente.

Are you going to write to us?— Yes, I'll write to you often.

Ejercicios

A. Cambie según las indicaciones:

1. ¿Me prometes que no vas a ir?

¿____ promete Ud. _____?

¿Nos _____?

¿____ prometen Uds. _____?

2. Juan dice que te quiere mucho.

_____ nos _____.

Dicen que no _____.

_____ me _____.

B. Escriba Ud. cinco frases usando *me, te* y *nos*:

30. The Position of Object Pronouns with Verbs

a. Object pronouns are normally placed *immediately before* the verb.

Me hablan.

They are talking to me.

Te digo . . .

I tell you . . .

Nos llaman todos los días.

They call us every day.

---

1. Remember that the *os* form is used only in Spain.

b. When the main verb is followed by an infinitive, the object pronoun may either be attached to the end of the infinitive, or may go before the main verb.

Va a llamarme mañana. Me va a llamar mañana.	He is going to call me to- morrow.
Vienen a visitarnos hoy. Nos vienen a visitar hoy.	They are coming to visit us today.
Empiezo a comprenderte. Te empiezo a comprender.	I'm beginning to understand you.

Both ways are equally correct.

c. With direct affirmative commands (*Give it to me; Tell us . . . ; Buy me . . . ;* etc.), the object pronoun *must* be attached to the end of the command.

Dígame la verdad.	Tell me the truth.
Escríbanos una carta.	Write us a letter.

Ejercicios

A. ¿Puede Ud. relacionar el Grupo **1** con el Grupo **2**?

1	2
Me escriben todos los días.	—Bueno. Si quieres, te acompaño.
Te digo la verdad, mamá.	—Sí, pero sólo por una hora o dos.
¿Me comprenden Uds.?	—Yo te creo, hijo.
¿Cómo te llamas, chica?	—Porque sabemos mejor el inglés.
Te prometo que voy a ir.	—Me llamo José, no Tomás.
¿Nos van a esperar?	—Sí, son muy atentos.
Vamos a llamarte esta tarde.	—¿A qué hora, más o menos?
¿Por qué no nos hablan Uds. en español?	—No. Repítanos, por favor, las palabras difíciles.
Te amo, te adoro, Tomás.	—Marisela Rosa de los Ángeles.

B. Diga de otra manera (*Say in another way*) las frases siguientes.

Por ejemplo: Nos viene a ver esta noche. *Viene a vernos esta noche.*
Voy a comprarte una pluma nueva. *Te voy a comprar una pluma nueva.*

1. ¿Me vas a enseñar el «Gorila»?
2. Nos van a dar un examen mañana.

3. Dos famosos novelistas vienen a hablarnos el lunes.
4. Te vamos a esperar en el teatro.
5. ¿No quieres (Don't you want to) ayudarme?
6. Te voy a decir una cosa muy interesante.
7. ¿Quieres pasarme la sal (salt)?
8. ¿No nos van a escuchar?
9. No te voy a hablar más.
10. No nos van a comprender nunca.

31. Using the Infinitive after Prepositions

The only verb form that can follow a preposition in Spanish is the infinitive. Some of the most common prepositions are: *a* (to); *de* (of, from); *en* (in, on, at); *con* (with); *para* (for, in order to); *por* [for (the sake of)]; *antes de* (before); *después de* (after).

Estoy cansado *de trabajar*.	I'm tired of working.
Estudiamos *para aprender* bien el español.	We're studying in order to learn Spanish well.
Antes de salir, debes cerrar las ventanas.	Before going out, you should close the windows.
Después de comer, siempre miramos la televisión.	After eating, we always watch television.

Ejercicios

A. Conteste en español:
1. ¿Qué lengua aprendemos a hablar ahora?
2. ¿Acaba Ud. de hablar hoy con su mejor amigo?
3. ¿Está Ud. muy nervioso (nerviosa) antes de tomar un examen?
4. ¿Qué clase tiene Ud. antes de venir a esta (this) clase?
5. ¿Adónde va Ud. después de salir del colegio?
6. ¿Sueña Ud. con (Do you dream of) ganar un millón de dólares?
7. ¿Sueña Ud. con ir a España? ¿Con ir a Hispanoamérica?
8. ¿Está Ud. cansado (cansada) de contestar preguntas?
   (Muy bien. Vamos a pasar a otra cosa.)

B. Termine Ud. las frases siguientes como Ud. quiera.
   (*Finish the following sentences any way you may wish.*)

1. Acabamos de _____.
2. Estudio para _____.

3. Antes de salir _____.
4. Después de terminar la lección _____.
5. Sueño con ir _____.
6. Empiezo a _____.
7. Mi madre está cansada de _____.
8. Ese chico insiste en _____.

 PASATIEMPO

¿QUÉ PASA AQUÍ?

¿Puede Ud. escribir un diálogo para cada una de las escenas siguientes?

La Leyenda del Cristo Negro

Vamos a volver por un momento a la época colonial. El *lugar* es Portobelo, Panamá, una de las ciudades y *puertos de mar* más importantes de la América hispana. El año es 1658. Y la *gente* está desesperada. Una *epidemia de cólera* acaba de atacar la *población* y la gente *se enferma* y muere sin posibilidad de salvación. Pero un día un *humilde pescador* ve un *objeto extraño flotando* en el mar. Es la *imagen* de un Jesucristo negro, ¡*esculpida* en una *clase de madera* que normalmente no puede flotar! El pescador *coloca* la imagen en su bote, la *lleva* a la pequeña *iglesia* de San Felipe y la instala en el lugar de honor. Y *de repente*, ¡*milagro* sobre milagros!, la epidemia termina, y la gente vuelve a *la salud*.

Desde aquel momento, el Cristo Negro es el santo patrón de Portobelo, y todos los años se celebra su festival. El 21 de octubre a las seis en punto de la tarde las *campanas* de San Felipe comienzan a *repicar*, y la gente va a oír *misa dentro de* la iglesia. A las diez se abren las puertas de la iglesia y sale una procesión de ochenta hombres *llevando* la imagen de Jesús Nazareno. Según el ritual, los hombres *dan tres pasos para adelante y dos para atrás*, y la procesión *prosigue lentamente* por las viejas *calles* de la ciudad. *Entre los rezos* de la gente *brillan las luces* multi-colores y *estallan cohetes y fuegos artificiales* en una *extraña* combinación de solemnidad y *alegría*. A la medianoche la imagen entra otra vez en la iglesia de San Felipe. *Se cierran* las puertas y entonces comienza la fiesta popular. La gente canta y *baila hasta el amanecer*, y la ciudad entera *se entrega loca de felicidad* a la fiesta de su santo patrón.

Legend

Let's go back
place
seaports

people ~ cholera epidemic
town ~ take sick
humble fisherman ~ strange object floating
figure ~ carved ~ kind of wood

places ~ takes ~ church
suddenly
miracle
health
Since that

bells
ring
mass ~ inside

carrying
take three steps forward ~ back
moves on slowly ~ streets
Amid the prayers ~ lights shine
rockets and firecrackers go off
strange ~ joy
are closed
dance till dawn
surrenders joyously

La fiesta del Cristo Negro. Las calles de Portobelo están llenas de peregrinos. *(a la derecha)* Un padre lleva a su hijo a ver la imagen divina.

Para muchos panameños, no sólo en Portobelo *sino* en   but
la capital también, el Cristo negro es la representación
más verdadera de su Dios, y su fiesta es el día más im-   truest
portante del año.

Misa en la iglesia de Portobelo. Para muchos panameños,
el Cristo Negro es el símbolo más auténtico de su Dios.

PREGUNTAS

1. ¿Dónde está Portobelo?
2. ¿En qué año ocurre la terrible epidemia de cólera?
3. ¿Qué descubre un día el humilde pescador?
4. ¿Qué milagro ocurre cuando el pescador instala la imagen en la iglesia de San Felipe?
5. ¿Cuándo se celebra ahora el festival del Cristo Negro?
6. ¿A qué hora comienza la ceremonia?
7. ¿Cómo caminan los hombres que llevan la imagen del Cristo?
8. ¿Qué ocurre a la medianoche cuando el ritual termina?

10 Lección Décima

A.

1. ¿Comprende Ud. ahora el español?
2. ¿Lo habla muy bien? (Do you speak it . . . ?)
3. ¿Usa Ud. el Vocabulario Activo?
4. ¿Prepara Ud. bien la tarea?
5. ¿Estudia mucho la lección?
6. ¿Aprende bien los verbos?

7. ¿Escribe todos los ejercicios?
8. ¿Repite Ud. las palabras nuevas?
9. ¿Escucha bien las cintas?

Sí, *lo* comprendo. (I . . . it.)
Sí, *lo* . . .
No, no *lo* . . .

Sí, *la* preparo . . .
Sí, *la* . . .
Sí, *los* aprendo . . . (I learn them . . .)

Sí, *las* . . .

B.

1. ¿Conoce Ud. a María López?

2. ¿Conoce Ud. a su hermano José?
3. ¿Conoce Ud. la ciudad de Los Ángeles?
4. ¿Conoce Ud. San Antonio?
5. ¿Conoce Ud. bien a sus maestros?
6. ¿Ve Ud. (Do you see) frecuentemente a sus abuelos?
7. ¿Ve Ud. mucho a sus tías?

Sí, *la* conozco. (I know her.)
No, no *la* . . .
Sí, *lo* . . . No, no *lo* . . .

Sí, *los* conozco . . .
Sí, *los* veo . . .
No, no *los* . . .
Sí, *las* . . .

129

C.

1. ¿Hace Ud. bien la tarea?
   (Do you do the homework . . . ?)
2. ¿Hace Ud. muchos errores?
   (Do you make . . . ?)
3. ¿Hace Ud. muchas visitas a sus abuelos?
4. ¿Hace muchos favores a otras personas?
5. ¿Pone Ud. (Do you put) sus libros en la mesa?
6. ¿Pone Ud. la fruta en el refrigerador?
7. ¿Trae Ud. (Do you bring) un sandwich a la escuela?
8. ¿Trae Ud. siempre su almuerzo?
9. ¿Trae Ud. las lecciones bien preparadas?

Sí, *la* hago bien.
No, no *la* hago . . .
Sí, *los* hago . . .
No, no *los* . . .
Sí, *las* . . .

Sí, *los* pongo . . .

Sí, *la* . . .
Sí, *lo* traigo . . .
No, no *lo* . . .
Sí, *lo* . . .
Sí, *las* . . .

D.

1. ¿Me trae Ud. una Coca Cola?
2. ¿Me da Ud. todo su dinero?
3. ¿Me promete Ud. estudiar más?
4. ¿Le habla Ud. todos los días a su mejor amigo?
5. ¿Le da Ud. siempre la tarea a la profesora?
6. ¿Nos escribe Ud. hoy? (Will you write to us today?)
7. ¿Nos dice Ud. siempre la verdad?
8. ¿Les dice siempre la verdad a sus padres?
9. ¿Les escribe Ud. mucho a sus primos?

Sí, *le* traigo . . . (I'll bring you . . .)
No, no *le* . . .
Sí, *le* doy . . . ¡NO, NO LE DOY . . . !
Sí, *le* prometo . . .
Sí, *le* hablo . . . (I speak to him . . .)

Sí, *le* doy siempre . . . (I give her . . .)

Sí, *les* escribo . . . (Yes, I'll write to you . . .)
Sí, *les* digo . . .

Sí, *les* . . .

Sí, *les* . . .

Punto de Vista (1)

Point of View

(M.: Miguel   C.: Carlos   R.: Ricardo)

Viernes. *Hora del almuerzo* en la cafetería de los estudiantes. Tres jóvenes conversan.

R.: Yo no sé. Hace tres años que repito el mismo curso de inglés, y tres años me dan la misma maestra.

5 M.: ¿Quién es?

R.: *La Bruja, por supuesto.* La señora Medina, en persona.

M.: ¿*Tan mala es?*

R.: Tú *la* conoces, Carlos, ¿no?

C.: ¡Y cómo! ¡Uy!

10 R.: *Por algo* la llamamos La Bruja. Pero no sólo eso. Ya sé *de memoria* todos *sus chistes.* Ya conozco todos sus *vestidos.*

M.: ¿Y ya sabes de memoria todos sus exámenes?

R.: ¡*Ojalá!* Los exámenes son las únicas cosas que ella

15 cambia. ¡*Dios mío!* Si no me dan otra maestra, *no salgo de aquí nunca.* Mis *nietos* . . .

C.: Tú no eres el único. ¿Sabes quién es mi profesor de matemáticas?

R.: ¿Quién?

20 C.: Pues Casanova, *él mismo.*

M.: ¿El señor Arrabal?

C.: ¿Hay otro? Don Juan Casanova Arrabal, maestro de matemáticas y *amante.*

R.: ¿Con esa *nariz* que tiene? ¡Y el *bigote*!

25 C.: *Cuidado ahí,* hombre. Más pelos tiene en ese bigote *que en toda la cabeza.* Pero con todo eso, tienen que ver cómo *sonríe* a las muchachas. No nos habla a *nosotros. Les* habla sólo *a ellas, y a las más bonitas las hace sentarse* en la primera *fila. En fin, para aprobar* matemáticas,

30 *hay que ser muchacha, nada más.*

Lunch hour	

The Witch. of course.

Is she *so* bad?

her

There's a reason why

by heart ∼ her jokes

clothes

I wish I did!

My goodness! ∼ I'll never get out ∼ grandchildren

himself

lover

nose ∼ mustache

Careful there

than on his whole head

he smiles ∼ us (boys)

to *them* (the girls) ∼ he makes the prettiest ones sit

row ∼ In short, to pass

you have to be a girl, that's all

M.: *Así es* también con el *Espantapájaros*. Yo no hago nada, y *me regaña*. Pero con las muchachas . . .

That's how it is ~
Scarecrow ~ he scolds me

R.: ¿El Dr. García? ¡Ah, no! *Él me gusta.* Es un buen tipo, ¿no, Carlos?

I like him.

35 C.: Sí. Es muy simpático. *A todos nos gusta.*

We all like him.

R.: *Juega al fútbol de vez en cuando con nosotros, y es muy buen jugador.*

He plays
a very good player

M.: Tal vez. Pero en la clase es *otra cosa*. Ayer, por ejemplo, *pongo* mi libro en . . .

something else
I put

40 R.: Chist. Aquí viene el *Espía*.

Spy

(Se acerca el Rector de la escuela.)

RECTOR: Muy buenas tardes, *caballeros*.

gentlemen

R. Y C.: Muy buenas, señor.

M.: ¿*Cómo le va*, señor Rector?

How are things going

45 RECTOR: Bien, gracias. ¿Y a Uds.?

R., M., Y C.: Muy bien, señor . . . Excelente . . . Gracias, señor . . .

PREGUNTAS

1. ¿Dónde ocurre esta escena?
2. ¿Quiénes conversan?
3. ¿Cuántos años hace que Ricardo repite el mismo curso?
4. ¿Qué nombre tienen los estudiantes para su profesora de inglés?
5. ¿Por qué está cansado Ricardo de tener la misma maestra?
6. ¿Qué clase enseña el señor Arrabal?
7. ¿Qué nombre tienen para él los muchachos?
8. ¿Cómo trata el señor Arrabal (How does he treat) a sus alumnos?
9. ¿Quién es el Espantapájaros?
10. ¿Qué nos dice Miguel acerca de él?
11. ¿Qué dicen Carlos y Ricardo acerca del doctor García?
12. ¿Cómo llaman los estudiantes al Rector? (What do they call . . . ?)

DISCUSIÓN

1. ¿Cuánto tiempo hace que estudia Ud. español? (Hace . . .) ¿Y ciencias naturales? ¿Qué curso es el más fácil? ¿Cuál le gusta más? (¡Por supuesto!)
2. ¿Hay en su colegio una maestra como la señora Medina? (Por favor, ¡no diga los nombres!) ¿Hay un profesor como el señor Arrabal? ¿O como el doctor García? ¿Hay un "Espía" en su escuela?
3. ¿Qué apodo (nickname) tiene Ud.? ¿Qué apodos tienen sus amigos?

VOCABULARIO ACTIVO

CABALLERO gentleman
cabeza head
hay 60 minutos en una hora. hour
¿Qué hora es?
la nariz nose
el examen exam los exámenes
hora del almuerzo lunch

¡ojalá! Oh, if only...!
vestido dress vestidos clothes
el chiste joke
my goodness! for heaven's sake! ¡Dios mío!
¡Cuidado ahí! Careful there! Watch out!

*hacer to make to do *ver to see
hace frío. It is cold out
*salir to go out, to leave
*poner to put, to place, to set
anyway, in short en fin
of course por supuesto

ESTRUCTURA

32. Third Person Object Pronouns: Direct and Indirect

a. Only in the third person is there a difference between the direct and the indirect object pronouns in Spanish. Remember always, of course, that *Ud.* and *Uds.* belong to the *third* person.

Direct	**Indirect**

lo ~~him~~ **him**, it, you (Ud.—masc.)
la her, it, you (Ud.—fem.)
~~le   him, you (Ud.—masc.)~~[1]

le < to him / to her / to it / to you

los them, you (Uds.)
las them (fem.), you (Uds.)

les < to them / to you

b. As you can see, the direct object has masculine and feminine forms. The indirect does not.

¿El libro? Aquí lo tengo.	The book? I have it here.
¿Juan Ortiz? No lo ~~la~~ conozco.	Juan Ortiz? I don't know him.
¿La pluma? No la tengo.	The pen? I don't have it.
¿Carmen? La quiero mucho.	Carmen? I really like her.
¿Los niños? Los llamo ahora.	The children? I'll call them now.
¿Las vecinas? No las voy a invitar.	The neighbors? I'm not going to invite them.
Repitan las frases. Repítanlas.	Repeat the sentences. Repeat them.

c. The *indirect* object pronouns have only two forms: *le* and *les.*

Sr. Mera, le traigo el dinero hoy.	Mr. Mera, I'll bring you the money today. (I'll bring the money *to* you.)
¿A Enrique? ¡Qué va! No le vamos a decir nada.	To Henry? ¡Ne-ver! We won't tell him anything! (We won't say anything *to* him.)
Les doy mi palabra.	I give you my word. (I give it *to* you.)

---

1. In Spain, *le* and even *les* are often used as direct objects referring to male *persons.* They are *not* used as direct objects referring to *things.*

Ejercicios

A. Change the object nouns to pronouns:

1. No como *mi almuerzo* hoy.
2. No vemos *su cabeza.*
3. ¿Escribe Ud. *todos los ejercicios?*
4. La criada limpia *la cocina.*
5. Mi madre prepara *las comidas.*

6. ¿No vas a llamar *a los Pérez?*
7. ¿Van a comprar *los vestidos?*
8. ¿No entienden *el chiste?*
9. ¿Aprendes *la canción?*
10. ¿Tienes *los discos?*

B. Conteste las preguntas siguientes según los modelos:
¿Quién tiene mi pluma? *Yo la tengo; Juan la tiene,* etc.
¿Quién va a escribir las cartas? *Tú las vas a escribir,* etc.

Use as many different subjects as possible, ¿está bien?

1. ¿Quién tiene los discos?
2. ¿Quién sabe las canciones?
3. ¿Quién toca la guitarra?
4. ¿Quiénes hablan español?
5. ¿Quién va a comprar la casa?

6. ¿Quiénes hacen las comidas?
7. ¿Quién quiere leer la carta?
8. ¿Quiénes llaman a los chicos?
9. ¿Quién espera a Lorenzo?
10. ¿Quién tiene el reloj (clock)?

C. Conteste una vez más según las indicaciones. Por ejemplo:
¿Me escriben Uds. hoy? (Sí . . .) *Sí, le escribimos hoy.*
¿Le traes el disco a Pío? (No. A Juan.) *No. Le traigo el disco a Juan.*
¿Nos da Ud. un examen? (Sí. Mañana.) *Sí, les doy un examen mañana.*

1. ¿Me prepara Ud. el almuerzo? (No. La comida.)   2. ¿Me pregunta dónde vivo? (No. Cómo se llama.)   3. ¿Nos trae Ud. algo interesante? (Sí. Muy interesante.)   4. ¿Me hace Ud. un favor? (Sí, con mucho gusto.)   5. ¿Nos lee Ud. un poema? (No. Una historia.)   6. ¿Nos enseña Ud. una canción nueva? (No. Muy vieja.)   7. ¿Me dicen Uds. la verdad? (Por supuesto. Siempre.) 8. ¿Les vende Ud. la casa a los Fernández? (No. A los Campos.)   9. ¿La mamá de Elena le compra muchos vestidos? (No. Muy pocos.)

33. The Verb *Gustar*

The verb *gustar* means *to be pleasing.* It does *not* mean *to like.* However, *gustar* is used in a special way with the indirect object, and then it translates the English *to like.* Here is how it works:
The subject of *gustar* is the thing or the person that is pleasing. The indirect object is the one *to whom* the subject is pleasing. (I like Spanish . . . *Spanish is pleasing to me.* We like to dance . . . *Dancing is pleasing to us.* Joe likes sports. *Sports are pleasing to Joe.*) Actually, we have already used this many times.

¿Le gusta el español?	Do you like Spanish?
—Sí, me gusta mucho.	—Yes, I like it a lot.
¿Le gustan a Ud. las chicas in- teligentes?—Me gustan todas.	Do you like intelligent girls?— I like them all.
Juan, ¿te gusta estudiar?—¡Dios mío!	John, do you like to study?— Oh, Lord!
Nos gusta el Dr. García. Pero no nos gustan sus exámenes.	We like Dr. Garcia. But we don't like his exams.
¿Les gusta a Uds. cantar?—Sí, si nos gustan las canciones.	Do you-all like to sing?—Yes, if we like the songs.
¿Les gustan a Uds. sus maestros? —Por supuesto.	Do you-all like your teachers? —Of course.

Have you noticed? When what we like is singular, we use *gusta*. When what we like is plural, we use *gustan*. Remember also: As long as you live, you will use *only* an *indirect* object with *gustar*!

| ¿Le *gustan* a Pepe *los deportes*? | Does Joe like sports? (Are they
pleasing to him?) |
| ¿Les *gusta* a los chicos *el partido*? | Do the kids like the game? (Is it
pleasing to them?) |

Ejercicios

A. Cambie según las indicaciones:

1. ¿Te gusta el perro (dog)?
   ¿——— a Ud. ———?
   ¿——— a Uds. ———?
   ¿No ———?
   ¿——— los perros?
   ¿——— las canciones?

2. ¿Le gusta a su hermano el cine?
   ¿——————— las películas?
   ¿——— a sus amigos ———?
   ¿——————— el fútbol?
   ¿——— a María ———?

B. Conteste ahora en español:

1. ¿Le gusta a Ud. caminar?
2. ¿Les gusta a sus amigos bailar?
3. ¿Les gustan las canciones populares?
4. ¿Le gustan a Ud. los perros?
5. ¿Les gustan a sus padres los perros?
6. ¿Qué le gusta más a Ud.: estudiar o mirar la televisión?
7. ¿Le gustan más los programas dramáticos o los cómicos?
8. Amigo (amiga), ¿te gusta mucho leer?
9. ¿Te gusta más el frío o el calor?
10. ¿Te gustan los exámenes? . . . ¿No? Pues, . . .

C. Díganos: ¿Cuáles son 5 cosas que le gustan mucho a Ud.?

Por ejemplo: *Me gusta ir al cine; Me gusta la música; Me gustan los deportes* (sports).

¿Cuáles son 5 cosas que no le gustan mucho?

34. Irregular First Person Singular Verb Forms

Many irregular verbs are irregular only in the first person singular of the present tense. In all other persons, they are just like normal *-ar*, *-er*, and *-ir* verbs.

hacer: to do, to make
   hago, haces, hace, hacemos, hacéis, hacen

poner: to put, to place, to set
   pongo, pones, pone, ponemos, ponéis, ponen

salir: to go out, to leave (for a certain place, etc.)
   salgo, sales, sale, salimos, salís, salen

valer: to be worth; to cost
   valgo, vales, ————, valemos, ————, ————

traer: to bring
   traigo, traes, ————, ————, ————, ————

caer: to fall
   caigo, caes, ————, ————, ————, ————

ver: to see
   veo, ves, ————, ————, veis, ————

Do you remember *conocer* . . . *conozco*? Well, all verbs ending in *-ecer* or *-ducir* change to *-zco* in the first person singular of the present tense.

merecer: to deserve
   merezco, ————, ————, ————, ————, ————

parecer: to seem, to appear
   parezco, ————, ————, ————, ————, ————

conducir: to conduct; to lead; to drive (a car)
   conduzco, conduces, ————, ————, ————, ————

Now what is the present tense of *traducir* (to translate), and of *producir*?

137

Ejercicios

A. Complete las frases siguientes escogiendo (*choosing*) siempre el verbo más lógico.

Por ejemplo: Alicia no . . . enferma (sick). No tiene temperatura ni nada. (*parecer*, producir) *Alicia no parece enferma.*

1. Alfonso . . . el dinero. Trabaja día y noche. —No. Yo lo . . . más que él. (parecer, merecer) 2. ¿Quién . . . mejor, tú o Roberto? —Yo . . . mejor. Él siempre tiene accidentes con el coche. (conducir, traducir) 3. Elisa, (yo) . . . tu comida ahora en la mesa. —Gracias, mamá. (poner, caer) 4. ¿A qué hora . . . (tú) para la escuela? —(Yo) . . . antes de las ocho. (hacer, salir) 5. ¿ . . . Ud. bien al español? —No. . . . mejor del español al inglés. (traducir, conducir) 6. Si Uds. . . . los discos, yo . . . el tocadiscos. (ver, traer) 7. ¿Qué . . . Ud. esta tarde? —No . . . nada. ¿Quieres ir al cine conmigo? (hacer, poner) 8. No . . . nunca a mis primos. No viven muy cerca de nosotros. (ver, valer)

B. Ahora escriba cinco oraciones originales usando los verbos que acabamos de estudiar.

 PASATIEMPO

PARTIDO DE BÁSQUETBOL

Primera mitad   (First half)

Each person hands in to his captain on separate slips eight sentences that have direct or indirect object *nouns*. Por ejemplo: Tomo *el almuerzo* a las doce. ¿Sabes *los chistes*? Hablamos *a la maestra* ahora. You may use only *one* object noun in each sentence. When the game begins, each person as he is called on listens to one of the sentences, and then he changes the object *noun* to an object *pronoun*. For example, using the models above, he would say: *Lo* tomo a las doce. ¿*Los* sabes? *Le* hablamos ahora. ¿Comprende Ud.? For each correct answer, your team makes a basket (2 points), and the other team gets the ball. If the answer is wrong, the other team gets the ball, and so on. Vamos a empezar . . .

Segunda mitad

Now, each person hands in to his captain ten new verb forms, and the same rules apply as in the first half. Por ejemplo: *hacer: yo; decir: nosotros*, etc. ¡Vamos a ver qué equipo gana! Let's see which team wins!

Visita al Museo Antropológico

Hace un día espléndido hoy en la capital mexicana. It is *(weather)*
Hace fresco, pero hace mucho sol y muy poco viento. Un It's cool out
día ideal para caminar, para ver la ciudad—mejor, para
ir tal vez al Museo Antropológico. Tomamos un taxi y
5 *bajamos en* la entrada de un parque. Hay *vendedores por* we get off at ~ vendors
todas partes. «Helados . . . ¡Extra! ¡*Huracán* en Morelia! . . . everywhere ~ Ice cream ~ Hurricane
¿Un pequeño *recuerdo* de México, señores?» Continuamos souvenir
nuestro camino. Sí, el museo está abierto. Hay mucha
gente, en efecto, y sus *jardines,* sus *terrazas,* su *café al aire* gardens ~ terraces ~ open-air café
10 *libre* están llenos de estudiantes y turistas. Caminamos un
poco más. *Ahí delante* vemos uno de los *edificios* más There up ahead ~ buildings
hermosos del mundo—una visión *gigantesca* de *vidrio* y gigantic ~ glass
cemento. La impresión que nos produce es tremenda. En
el patio hay una *fuente* que quiere *tocar el cielo*—una fountain ~ to touch the sky
15 enorme *sombrilla de piedra,* y el *agua cae formando sartas* stone umbrella ~ water falls forming strands of pearls
de perlas. Entramos por la puerta principal . . .

Nos *hallamos de repente* en un mundo extraño. Aquí están los antiguos *antecesores* del indio mexicano. *Parece que luchan* con un monstruoso animal prehistórico. Lo
20 tienen *rodeado*, pero el animal no *se deja captar*. ¿Están *vivos*? . . . No, es imposible. Ya sabemos que *pertenecen* a los tiempos *perdidos* de la *antigüedad*. Pero . . .

We find ourselves suddenly
ancestors
It seems that they are fighting
surrounded ~ let itself be captured
alive ~ they belong
lost ~ antiquity

Pasamos a un *salón* inmenso. *Ahí se levantan* hermosos ejemplos de la antigua arquitectura mexicana—la *fachada*
25 de un templo, figuras de los *dioses*, columnas *cubiertas de* una misteriosa *escritura jeroglífica*. Y nos *deslumbran* los colores—rojo, amarillo, verde . . .

We move on ~ room ~ There rise
front (facade)
gods ~ covered with
picture writing ~ dazzle

¿Qué es *esto*? ¿*Puede ser* el famoso calendario de los aztecas, uno de los *descubrimientos* más grandes de la
30 arqueología moderna? ¡*Lo es*! Y *nos acercamos* para estudiar los símbolos complejos de los astrónomos mexicanos. Caminamos de salón a salón. Allí a la derecha hay una exposición de cerámica; *más allá, estatuas* y *objetos* de arte. *Subimos al piso de arriba,* y ahí está toda la historia del indio
35 mexicano, su vida *anterior,* su vida *actual*—sus casas, sus *vestidos,* sus instrumentos de *guerra,* los utensilios de su cocina.

Y el tiempo pasa. ¿Qué hora es? No lo sabemos *siquiera.* Casi es *de noche* ya. El sol *desaparece* lentamente en el
40 *horizonte*—rojo, rojo. Miramos *hacia adelante.* Miramos *hacia atrás* . . .

this ~ Can it be
discoveries
It is! ~ we approach

over there ~ statues ~ objects ~ We go up to the upper floor
previous ~ present
clothing ~ war

even
nighttime ~ disappears
horizon ~ ahead
back

PREGUNTAS

1. ¿Dónde está el Museo Antropológico?
2. ¿Cómo es por fuera (on the outside) el Museo?
3. ¿Qué hay en el patio?
4. ¿Qué vemos en el primer salón? ¿Y en el segundo?
5. ¿Qué gran descubrimiento arqueológico encontramos (do we find) allí?
6. ¿Qué más vemos en el Museo?
7. ¿Cuándo termina nuestra visita?

141

2 REPASO

1 REPASO DE GRAMÁTICA

A. Estudie los verbos *ir, dar, estar* (19), *decir* (22), *saber, conocer* (26), y los verbos irregulares de 34. Ahora use a lo menos *cinco* de ellos (at least *five* of them) en oraciones originales.

B. Repase los pronombres que sirven como objetos de los verbos (the object pronouns, 29, 30, 32), y el uso de *gustar* (33).

Ahora complete las frases siguientes:

1. Me gusta (No me gusta) la televisión porque. . . .
2. Me gustan (No me gustan) los exámenes porque. . . .
3. Le gusta a mi maestro. . . .
4. Les gusta a mis padres. . . .
5. No nos gusta(n) a los estudiantes. . . .

C. Can you find in Group **2** a logical reply to each of the statements or questions in Group **1**?

1	2
Ana está muy enamorada de Pepe.	Muchas gracias, pero Elena va a traerlo.
¿Dónde están los niños?	No todas.
¿Nos dicen la verdad?	En su cuarto. Están dormidos.
¿Quién tiene los discos?	Ah, no. Está loca por Roberto.
¿Sabes escribir las palabras?	Creo que Mario los tiene.
¿Conoce Ud. mi escuela?	Ah, sí. Siempre la dicen.
¿Conocen Uds. la ciudad de Amarillo?	Muy bien. Y conozco a los maestros también.
¿Apago la radio ahora?	Hoy no. No tengo mucho dinero.
Yo traigo el almuerzo.	Ah, sí, hace muchos años que vivimos en Tejas.
¿Me da Ud. cinco dólares?	Ahora no. Hay un programa muy bueno.

142

D. Estudie los negativos (27) y los posesivos (23–24). Now complete the following sentences using any negatives or possessives you think will fit.

1. . . . profesor(a) de español nunca dice . . . malo a . . . alumnos.
2. Ana no va . . . a una fiesta sin el permiso de . . . padre.
3. Estela no habla con . . . en . . . clase.
4. . . . amigos me enseñan a bailar. El viernes voy a una fiesta en . . . casa.
5. . . . sabe . . . nombre. —Yo sé . . . nombre. El chico se llama Pablo Vargas.
6. No veo . . . interesante aquí. —Al contrario. . . . cuarto está lleno de cosas extraordinarias.
7. Pongo . . . cartas en . . . mesa. —Gracias.

E. Escriba tres oraciones originales usando *acabar de* (to have just—(21) y dos oraciones originales usando *Hace . . . que* (25).

Por ejemplo: La carta *acaba de* llegar esta mañana.
Hace tres meses que estudiamos español.

2 ESTUDIO DE VOCABULARIO

A. Which word in Group **2** do you think of when you hear each of the words of Group 1?
Por ejemplo: cantar . . . canción
profesor(a) . . . enseñar

1	2
cantar	enseñar . . . tocadiscos . . . cerrada . . .
profesor(a)	canción . . . radio . . . dormido . . . len-
apagar	gua . . . ventanas . . . recibir
puerta	
sueño	
carta	
palabras	
disco	
abrir	

B. Let's do some more.

1	2
bigote	hace calor . . . comer . . . nariz . . . tocar el piano . . .
sol	enamorado . . . teléfono . . . vestidos . . . estudiar . . .
almuerzo	sentado . . . saludar
amar	
llamar	
comprar	
examen	
¡Hola!	
silla	
manos	

3 PASATIEMPO

EL CUERPO HUMANO

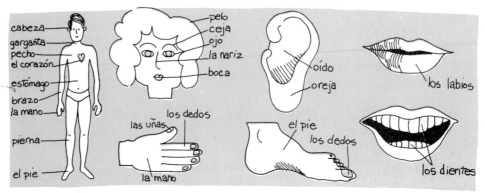

«Doctor, Me Duele . . .»

We're going to have a session at the doctor's office now. You don't feel very well, and so you go to the doctor and say: «*Doctor, me duele la cabeza* (My head hurts).» Or if you like, «*Me duele el corazón* (*la nariz, la mano derecha, el pelo,* etc.), *Me duelen los ojos* (My eyes hurt), *los dientes, los pies, las cejas, las uñas,* etc.).» Some people have very painful eyebrows or fingernails, you know! Well, you explain your problem to the doctor (if there isn't a doctor handy, one of your classmates will have to do). And he will give you some advice. In order to help the doctor out, we'll give on the next page a list of answers he can choose from. *¿Quién sabe?* You may never come back to class again!

144

Paciente

«Doctor, me duele . . . »

«Doctor, me duelen (something plural—feet, ears, etc.) . . . »

Médico

«Ah, eso no es nada.»

«Tómese (Take) dos aspirinas y llámeme (call me) mañana.»

«¿Sabe Ud.?, a mí me duele(n) también.» (. . . mine hurt[s] too.)

«Eso es muy grave (serious). Haga Ud. su testamento.» (Make out your will.)

«Ud. está enamorado (enamorada).»

«No se bañe por (Don't bathe for) 60 días.»

«Ud. necesita (need) una operación.» «Ud. necesita unas vacaciones.»

«Ud. necesita un viaje (trip) a Europa.»

«Ud. necesita un psiquiatra (psychiatrist).»

«Ud. estudia demasiado (too much).» «Ud. fuma (smoke) demasiado.»

«Ud. bebe demasiado.» «Ud. come demasiado.»

«Descanse (Rest) por diez días.»

«Ud. necesita un clima (climate) caliente.»

«Ud. camina demasiado.»

«Ud. habla demasiado.»

«No coma dulces.» ("Don't eat sweets.")

«Ud. necesita vitaminas.»

«No tome Ud. más exámenes.» ("Don't take any more exams.")

Ahora, amigos, ¿se sienten mejor? Do you feel better?

4 PEQUEÑO TEATRO

Escriba un diálogo original de por lo menos *8* líneas para las escenas.

1. A girl asks her mother for permission to go to a party. The mother wants to know where, when, with whom, etc. (VI)
2. A girl asks her brother to go to the football game with her. He likes football very much, but he is busy today. He promises that he'll go with her to the movies tomorrow. (VI)
3. A radio personality reads letters from listeners and gives advice. (VII)
4. Two girls are talking on the telephone about their girlfriends. (VIII)
5. Two boys talk on the telephone about girls, football, etc. (VIII)
6. A dream about love (IX), (VI, VII), or school (IV, X)
7. Two students are talking about their teachers. (X)

11 Lección Once

1 CONVERSACIÓN

A.

1. ¿Me da Ud. su libro? (Will you give me your book?)

   Sí, *se lo* doy. (Yes, I'll give it to you.)
   No, no *se lo* doy.

2. ¿Me da Ud. su lápiz?
3. ¿Me da Ud. su palabra?

   Sí, *se la* . . .
4. ¿Me dice Ud. el número de su teléfono?

   Sí, *se lo* digo. No, . . .
5. ¿Me dice Ud. el chiste?
6. ¿Me dice Ud. la verdad?

   Sí, *se la* . . .
7. ¿Me trae Ud. una silla (chair)?

   Sí, *se la* traigo . . .
8. ¿Me trae Ud. una Coca Cola?
9. ¿Me trae Ud. el reloj (clock)?

   Sí, *se lo* . . .

B.

1. ¿Nos trae Ud. café?

   Sí, *se lo* traigo (a Uds.)
2. ¿Nos trae Ud. el almuerzo?
3. ¿Nos trae Ud. buena suerte?

   Sí, *se la* . . .
4. ¿Nos vende Ud. su coche?

   Sí, *se lo* vendo. No, . . .
5. ¿Nos vende Ud. su casa?

   Sí, *se la* . . .
6. ¿Nos vende Ud. sus discos?

   Sí, *se los* . . .
7. ¿Nos canta Ud. las canciones?

   Sí, *se las* . . .
8. ¿Nos lee Ud. la carta?

   Sí, *se la* . . .

146

9. ¿Nos enseña las palabras?   Sí, *se las* . . .
10. ¿Nos compra Ud. los vestidos?   Sí, *se los* . . .

C.

1. ¿Le pasa Ud. el papel a Pedro?
   Sí, *se lo* paso. No, no se lo . . .
   (Yes, I'll pass it to him.)
2. ¿Le pasa Ud. el libro a Charita?
   Sí, *se lo* paso.
   (Yes, I'll pass it to her.)
3. ¿Le pasa Ud. la carta a Víctor?
   Sí, *se la* paso.
4. ¿Un buen profesor les enseña el vocabulario a los estudiantes?
   Sí, *se lo* enseña. (He teaches it to them.)
5. ¿Les repite las palabras difíciles? (Does he repeat to them . . . ?)
   Sí, *se las* repite. (Yes, he repeats them to them.)
6. ¿Les presenta los puntos nuevos de la Estructura?
   Sí, *se los* . . .
7. ¿Les da muchos éxamenes a sus alumnos?
   Sí, *se los* . . .
   No, *no se* los . . .

D.

1. (José), ¿me lo das? (. . . will you give it to me?)
   Sí, te lo doy.
   No, no te lo . . .
2. (Pilar), ¿me la vendes? (. . . will you sell it to me?)
   Sí, te la vendo.
   No, . . .
3. (Manolo), ¿me las traes?
   Sí, te las traigo.
4. (Andrés), ¿me los compras?
   Sí, te los . . .
5. (Patricia), ¿me la cantas?
6. (Raúl), ¿me lo prometes?

E.   Ahora bien, en España decimos:

1. Amigo, ¿nos lo das? (. . . will you give it to us?)
   Sí, os lo doy. (Yes, I'll give it to you.)
2. Chico, ¿nos los traes?
   Sí, os los traigo.
3. (Amelia), ¿nos lo prometes?
   Sí, os lo . . .

147

Punto de Vista (2)

(SRA. M.: Sra. Medina   SRA. A.: Sra. Amado
SRA. P.: Sra. Pérez)

Viernes. Hora del almuerzo. Estamos ahora en el *comedor* de los maestros. Tres maestras hablan. — dining room

SRA. M.: ¡Viernes! ¡*Por fin*! No sé por qué, pero estoy realmente *cansada* hoy. ¿*Es que me pongo vieja*? — At last! / tired ~ Am I getting old?

5 SRA. A.: ¡*Qué va*! *A mí me ocurre lo mismo*. — Go on! The same thing happens to *me*.

SRA. M.: ¿A Ud. también?

SRA. A.: *Claro*. Es que hay unas semanas más difíciles que otras. Y hay unas clases . . . — Of course

SRA. M.: Eso es. Uds. *no me lo van a creer*, pero en una de — not going to believe me (when I tell you it)

10 mis clases tengo un muchacho que toma por tercera vez el mismo curso.

SRA. A.: *Entonces ya* debe saber algo. — Then by now

SRA. M.: ¿Saber? Al contrario. *Cada* semestre le doy los — Every
mismos exámenes, ¡y él *ni siquiera los reconoce*! «El — doesn't even recognize them!

15 Cerebro» le llamo.

SRA. P.: ¡*Vaya*! — Oh my!

SRA. A.: ¿Pues saben?, en mi *clase de las nueve* hay un — nine o'clock class
chico que yo llamo «El *Peine*». Cada dos minutos saca — Comb
un peine y *se peina el pelo*. — he combs his hair

20 SRA. M.: Un muchacho fastidioso, ¿eh?

SRA. A.: Ah, sí. ¡Cómo no! Algún día voy a comprarle un
frasco de champú y voy a *dárselo* en la clase. — bottle of shampoo ~ give it to him

SRA. P.: ¡Cuidado! Si *se lo da*, seguramente lo va a usar — you give it to him ~ right then and there, in front of everybody
● *ahí mismo, delante de todos*.

25 SRA. A.: ¡Dios mío! ¿Pero saben?, él no es el único. Hay
otro—Luis Alacena—«El *Reloj*». *A lo menos* diez veces — Clock (or Watch) ~ At least
durante cada clase, Luis saca *del bolsillo* un *reloj* y lo — during ~ out of his pocket ~ watch ~ disbelieving ~ shakes it
estudia con una expresión *incrédula*. Después *lo sacude*
violentamente, *le da cuerda*, y *se lo vuelve* al bolsillo — winds it ~ returns
30 con una *cara de tragedia*. — tragic look on his face

148

SRA. P.: ¡Ay, *pobre*! Pues en mi clase de las once tengo una muchacha que llamamos «La Voz». Pues esa mucha-cha, cuando habla en la clase tiene una *vocecita tan débil que* nadie la *puede oír*. «*Más alto*, María,» le digo
35 siempre. «Por favor, *hable en voz más alta*.» Pero la misma muchacha, cuando está en la calle, *pega unos gritos tan fuertes que pueden romper los vidrios de las ventanas*.

SRA. M.: *¡Válgame Dios!*

40 SRA. A.: Eso no es nada. Yo tengo una chica—«La Modelo» —y todos los muchachos *andan locos por ella*. Pero ella está loca por el señor Arrabal.

SRAS. M. Y P.: ¿Por QUIÉN?

SRA. A.: Sí. Por Eustasio Arrabal. La muchacha *me lo*
45 *cuenta todo*. El otro día, por ejemplo . . .

SRA. P.: Chist . . . Aquí viene El Espía.

SRA. A.: Muy bien. *Más tarde se lo digo*.

(Se acerca el Rector del colegio.)

RECTOR: Buenas tardes, señoras. ¿*Cómo les va* con las clases?

50 SRAS. M., A., Y P.: Bien . . . bien . . . muy bien, Sr. Rector . . . Excelente. . . .

poor thing!

tiny little voice so weak that ∼ can hear ∼ "Louder"

speak louder

lets out yells so loud that they can break the window panes

Heaven help me!

go about crazy over her

tells me all about it

I'll tell you later.

How are things going

PREGUNTAS

1. ¿Cómo está hoy la señora Medina?
2. ¿De qué estudiante habla «La Bruja»? ¿Qué apodo tiene para él?
3. ¿De quién empieza a hablar la señora Amado?
4. ¿Qué hace cada dos minutos «El Peine»? ¿Qué hace Luis Alacena?
5. ¿De qué muchacha habla la señora Pérez?
6. ¿Cómo habla María en la clase? ¿Y en la calle?
7. ¿Por quién andan locos todos los muchachos?
8. ¿Por quién está loca «La Modelo»? ¿Cómo lo sabe la señora Amado?
9. ¿Quién saluda ahora a las tres maestras? ¿Cómo contestan las maestras?

DISCUSIÓN

1. ¿Conoce Ud. a un chico como «El Peine»? (Por favor, no diga el nombre.) ¿Y como «El Reloj»? ¿Hay una chica como «La Voz»? ¿O «La Modelo»?
2. ¿Conoce Ud. bien a un maestro de su colegio? ¿Hay un maestro en su familia? ¿Cree Ud. que las tres señoras son buenas o malas maestras? ¿Por qué?
3. ¿Puede Ud. (Can you) describir a una persona de su clase?

VOCABULARIO ACTIVO

a lo menos
al menos
at least

¿Fuerte? strong
¡Claro! of course

débil weak

por fin finally at last

cansado, a tired

peinarse to comb one's hair

un reloj watch, clock

cada día, cada semana, cada año each, every

antes - before   durante during   después - after

la calle street

andar to walk   caminar

¡Ay!   un grito shout

romper to break

¿Qué ocurre aquí?

loco, a crazy

ocurrir to happen, occur

35. Which Object Pronoun Goes First?

a. The rule is very easy when we have more than one object pronoun:

Indirect before direct.
Reflexive first of all.

b. In other words, if we have both a direct and an indirect object pronoun, the *in*direct goes first.

Me los traen hoy.	They're bringing them to me today.
Nos la da esta noche.	He's giving it to us tonight.
¿Te lo digo ahora?	Shall I tell it to you now?

c. If we have a reflexive object, it goes before any other object pronoun. We'll talk more about that later.

Ejercicio

Change the object nouns to pronouns.

Por ejemplo:

Micaela me enseña *la canción.*	*Micaela me la enseña.*
Te vamos a leer *el poema.*	*Te lo vamos a leer.*
Promete traernos *los discos.*	*Promete traérnoslos.*[1]

1. ¿Me vas a decir *los chistes*?
2. ¿Te lavas *el pelo* ahora?
3. ¿Nos traes *el almuerzo*?
4. Mi madre siempre nos prepara *las comidas.*
5. No van a darte *el dinero.*[1]
6. Papá, ¿no vas a comprarme *el coche*?
7. Te voy a comprar *la bicicleta.*
8. Dígame *su nombre* (name).
9. Léame otra vez *la carta.*
10. Te vamos a repetir *las preguntas.*

---

1. Notice that when *two* pronouns are attached to an infinitive, the infinitive ending gets a written accent.

36. A Special Use of *Se*

When both the indirect and the direct object pronouns are in the third person (that is, when they both begin with *l*), the indirect becomes *se*. We have already practiced this in the *Conversación*. Let's look at it a bit more carefully now.

$$
\begin{matrix} \text{le} \\ \\ \text{les} \end{matrix} \; + \; \begin{matrix} \text{lo} \\ \text{la} \\ \text{los} \\ \text{las} \end{matrix} \; = \; \textbf{SE} \; \begin{matrix} \text{lo} \\ \text{la} \\ \text{los} \\ \text{las} \end{matrix}
$$

Doy el dinero a Juan.	I give the money to John.
Le doy el dinero.	I give the money to him.
SE lo doy.	I give it to him.
Vendemos la casa a los Hoyos.	We're selling the house to the Hoyos.
Les vendemos la casa.	We're selling the house to them.
SE la vendemos.	We're selling it to them.
Traen los discos a los chicos.	They're bringing the records to the kids.
Les traen los discos.	They're bringing them the records.
SE los traen.	They're bringing them to them.
Escribe las cartas a María.	He writes the letters to Mary.
Le escribe las cartas.	He writes the letters to her.
SE las escribe.	He writes them to her.

Ejercicios

   A.   Do with the following sentences what we have done above.

   Por ejemplo: Enseña los bailes a sus alumnos.
   Les enseña los bailes. Se los enseña.

1. Siempre digo la verdad a mis padres. (Siempre les . . .)
2. Mi hermano da lecciones de tenis a nuestros amigos.
3. Mandamos (We're sending) el cheque al banco hoy.
4. ¿No vas a traer una taza de café a la señora?
5. Uds. van a vender su piano a los vecinos, ¿verdad?

   B.   Ahora conteste afirmativamente.

   Por ejemplo: ¿Ud. me da otra oportunidad? *Sí, se la doy.*
   ¿Nos cantan Uds. las canciones? *Sí, se las cantamos.*
   ¿No me los van a vender? *Sí, se los van a vender.*

1. ¿Me lo dice Ud. ahora? (Sí, . . . digo)
2. ¿Me traen Uds. las composiciones mañana?
3. ¿Nos da Ud. un examen hoy?
4. ¿Nos preparan Uds. una buena comida?
5. ¿Los presentan Uds. al Rector? (Sí, se los . . .)
6. ¿Manda el maestro cartas a nuestros padres? (Sí, el maestro se . . .)
7. ¿Vamos a presentar la comedia a las otras clases? (Sí, . . . vamos a . . .)
8. ¿No nos lo vas a comprar? (Sí, se . . .)

37. Adding an Extra *a mí, a ti*, etc.

a. Very often, in addition to the indirect object pronoun (*me, te, le,* etc.) we add on an extra *a mí, a ti, a él, a ella, a Ud.*, etc. either for emphasis or for clarity. For example, see how the extra phrase makes the pronoun more emphatic in the following sentences.

Estela, Lorenzo me habla a mí. No te habla a ti.	Estelle, Larry is talking to *me.* He's not talking to *you.*
¿A Ud. no le gusta el teatro? Pues a mí me fascina.	*You* don't like the theater? (It isn't pleasing to *you?*) Well, it fascinates *me.*
Nos lo van a decir a nosotros, a nadie más. —¿Por qué?	They're going to tell it to *us,* to no one else. —Why?

b. In other cases, since *le* or the special *se* (Se lo, Se la, etc.) can mean *to him, to her, to it, to them,* or *to you (Ud.* or *Uds.)*, sometimes we add the extra *a él, a Ud., a ellos, a ellas, a Uds.* to clarify exactly whom we mean.

Le voy a escribir a Ud., pero no a él.	I'm going to write to *you,* but not to him.
Se lo mandamos a ellos, no a Uds.	We're sending it to *them,* not to you.
¿Se lo van a dar a Uds.?—No, se lo van a dar a ellas.	Are they going to give it to *you?* —No, they're going to give it to *them.*

c. Remember: We add *a mí, a ti, a él,* etc. to emphasize or to clarify the object pronoun. *We subtract nothing.* In other words, the sentence is complete as long as it has its object pronoun: *Les escribo mañana.* It is more emphatic or possibly more clear if we say: Les escribo *a Uds.* (or *a ellos, a ellas*) mañana.

Ejercicios

 A.   ¿Cómo relaciona Ud. el Grupo 1 con el Grupo 2?

1	**2**
Nos hablan a nosotros, no a Uds.	Tienes razón. Yo nunca le doy nada a ese chico.
Voy a dárselas a ella, no a él.	Sí, porque te quieren mucho.
¿Es verdad? ¿Me lo traen a mí?	¿Es un secreto entonces?
Te lo decimos sólo a ti.	A nosotros nos fascina.
¿Por qué le escribe sólo a ella y no a su hermano?	No lo comprendo. Son nuestros amigos también.
Me gusta muy poco su manera de cantar.	Porque no está enamorado de su hermano.

 B.   Termine ahora de una manera original las frases siguientes:

1. A mí me gusta mucho . . .
2. A nosotros siempre nos gusta . . .
3. A nosotros no nos gustan mucho . . .
4. ¿Va Ud. a decírselo a él? —No. Voy a . . .
5. ¿Vas a dárselos a ella? —No, voy a . . .
6. ¿Nos la enseña Ud. a nosotros? —No, se la enseño solamente a . . .
7. ¿Te lo traigo a ti? —No, . . .
8. ¿Por qué no me lo manda Ud. a mí? —Porque . . .

PASATIEMPO

20   PREGUNTAS

   Think of a person, dead or alive, or of a place or a thing, and then tell the class whether it is *una persona, un lugar,* or *una cosa.* The class will then have to guess in 20 questions who or what it is. They can ask questions such as: 1. (For a person) *¿Vive ahora? ¿Es una persona famosa? ¿Es un hombre o una mujer? ¿Es norteamericano? ¿Le conozco yo?,* etc.   2. (For a place) *¿Está en Europa? ¿Es una gran ciudad? ¿Hablan español allí?,* etc.   3. (For a thing) *¿Es grande o pequeño? ¿Es más grande que mi mano? ¿Es de metal? ¿Es de madera? ¿Es un artículo de vestir? ¿Es una parte del cuerpo humano? ¿Lo usamos en la clase? ¿Lo encontramos en la casa? ¿Es un instrumento musical?,* etc. *Usen Uds. la imaginación, ¡y diviértanse!* Have fun!

Sobre la Educación

About

Cuando un país es pobre, *resulta* casi siempre que gran
parte de *su pueblo* tiene poca educación. Porque la ignorancia produce *pobreza,* y la pobreza produce más
ignorancia. Es un *círculo sin fin.* *Éste* es uno de los prob-
5 lemas más graves de las naciones hispanoamericanas.

En algunas partes, sí hay programas *educativos* muy
modernos. En Chile, Argentina y el Uruguay, la educación
primaria es obligatoria. En Venezuela y Colombia también
hay un sistema *bastante avanzado* en ciertos aspectos.
10 Pero en las zonas rurales, *sobre todo* en los países más
pobres, todavía hay millones de personas que no saben
leer ni escribir, o que simplemente no están preparadas

it turns out
its people
poverty
endless circle ∼ This

educational

quite advanced
above all

Hora de recreo (*recess*) en una escuela rural de los Andes. Matucana, Perú.

155

«Chile está situado en . . .»
Clase de geografía
en Vera Cruz, México.

Un laboratorio moderno en
la famosa Universidad de México.
¿Le interesa a usted la ciencia?

para vivir en el *siglo XX*. La mayor parte de los indios, por ejemplo, viven *lejos de* las ciudades. Son pobres, y los 15 padres *necesitan* a los niños para trabajar con ellos en los *campos*. Además, el *clima* y la geografía también presentan grandes *obstáculos*. Y cuando el niño llega *por fin* a una escuela, muchas veces *encuentra* que su escuela es un *solo cuarto*, ¡y con una sola maestra para todas las clases! Aun 20 ocurre frecuentemente que no hay libros ni lápices ni pizarra ni *tiza*. Y así, el problema continúa.

En cambio, en las ciudades, sobre todo en los países más prósperos, la educación es bastante buena. Hay escuelas públicas y también hay muchas escuelas *particu-* 25 *lares, mayormente* de tipo religioso. El niño asiste por cinco o seis años a la escuela primaria, y después va a la secundaria por *otros* seis años. Pero *desafortunadamente*, relativamente pocos alumnos terminan sus estudios secundarios, y *aun menos* van a la universidad.

30 En España hay pocos jóvenes hoy que no saben leer y escribir. Pero todavía para la *mayor parte* hay poca oportunidad de continuar su educación a los *niveles más altos*. Hay buenas universidades, pero España es una *dictadura*, y la educación está *bajo el dominio del gobierno*. 35 Como acabamos de decir, la pobreza produce ignorancia, y la ignorancia produce más pobreza y menos libertad. ¿Cuándo *se va a romper* el círculo sin fin?

Glosses (right margin):

twentieth century
far from
need
fields ~ climate
obstacles ~ at last
he finds ~ single room
chalk
On the other hand
private, mainly
another ~ unfortunately
even fewer
majority
higher levels
dictatorship ~ under the control of the government
is going to be broken

PREGUNTAS

1. ¿Cuál es uno de los problemas más grandes de los países hispanos?
2. ¿Por qué no van a la escuela muchos de los niños indios?
3. ¿Cómo es el sistema educacional en las ciudades?
4. ¿Por cuántos años asisten los niños a la escuela primaria?
5. ¿Hay solamente escuelas públicas en el mundo hispánico?
6. ¿Van muchos estudiantes a la universidad en la América hispana?
7. ¿Cómo es la educación en España?

12 Lección Doce

CONVERSACIÓN

A.

1. ¿Entiende Ud. español?   Sí, entiendo . . .
   (Do you understand . . . ?)   No, no entiendo . . .
2. ¿Entiende Ud. la lección?
3. ¿Empieza Ud. a hablar español?   Sí, empiezo . . .
4. ¿Comienza Ud. a leerlo bien?   Sí, comienzo . . .
   (Are you beginning . . . ?)
5. ¿No piensa Ud. (Don't you think) que
   es bueno saberlo?
6. ¿Cierra o abre Ud. las ventanas cuando
   hace frío?
7. ¿Quiere Ud. un poco de café?
   (Do you want . . . ?)
8. ¿Quiere Ud. ir al cine conmigo?
9. ¿Qué teatro me recomienda Ud.?   Le recomiendo . . .
10. (Carolina), ¿entiendes inglés?
11. (Juanito), ¿empiezas a tener hambre?
12. Amor mío, ¿me quieres?   Sí, te . . .

B.

1. ¿Entienden Uds. italiano?   Sí, entendemos . . . No, . . .
                               (Yes, we understand . . .)

2. ¿Quieren Uds. ir a una fiesta?   Sí, queremos . . .
3. ¿Quieren Uds. un examen hoy?
4. ¿Cierran o abren Uds. el libro   Cerramos . . . (¿No?)
   durante un examen?

C.
1. ¿Recuerda Ud. la Lección Once?   Sí, recuerdo . . .
   (Do you remember . . . ?)
2. ¿Recuerda Ud. a don Alberto el
   Consejero?
3. ¿Vuelve Ud. aquí mañana?   Sí, vuelvo . . .
   (Are you coming back . . . ?)   No, . . .
4. ¿A qué hora vuelve Ud. a su casa hoy?
5. ¿Duerme Ud. (Do you sleep) mucho?
6. ¿Duerme Ud. en la clase de español?
7. ¿Puede Ud. (Can you) hacerme un   Sí, puedo hacerle . . .
   favor?   No, . . .
8. ¿Puede Ud. darme diez dólares?
9. (Paco), ¿puedes traerme una silla?
10. (María), ¿duermes ahora?
11. (Alano), ¿a qué hora vuelves a casa hoy?

D.
1. ¿Vuelven Uds. a la clase mañana?   Sí, volvemos . . .
2. ¿Recuerdan Uds. a la Sra. del Paso?   Sí, recordamos a . . .
3. ¿Cuántas horas duermen Uds. cada   Dormimos . . .
   noche?
4. ¿Pueden Uds. ayudarme esta tarde?   Sí, podemos . . .
5. (Chicos), ¿podéis ver la pizarra?
6. (Alumnos), ¿recordáis los verbos?
7. (Niños), ¿dormís? (Are you sleeping?)

Un vendedor de maíz estrena una carretera en construcción. El Salvador.

La Caja de Cereal

Box

(TEND.: *Tendero*   SRA. C.: Sra. Campos   E.: Elisa)

storekeeper

La señora Campos y su hija Elisa están en la *tienda de comestibles*.

grocery store

TEND.: Buenos días, señora Campos. ¿Cómo está?

SRA. C.: Bien, gracias. ¿Y Ud., señor Urbina?

5 TEND.: Bien. Pero, *¡qué niña más hermosa! ¿Es de Ud.?*

what a beautiful little girl! Is she yours?

SRA. C.: Sí, *cómo no.*

of course

TEND.: ¿Cómo te llamas, preciosa?

(Elisa no contesta. Sólo mira el *suelo*.)

floor

SRA. C.: Elisa, ¿por qué no le contestas al señor?

10   (Silencio.)

El señor Urbina *quiere saber* tu nombre.

wants to know

(Elisa *sacude la cabeza con un ademán negativo*.)

shakes her head "no"

Pues bien, señor Urbina, se llama Elisa.

TEND.: Encantado de conocerte, Elisa. ¿Cuántos años

15 tienes?

(Silencio. Elisa *mira fijamente* ahora en otra dirección.)

is staring fixedly

Yo pienso que ella no sabe *su edad*.

her age

E.: *Sí, la sé.*

Yes, I do know.

TEND.: *¿Entonces* por qué no me la dices . . . ?

Then

20 E.: Seis . . . Mamá, ¿me compras esta caja de cereal?

SRA. C.: Hoy no, *querida*. Tenemos muchos cereales *en casa*.

dear ~ at home

E.: Pero *a mí me gusta éste*. Está siempre en la televisión.

I like this one.

SRA. C.: Por favor, Lisi, *ese* cereal *no tiene más que azúcar*.

that ~ has nothing but

Es muy malo para los *dientes*.

sugar ~ teeth

25 E.: No importa. Dicen en la televisión . . .

SRA. C.: Lisi, estoy *muy de prisa*. En casa *podemos* hablar

in a big hurry ~ we can

más, ¿está bien?

TEND.: Pues señora, *¿en qué le puedo servir* hoy?

what can I do for you

SRA. C.: *A ver . . . Un kilo de arroz blanco . . . y un kilo de*

Let's see ~ One kilo of white rice ~ onions ~ a half ~

30 *cebollas . . . medio kilo de carne picada . . .*

chopped meat

160

TEND.: Perdone, señora. Pero hoy le recomiendo más
    un *pollo*. Están *bien fresquecitos*, y no muy *caros* . . .   *chicken ⁓ nice and fresh ⁓ expensive*

SRA. C.: Muy bien, si Ud. me lo recomienda.

E.: Mamacita, ¿me compras esto?

35 SRA. C.: ¿Qué es, Lisi?

E.: No sé. Pienso que es una *clase de jabón*.   *kind of soap*

SRA. C.: Por favor, Lisi. Otro día . . . Perdone, Sr. Urbina.
    Ahora, . . . ah, sí . . . medio kilo de *sal* . . . una *docena*   *salt ⁓ dozen eggs*
    de huevos . . . un melón, *bien maduro* . . .   *good and ripe*

40 E.: Mamacita, ¿no me vas a comprar la *cajita* de cereal?   *little box*

SRA. C.: Lisi, te digo *que no, que no y que no. Ya me empiezo*   *no, no, no! I'm begin-*
    a enojar contigo. Todo lo que ves, me lo pides. Tienes que   *ning to get very angry with you. Everything you see, you ask me for*
    aprender que el dinero *no crece en los árboles. ¿Entiendes?*   *doesn't grow on trees ⁓ Do you understand?*
    (La señora Campos *no se da cuenta de que* otra señora   *doesn't realize*

45 acaba de entrar en la tienda y espera *detrás de ella.*)   *behind her*

E.: Pero, mamá, *¿no recuerdas* . . . ?   *don't you remember . . . ?*

SRA. C.: No hay *peros.* Hoy no te compro ni cereal ni   *buts*
    jabones ni nada, y *se acabó* . . . Perdóneme, señor   *that's the end of it*
    Urbina. *Lo siento mucho.*   *I'm very sorry.*

50 TEND.: *No se preocupe. Así* son todos los niños. ¿Quiere   *Don't worry. That's the way*
    otra cosa hoy?

SRA. C.: No, gracias. *Con eso basta.*   *That will be all.*

    (El tendero toma un lápiz y empieza a *sumar los*   *add up his figures*
    números.)

55 TEND.: Nueve y seis . . . quince . . . y siete . . . veinte
    y dos . . . y tres . . . *más uno* . . .   *plus one*

    (La señora Campos *se vuelve* para mirar algo, y ve   *turns around*
    detrás de ella a su vecina, Amelia del Paso.)   *behind*

SRA. C.: (*para sí*): ¡Dios mío! ¡Es ella! *¡Me muero!*   *(to herself) ⁓ I'll die!*

60 SRA. DEL P.: Muy buenos días, señora Campos. *Tanto*
    gusto de verla.   *I'm so happy to see you.*

PREGUNTAS

1. ¿Dónde están la señora Campos y Elisa?
2. ¿Qué le pregunta el Sr. Urbina a Elisa? (What does Mr. Urbina ask . . . ?)
3. ¿Le contesta Elisa?
4. ¿Cuántos años tiene la niña?
5. ¿Qué pide Elisa primero a su mamá? (What does Elisa ask her mother for first?)

Vocabulario Activo

<u>po</u>llo chicken   <u>hue</u>vo egg

*<u>poder</u> (<u>puedo</u>)
to be able, can

<u>pedir</u> (<u>pido</u>)
to ask for, request

la <u>carne</u>
meat

el <u>arroz</u> rice

la <u>sal</u> salt

el <u>azúcar</u>
sugar

el <u>jabón</u> soap

<u>querer</u> to want; like, love

<u>entender</u> (<u>entiendo</u>)
<u>comprender</u>
to understand

<u>servir</u> (<u>sirvo</u>)
to serve

<u>morir</u> (<u>se</u>) (<u>muero</u>)
to die

<u>sentir</u> (<u>siento</u>)
to regret, be sorry

<u>sentirse</u>
to feel
sad, etc.

<u>volverse</u>
to turn
around,

<u>volver</u>
(<u>vuelvo</u>)
to return,
come back

<u>recordar</u>
(<u>recuerdo</u>)
to remember

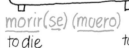

<u>empezar</u> (<u>empiezo</u>)
to begin

<u>entonces</u> then
<u>detrás de</u> in back of, behind

6. ¿Por qué no quiere comprarle el cereal la señora Campos?
7. ¿Qué cosas quiere comprar la señora Campos en la tienda?
8. ¿Qué pide Elisa ahora a su mamá? ¿Se lo compra?
9. ¿Qué otras cosas pide la señora ahora al Sr. Urbina?
10. ¿Por qué se enoja la señora (Why does she get angry) con Elisa?
11. ¿Qué dice la señora Campos a la niña?
12. ¿Quién entra en la tienda en este momento?

DISCUSIÓN

1. ¿Conoce Ud. a un niño o a una niña como Elisa? En su opinión, ¿es Elisa una niña excepcionalmente mala? ¿Piensa Ud. que su madre debe comprarle el cereal? ¿Tiene Ud. un hermano o una hermana menor? ¿Cómo es?
2. ¿Le compra su madre todas las cosas que le pide Ud.? ¿Le gusta a Ud. comprar las cosas que ve en la televisión? ¿Tiene Ud. su propio dinero? ¿Qué le gusta comprar?

ESTRUCTURA

38. Stem-Changing Verbs

a. Stem-changing verbs[1] are verbs that follow a very definite pattern of changes in their present tense. When stressed, the stem vowel *e* changes to *ie*, and in a few cases, to *i*; the stem vowel *o* changes to *ue*. To put it another way, when you lean on the *e*, it usually breaks into *ie* (sometimes into *i*). When you put your weight on the *o*, it splits into *ue*. The pattern is always the same.

Think of it in rhythm: $1 \rightarrow 2 \rightarrow 3 \rightarrow; \leftarrow 1, \leftarrow 2$, and back $\rightarrow$.

Person

Singular	1 ⟶	e > ie	(e > i)	o > ue
	2 ⟶	e > ie	(e > i)	o > ue
	3 ⟶	e > ie	(e > i)	o > ue
Plural	⟵ 1			
	⟵ 2			
	3 ⟶	e > ie	(e > i)	o > ue

1. If you're politically inclined, you may call them *radical*-changing verbs.

163

1. e → ie

pensar (to think)	**perder** (to lose)	**sentir** (to feel; regret)
p*ie*nso	p*ie*rdo	s*ie*nto
p*ie*nsas	p*ie*rdes	s*ie*ntes
p*ie*nsa	p*ie*rde	s*ie*nte
pensamos	perdemos	sentimos
pensáis	perdéis	sentís
p*ie*nsan	p*ie*rden	s*ie*nten

Here are some more to practice with: c*e*rrar (to close), s*e*ntar (to seat), ent*e*nder (to understand), m*e*ntir (to lie).

2. o → ue

contar (to count; tell)	**volver** (to return)	**dormir** (to sleep)
c*ue*nto	v*ue*lvo	d*ue*rmo
c*ue*ntas	v*ue*lves	d*ue*rmes
c*ue*nta	v*ue*lve	d*ue*rme
contamos	volvemos	dormimos
contáis	volvéis	dormís
c*ue*ntan	v*ue*lven	d*ue*rmen

Do you remember?: *Llueve.* It is raining. *Nieva.* It is snowing. Well, *llueve* comes from *llover,* to rain. *Nieva* comes from *nevar,* to snow. Now do you know the present of *recordar* and *morir*?

3. A few -ir verbs change e to i.

pedir (to ask for)	**servir** (to serve)
p*i*do	s*i*rvo
p*i*des	s*i*rves
p*i*de	s*i*rve
pedimos	servimos
pedís	servís
p*i*den	s*i*rven

What do you think is the present tense of *repetir*?

b. The irregular verbs *querer* and *poder*

Querer [to want, to like or love (a person)], and *poder* (to be able to, "can"), are irregular verbs. However, in the present tense they follow the typical pattern of stem-changing verbs.

querer	poder
quiero	puedo
quieres	puedes
quiere	puede
queremos	podemos
queréis	podéis
quieren	pueden

Ejercicios

A. ¿Puede Ud. encontrar (find) en el Grupo **2** la conclusión de cada frase del Grupo **1**?

1	**2**
Hace frío. ¿Por qué no	de hambre! . . . cierras la ventana?
No recuerdo	sirven la comida? . . . porque miente
¿Ud. piensa	todo el tiempo . . . que puede
Tú siempre pierdes	terminarlo hoy? . . . pero no
¿A qué hora	queremos . . . ¿o mañana? . . . el
No nos gusta Pepe Vargas	número de su teléfono . . . por qué
No entendemos	no comienzan ahora . . . tu dinero . . .
¡Ay, me muero	siempre en la clase . . . contigo . . .
¿Vuelves hoy	repite el mismo curso . . . un chiste
Algunos chicos duermen	bueno?
Hace tres años que Ricardo	
¿Nos cuenta Ud.	
Podemos hacerlo	
Comienzo a enojarme	

B. Conteste en español las preguntas siguientes:
1. ¿Quieres ir a una fiesta conmigo esta noche?
2. ¿Puede Ud. dormir un poco esta tarde?
3. ¿Qué cursos quiere Ud. tomar el año que viene (next year)?

4. ¿Pueden visitar nuestra clase mañana sus padres?
5. ¿Quieren Uds. hacer una lista de vocabulario nuevo?
6. ¿Podemos hacer una llamada (call) telefónica aquí?
7. ¿Quién quiere escribir este ejercicio en la pizarra?
8. ¿Quieren Uds. un examen el lunes?

39. The Personal *a*

When the direct object of a verb is a *person,* we use *a* before the object noun, except after the verb *tener* (to have).

No veo *a* Juan. ¿Dónde está?— No sé.	I don't see John. Where is he? —I don't know.
¿Conoce Ud. *a* Esteban Muralla? —Sí, muy bien.	Do you know Steve Muralla? —Yes, very well.
¿*A* quiénes visitan Uds. aquí?— *A* mis tíos.	Whom are you visiting here?— My aunt and uncle.
¿Por qué no invitas *a* los Costa? —Porque no me gustan.	Why don't you invite the Costas? —Because I don't like them.

But:

Tengo un hermano en la Florida.	I have a brother in Florida.
Tenemos muchos parientes aquí.	We have many relatives here.

Ejercicios

   A.   Cambie según las indicaciones:

1. No puedo aguantar a Ernesto.
   _____ la señora.
   _____ podemos _____.
   _____ invitar _____.
   _____ quieren _____.
   _____ esperar _____.

2. ¿Conoce Ud. a los Espinosa?
   ¿_____ su familia?
   No conozco _____.
   No vemos mucho _____.
   Nunca veo _____.
   _____ mis viejos amigos.

3. Tengo tres hermanos y dos hermanas.
   Juan _____.
   _____ cinco profesores.
   _____ conoce a _____.
   _____ invita a _____.

B.   Lea bien, como siempre, y después conteste:

1. —¿Cuántos hermanos tiene Ud.?
   —Tengo once hermanos y nueve hermanas.
   —¡Dios mío! ¡Qué familia, eh!
   Conteste: a. ¿Cuántos hijos hay en la familia?
   　　　　　　 b. ¿Le gustan a Ud. las familias grandes o pequeñas?

2. —Isabel, ¿vamos a invitar a Rosario del Paso?
   —¡Nunca! No aguanto a esa chica.
   Conteste: a. ¿Por qué no quiere invitar Isabel a Rosario del Paso?
   　　　　　　 b. En su opinión, ¿por qué no la aguanta?

3. —Amalia, ¿tú recuerdas a Antonio Guzmán?
   —Por supuesto. Es el muchacho rubio que . . . No, es el joven alto que . . .
   　Ay, no, es el profesor que . . . No sé. ¿Quién es?
   Conteste: a. ¿Recuerda muy bien Amalia a Antonio Guzmán?
   　　　　　　 b. ¿A quién recuerda Ud. mejor de su niñez (childhood)?

4. —No veo a Carmen. ¿No viene a la fiesta?
   —No sé, Carlos. Pero si tú quieres, puedes llamar a su madre. Aquí tienes el
   　teléfono.
   Conteste: a. ¿Quiénes son las dos personas que hablan aquí?
   　　　　　　 b. ¿A quién debe llamar Carlos si quiere saber dónde está Carmen?
   　　　　　　 c. ¿Dónde piensa Ud. que están? (Where do you think they are)?

40. The Third Person Reflexive

The third person reflexive pronoun is always

SE

himself, to himself
herself, to herself
yourself (Ud.), to yourself
themselves, to themselves
yourselves (Uds.), to yourselves

Manolo se habla todo el tiempo.
　—Sí, está loco.
¡Cuidado! No se haga daño.
¿Se divierten los niños?
　—Muchísimo.
¿Cómo se llaman Uds.?—¿Quién
　quiere saberlo?

Manolo talks to himself all the time.
　—Yes, he's crazy.
Careful! Don't hurt yourself.
Are the children enjoying themselves?
　—Very much.
What are your names? (How do you
　call yourselves?)—Who wants to
　know?

167

Ese muchacho nunca se lava la cara.	That boy never washes his face.
—Tampoco se peina el pelo.	—Neither does he comb his hair.
Siéntese Ud.—Gracias.	Sit down. (Seat yourself).—Thanks.

Ejercicios

A. Conteste en español las preguntas siguientes:
Por ejemplo: ¿Se divierte Ud.? *Sí, me divierto; No, no . . .*
¿Cómo se llaman Uds.? *Nos llamamos . . .*

1. ¿Se lava Ud. el pelo hoy? (Sí, me lavo . . . No, . . .)
2. ¿Se lava Ud. las manos antes de comer?
3. ¿Se lavan Uds. la cara antes de comer? (Sí, nos lavamos . . .)
4. ¿Se peina Ud. el pelo en la clase?
5. ¿Se divierte Ud. en la clase de español?
6. ¿Se divierte Ud. en el cine?
7. ¿Se divierten mucho sus padres?
8. ¿Cómo se llaman las personas a su derecha y a su izquierda?

B. ¿Qué pasa aquí?
Use Ud. la imaginación y díganos . . .

1. ¿Cómo se llama este muchacho?
   ¿Qué hace?
   ¿Qué hora es?
   ¿Adónde va?

2. ¿Quién es la muchacha?
   ¿Qué hace ahora?
   ¿Adónde piensa Ud. que ella va?

3. ¿Dónde estamos ahora?
   ¿Se divierte mucho la gente (people)?
   ¿Le gusta a Ud. el cine?

¿CUÁNTOS ERRORES PUEDE UD. ENCONTRAR?

Estudie Ud. muy bien esta escena, y trate de encontrar por lo menos diez errores en ella. (Perhaps the following vocabulary words will help you explain what you have found.)

camisa shirt		**pollo** chicken	
manga sleeve		**sangre** (f.) blood	
raya stripe		**letrero** sign	
pijama (m. or f.) pajamas		**etiqueta** price tag	
zapato shoe		**tacón** (m.) heel	
corbata tie		**hueso** bone	
pantalones (m. pl.) trousers		**paraguas** (m.) umbrella	

Ahora diga en sus propias palabras lo que (what) ocurre en esta escena.

¿Qué Come el Hispanoamericano?

Es una pregunta difícil. En realidad, depende *de* dónde | on
uno vive y de cuánto dinero tiene. Por ejemplo, en
aquellas regiones donde hay mucha *ganadería* o donde la | those ~ cattle raising
tierra es muy fértil, la carne y las *legumbres* son abun- | vegetables
5 dantes. Allí *cuestan* menos, y aun la *gente pobre* las come. | they cost ~ poor people
Cerca del *mar*, por supuesto, se preparan ricos *platos* de | sea ~ dishes
pescados y mariscos. Pero en las zonas montañosas o | fish and shellfish
áridas, donde la tierra produce poco, la comida de la gente | dry
pobre consiste *mayormente en trigo, maíz,* arroz y otros | mostly of wheat, corn
10 cereales. La leche, desafortunadamente, *escasea* en todas | is scarce
partes.

En los *pueblecitos* de los Andes, los pollos *corren libres* y comen *de todo lo que pueden encontrar.* Claro está, su carne resulta *dura y tiesa,* pero para el pobre indio es una
15 *golosina sabrosa.* Y si la suerte *le trae* un pollo para comer, lo come *entero, ¡con todo lo que tiene dentro!* En *esas* regiones la gente rural come animales como el *cuy,* la iguana y el armadillo, *mientras que* en las pampas argentinas y uruguayas, ¡se come un *bisté para el desayuno!*
20 *Ahora bien,* ¿cuáles son las características generales de la comida hispanoamericana? Pues en los buenos restaurantes la comida es como la española, o la francesa, y en muchos lugares, como la italiana. En México, donde la influencia de los indios es notable, la comida es mucho
25 más *picante* que en otras partes de la América hispana. Allí el maíz es el *sostén* de la vida. Los mexicanos comen tamales y tacos y *frijoles* y *tortillas* de maíz, *los llenan de* carnes y legumbres *picadas,* y los *condimentan* con *salsas y especias* muy fuertes. Esa clase de comida picante es

little towns ~ run free
whatever they can find
hard and stringy
tasty treat ~ brings him
whole, with all its insides ~ those
(type of Andean squirrel)
while
steak for breakfast
Well, then

spicy
staff
beans ~ pancakes ~ fill them with ~ chopped ~ season ~ sauces and spices

(a la izquierda) La comida es rica y abundante en este pequeño pueblo de Colombia. «Perros calientes» (*hot dogs*) . . . Umm. Deliciosos.

30 más típica de las regiones rurales que de las grandes
ciudades, y *se encuentra* igualmente en países como Guate- | it is found
mala y otros que tienen una numerosa población india.
El chile y las otras especias fuertes *le compensan al pobre* | chili ~ compensate the poor
indio la falta de comida más rica y delicada, y se considera | Indian for the lack
35 feliz.

La comida del mediodía (*noon*) es más grande que la de la noche. ¿Qué cosas ve usted aquí?

PREGUNTAS

1. ¿De qué depende generalmente la comida del hispanoamericano?
2. ¿Qué come la gente en las regiones donde hay mucha ganadería?
3. ¿Qué come la gente que vive cerca del mar?
4. ¿Qué come la gente pobre de las zonas montañosas?
5. ¿Qué alimento (food) escasea en todas partes?
6. ¿Cómo es la comida en los buenos restaurantes?
7. ¿Qué sabe Ud. de la comida mexicana? ¿Le gusta a Ud.?

13 Lección Trece

1 CONVERSACIÓN

A.

1. ¿Habló Ud. con su abuelo ayer?
   (Did you speak . . . yesterday?)

   Sí, hablé . . . (Yes, I spoke . . .)
   No, no hablé . . .

2. ¿Tomó Ud. el autobús hoy?

   Sí, tomé . . . (Yes, I took . . .)

3. ¿Caminó Ud. a la escuela?

   Sí, caminé . . . (Yes, I . . .)

4. ¿Cerró Ud. la puerta de la clase?

5. ¿Estudió Ud. mucho ayer?

6. ¿Se lavó Ud. (Did you wash) el pelo?

7. ¿Compró Ud. algo ayer?

8. ¿Gastó mucho dinero?

9. ¿Miró Ud. la televisión?

B.

1. ¿Preparó la comida ayer su madre?
   (Did your mother . . . ?)

   Sí, mi madre preparó . . .
   No, mi madre no preparó . . .

2. ¿Lavó ella los platos?

3. ¿Limpió la casa?

4. ¿A qué hora empezó su clase?

5. ¿Le llamó un amigo ayer?

   Sí, me llamó . . .

C.

1. ¿Escribió Ud. una carta ayer?

   Sí, escribí (Yes, I . . .)

2. ¿Recibió una carta?

   Sí, recibí . . .

3. ¿Escribió sus lecciones?

4. ¿Aprendió Ud. mucho?　　　　　　　Sí, aprendí . . .
5. ¿Salió Ud. anoche (last night)?
6. ¿Qué programas de televisión vio?　　Vi . . . (I saw . . .)

D.
1. ¿Comió tarde anoche su familia?　　　Sí, mi familia comió . . .
　　(Did your family eat late . . . ?)　　No, mi familia no comió . . .
2. ¿A qué hora volvió a casa su padre?
3. ¿Le permitió su padre salir anoche?　Sí, mi padre me permitió . . .
　　(Did your father let you go out . . . ?)
4. ¿Le ocurrió a Ud. algo bueno ayer?　Sí, me ocurrió . . .

 ESCENAS DE LA VIDA

Entre Amigas (2)

(A.: Amelia del Paso　　B., C., D.: Las otras señoras)

Estamos en la casa de la familia del Paso. Amelia del
Paso y tres señoras de su círculo *interrumpen* por el | interrupt
momento el *juego de cartas*. | card game

　A.: Escandaloso, digo. Es-can-da-lo-so. No hay otra
5　palabra *para* describirlo. | to
　B.: ¿Qué *pasó*? | happened
　A.: ¿Uds. no lo saben *todavía*? | yet
　D.: ¿Qué?
　A.: *Lo de* la señora Campos. | About
10 C.: Dicen que vendió todos los *muebles* de su casa. | furniture
　A.: Ah, no. *Los mandó a lavar, nada más.* | She sent them to be cleaned, that's all.
　C.: Entonces, ¿qué ocurrió?
　A.: Pues escuchen . . . *Ayer por la mañana* decidí ir a la | Yesterday morning
　　tienda del señor Urbina para comprar *algunas cositas.* | store ~ a few little things
15　Y cuando abrí la puerta y entré, ¿qué *piensan Uds.* | do you think I saw
　　que *vi*?
　B.: No me diga. ¿La señora Campos con el señor Urbina?
　A.: No. *Eso no.* Pero sí vi a la pequeña Elisa . . . | Not that. ~ I did see
　C.: Una niña preciosa.
20 D.: Sí, *muy mona.* | adorable
　A.: Vi a la pobre Elisa con una *caja* de cereal en las manos. | box

174

La puedo ver todavía. Con lágrimas en los ojos, *pide a
su mamá esa* caja de cereal. «Mamá,» dice, «tengo hambre.
Por favor, quiero un *plato* de cereal.»

25 D.: *Da pena oírlo.*

B.: ¿Y la madre *no se la compró*?

A.: No se la compró.

C.: Imagínese.

D.: *Una niña tan preciosa.*

30 B.: Escandaloso.

● A.: ¿*No les digo*? Pues *así* son muchas personas. Para
comprarse un *coche sí tienen* dinero.

C.: Un coche nuevo. De *marca* italiana, dicen.

A.: *Así es.*

35 B.: Pues nosotros no tenemos coche, pero si nuestros
hijos *nos piden algo*, siempre . . .

D.: *Exacto.*

B.: Muchas veces no me compré *a mí misma* un vestido,
pero para los niños . . .

40 A.: *Así debe ser.* Yo, por ejemplo . . .

　　(*Se oye un silbido* desde la cocina.)

　　Ah, el café está *listo.* ¿Cómo lo quieren?

C.: Con leche, por favor, y un poco de azúcar.

B.: Yo lo tomo *solo,* sin nada.

45 A.: Yo también. No quiero *engordar.*

D.: ¿Engordar? ¡Pero *si está como una flauta*!

A.: Gracias. (Amelia sale.)

B.: (a las otras señoras): ¿Como una flauta? *¡Más como
un violoncelo está!*

50　　(Las señoras *se ríen.* Amelia vuelve con café y un
plato de *confites.*

TODAS: Umm . . . Rico . . . *Sabroso* . . . Delicioso . . .

C.: ¿Saben Uds.? Yo pienso que debemos *contarle* al señor
Campos *lo que* ocurrió.

55 D.: No. Los hombres *no se interesan. Antes* debemos
preguntarle a Elisa por qué su mamá *la trata tan mal.*

C.: Buena idea.

A.: *Puede resultar* que realmente no es su *propia* hija.
Tal vez . . .

60 B.: Pobre niña. Me da pena *pensar en ella.*

D.: Imagínese. Una pobre cajita de cereal.

---

she asks her mother
for that

dish

It hurts to hear it.

didn't buy it for her?

Such a precious child.

that's how

car they *do* have

make

That's right.

ask us for something

Exactly.

myself

That's the way it should
be.

A whistle is heard

ready

black

to get fat

you're as thin as a flute

She looks more like
a cello!

laugh

sweets

Tasty

tell

what

don't care. Instead,

treats her so badly

It may turn out ~ own

think about her

VOCABULARIO ACTIVO

1.. 2.. 3 ...

TIENDA store

mi propio coche
own

caja
box

marca
brand
X

mandar
to send,
to order

lavar el coche
to wash the car

contar (cuento)
to count, tell a story

¿estás aquí
todavía? still

Sí, desde
ayer por la mañana
yesterday morning

lavarse
to wash oneself

tratar to treat
bien o mal a una persona

tratar de
to try to

reír (río, ríes)
to laugh

reírse de
to laugh at

resultar
to turn out,
result

antes (adverb)
before, first

después
afterwards, later

¿listo?
ready; smart

¿Así?

Así es

preciosa, o
adorable, cute

like this, so,
that's the way

that's right.
that's the way
it is.

pensar (pienso)
to think
pensar en to think of or about

PREGUNTAS

1. ¿De quién hablan Amelia y sus amigas?
2. ¿Qué dicen acerca de los muebles de la señora Campos?
3. ¿Adónde decidió ir ayer por la mañana Amelia del Paso?
4. ¿Qué vio en la tienda del señor Urbina?
5. ¿Le compró la señora Campos a Elisa el cereal? (Did she buy Elisa . . . ?)
6. ¿Qué cosa acaban de comprarse los Campos?
7. ¿Cómo toma su café la señora C.? ¿Y las otras señoras?
8. ¿Qué dicen las señoras mientras comen los confites?
9. ¿Qué idea tiene la señora C.? ¿Y la señora B.?
10. ¿Qué piensa Amelia que puede resultar?

DISCUSIÓN

1. ¿Qué piensa Ud. ahora de Amelia del Paso y sus amigas? ¿Habla su madre (de Ud.) acerca de los vecinos? ¿Juegan a las cartas sus padres? ¿Ud.?
2. ¿Le gustan a Ud. los cereales? ¿Le gustan los huevos? ¿Le gusta el tocino? ¿Le gusta el pan con mantequilla? ¿Bebe Ud. café? ¿Bebe Ud. mucha leche? ¿Qué come Ud. para el desayuno?

 ESTRUCTURA

41. What Is the Preterite Tense?

In Spanish there are two simple past tenses. They are called the preterite and the imperfect. Each has its own uses and meanings, and although both can often be used in the same sentence, the idea that we are expressing changes as we use one or the other. Let's talk first about the preterite.

The preterite **reports** what happened in the past. It looks at the action as a completed unit, and tells merely the fact that it *took place*. (I came, I saw, I conquered.) Soon you'll see how different this is from the imperfect.

42. The Preterite: First and Third Person Singular

	hablar	**comer**	**abrir**
(yo)	hablé	comí	abrí
(él)			
(ella)	habló	comió	abrió
(Ud.)			

Stem-changing verbs whose infinitive ends in -*ar* or -*er* are just like regular verbs in the preterite tense.

	cerrar	**contar**	**perder**	**volver**
(yo)	cerré	conté	perdí	volví
(él)				
(ella)	cerró	contó	perdió	volvió
(Ud.)				

¿Habló Ud. ya con José?—Sí, hablé con él ayer.

Did you speak to Joe already?—Yes, I spoke to him yesterday.

¿Quién entró?—Sólo un ladrón.

Who came in?—Only a thief.

¿Qué comió Ud. anoche?—Comí arroz con pollo.

What did you eat yesterday? —I ate rice with chicken.

¿El maestro abrió las ventanas? —No, yo las abrí.

Did the teacher open the windows? —No, I opened them.

María, un chico te llamó.—¿Sí? ¿Cuándo?—Anoche.

Mary, some boy called you. —Really? When?—Last night.

Ejercicios

A. Cambie al pretérito.

Por ejemplo: Hablo con él. *Hablé con él.*
¿Cierra la puerta? ¿Cerró la puerta?

1. ¿Quién llama?
2. Como a las ocho y media.
3. ¿Vende Ud. la casa?
4. ¿Le ayuda Juan?
5. Gasto todo el dinero.
6. ¿Aprende Marta a bailar?
7. Juanita estudia todo el día.
8. ¿Vuelve Ud. el lunes?
9. ¿Me promete un coche?
10. ¿A qué hora acaba la comida?
11. Me lavo el pelo hoy.
12. Salgo a las siete y media.
13. ¿Cuándo termina la clase?
14. Saludo a la señora Medina.

B. Lea los diálogos, y después conteste las preguntas:

1. —Anoche (last night) comí dos huevos, arroz y café con leche y azúcar.
—¿Nada más, Rafael?
—No. Me quitó el apetito.
Conteste: a. ¿Comió carne anoche Rafael?
b. ¿Le gustó mucho su comida?

2. —Luis, hace mucho frío aquí. ¿Por qué abrió las ventanas?
—Yo no las abrí. Creo que las abrió Miguel. Él siempre tiene calor.
Conteste: a. ¿Abrió las ventanas Luis?
b. ¿Por qué cree que las abrió Miguel?

3. —El señor Matos salió para Europa el 15 de octubre y volvió el 15 de diciembre.

—Pasó mucho tiempo allí (there), ¿no?

Conteste: a. ¿Cuánto tiempo pasó en Europa el señor Matos?

b. ¿Qué países (countries) piensa Ud. que visitó?

4. —¿Cómo pasó Carmen la tarde ayer?

—Pues terminó su tarea de la escuela a las siete, y después miró la televisión hasta las nueve.

Conteste: a. ¿Cuántas horas miró Carmen la televisión ayer?

b. ¿Qué programas cree Ud. que vio?

C. Ahora díganos cómo pasó Ud. el día ayer. (Use a lo menos *siete* de los verbos o expresiones siguientes.)

Me levanté . . . I got up; *Me lavé* (la cara, las manos, el pelo) . . . I washed (my face, hands, hair); *Me peiné . . . Comí . . . Caminé a . . . Hablé con . . . Escuché . . . Estudié . . . Miré . . . Aprendí . . . Perdí . . . Volví . . . Salí . . . Terminé o Acabé . . . Llamé a . . . Preparé . . . Ayudé a . . . Me acosté* . . . I went to bed.

Make your story as interesting as you can; of course, you may use any additional subjects or vocabulary you please.

43. *Pedir* and *Preguntar*

Pedir means *to ask for, to request* something. You don't have to translate the word "for" because it is already included in *pedir*.

Preguntar, on the other hand, means *to ask a question, to inquire* about something.

Notice in both cases that the thing we ask for or inquire about is the *direct* object of the verb. The person *to whom* we make the request or ask the question is the *in*direct object.

a.

Mañana pido más dinero a mi jefe.	Tomorrow I'm asking my boss for more money.
Mañana *le* pido más dinero.	Tomorrow I'm asking *him* for more money.
Mañana *se lo* pido.	Tomorrow I'm asking *him for it.*

b.

Ud. debe preguntar eso a Luis.	You should ask Lou about that.
Ud. debe preguntar*le* eso.	You should ask *him* about that.
Ud. debe preguntár*selo.*	You should ask *him* about *it.*

c.

No me pregunten nada. No
voy a contestar.

Don't ask me anything. I won't
answer.

No me pidan nada. No les doy
ni un peso.

Don't ask me for anything. I won't
give you a dime.

Ejercicios

A. Cambie según las indicaciones:

1. Quiero pedirte un gran favor.

Queremos _____.

_____ le a Ud. _____.

_____ diez dólares.

Mi amigo _____.

_____ su coche.

2. Pregúntele por qué viene.

_____ a qué hora _____.

_____ llamó.

_____ si _____.

_____ cuándo _____.

_____ volvió.

B. *Pregúntele . . .*

We're going to tell you to ask people certain things. You turn to
one of your classmates and ask him what we tell you to.

Por ejemplo: «*Pregúntele a Juan por qué no estudia más.*» You turn
to John and say «*¿Por qué no estudia Ud. más?*» or, if
you're on pretty good terms, you say «*¿Por qué no
estudias más?*» Suppose we tell you: «*Pregúntele a
María si va a la fiesta.*» You then ask Mary: «*María,
¿vas a la fiesta?*» or «*María, ¿va Ud. a la fiesta?*» Of
course, you may change the people's names.

1. Pregúntele a su profesor(a) si hay examen mañana.
2. Pregúntele a la persona a su derecha si sabe qué hora es.
3. Pregúntele a Juanita dónde está la tiza (chalk).
4. Pregúntele a Roberto dónde vive.
5. Pregúntele a Ricardo si tiene hambre.
6. Pregúntele a Ana si quiere un vaso de agua. O de leche.

C. *Pídale . . .*

Now, instead of asking people questions *about* things, we're going
to ask them *for* certain things.

Por ejemplo: «*Pídale a Juan su pluma.*» You turn to John and say
something like: «*¿Me puedes dar tu pluma? ¿Me quieres
prestar* (Do you want to lend me) *tu pluma? ¿Me das
tu pluma por un momento?*» and so forth.

1. Pídale a Juanita su peine. (Juanita, ¿me . . . ?)
2. Pídale a su profesor(a) una nota buena (good grade).
3. Pídale a la persona a su izquierda su libro de inglés.
4. Pídale a Miguel (o a otro chico de su clase) diez dólares.
5. Pídale a Bárbara (o a otra chica) su pluma.
6. Pídale a la persona detrás de Ud. (behind you) su reloj.

4 PASATIEMPO

¿QUÉ PASÓ?

Estudie Ud. bien las escenas siguientes, y después escriba un cuento original explicando (explaining) lo que pasó antes, y cómo terminó por fin cada episodio. Por supuesto, su cuento puede incluir mucho diálogo, si Ud. quiere.

¿Qué Come el Español?

Otra vez, depende de dónde vive y de cuánto dinero
tiene. Así es en el mundo entero. Pero tenemos que
recordar que el español es europeo. Su comida no es
picante como la mexicana. Come más *carne de res, ternera*   beef, veal, and pork
5 *y lechón* que el hispanoamericano. Y en los buenos restaurantes, su comida es como la francesa, con *menos salsas,*   fewer sauces
tal vez, pero en otros respectos casi *igual.* En su casa,   the same
en cambio, el español *sí come* algunos platos típicos, y de   on the other hand ~ does eat
esos platos ahora vamos a hablar.

La famosa paella valenciana, especialidad española. ¿Le apetece? (*Want some?*)

Arroz con pollo . . . Carnes asadas (*roast*) . . . Mariscos a la plancha (*grilled*) . . . Madrid, España.

10   El español es muy *amante* del arroz. *Por eso* uno de sus platos favoritos es el arroz con pollo, *condimentado con azafrán.* El arroz también es la base de la famosa paella valenciana. Pero además del pollo, la paella contiene también *pimienta roja y especias* y *chorizo* y carne y *maris-*

15 *cos.* Y el español la come con *tanto gusto* porque no sólo *le encanta* el arroz, *sino* los mariscos también. En efecto, le gustan *tanto* los mariscos que en muchas calles de sus ciudades hay «*marisquerías*» donde *uno puede parar* por un momento y comer una *ración de gambas o calamares o*

20 *moluscos* antes de *continuar su camino.*

    Bueno, ¿qué más le gusta al español? Pues le gustan *las sopas,* y las hace de todas las cosas imaginables, ¡*incluso el ajo!* (Personalmente, yo le recomiendo más el gazpacho, una deliciosa sopa fría de Andalucía.) Le gustan también

25 los *pucheros,* diferentes combinaciones de carnes y legumbres. Pero por supuesto, la *cantidad* de carne que usa depende siempre de su posición económica. Le gustan las *tortillas de huevos* (nunca de maíz, como son las tortillas mexicanas). Y su tortilla favorita es una de huevos

30 con *patatas y cebolla.* (¡Curiosamente, la tortilla que noso-

fond ~ Therefore

seasoned with saffron (a yellow spice)

red pepper and spices ~ sausage ~ shellfish ~ such relish ~ does he love ~ but

so much

shellfish bars ~ one can stop off

portion of shrimp or squid or mollusks ~ going on his way

soups ~ including garlic

stews

amount

egg omelets

potatoes and onion

183

Le encantan al español
las salchichas (*sausages*)
y carnes frías.

tros llamamos «Spanish omelet» se llama en España «tortilla francesa»!) Para acabar, le gustan *el flan, los helados*, la fruta *fresca* y unos *pasteles muy dulces de nata* o *de gelatina*. La comida siempre *va acompañada de vino* 35 o de una *jarra de sangría*, y termina con una *taza* pequeña de café fuerte.

custard, ice creams ~
fresh ~ very sweet pastries of whipped cream
is accompanied by wine
jug of wine-and-fruit punch ~ cup

La comida española por lo general es muy rica y se prepara con mucho *aceite*. Es una comida que *debe engordar mucho*. Y al mismo tiempo hay relativamente pocos 40 españoles que son gordos. ¿Cómo *explicarlo? Vamos a ver lo que pasa* si Ud. va *algún día* a España.

olive oil ~ should be very fattening

to explain it? Let's see what happens ~ some day

PREGUNTAS

1. ¿Son iguales la comida española y la mexicana?
2. ¿Qué clase de comida sirven en los restaurantes españoles?
3. ¿Cuáles son algunos de los platos favoritos del español?
4. ¿Qué es el gazpacho?
5. ¿Qué postres (*desserts*) le gustan al español?
6. ¿Qué bebe con su comida?
7. De todos los platos españoles, ¿cuál le interesa más a Ud.?

14 Lección Catorce

A.

1. ¿Ya terminaron Uds. la Lección Trece?
2. ¿Contestaron Uds. las preguntas?
3. ¿Prepararon todos los ejercicios?
4. ¿Escucharon la cinta?
5. ¿Trabajaron mucho sobre la lección?
6. ¿Tomaron un examen sobre ella (it)?
7. Bueno. ¿Qué lección comenzaron Uds. (did you begin) hoy?
8. ¿A qué hora llegaron a la clase?

Sí, ya terminamos[1] . . . (Yes, we already finished . . .)

Sí, contestamos . . .

B.

1. ¿A qué hora empezaron las clases hoy?
2. ¿A qué hora terminaron ayer?
3. ¿Le llamaron sus amigos ayer?
4. ¿La (Le) visitaron en su casa?
5. ¿Miraron sus padres anoche la televisión?
6. ¿Cuándo compraron el televisor (TV set)?

Las clases empezaron a las . . .

Sí, mis amigos me . . .

Sí, me . . .

---

1. No, this isn't a mistake. In *-ar* verbs, the *nosotros* form of the preterite is the same as in the present tense.

C.

1. ¿Aprendieron Uds. mucho en sus clases ayer?
2. ¿Comprendieron las lecciones?
3. ¿Perdieron mucho tiempo en la clase?
4. ¿Recibieron Uds. una visita del Rector?
5. ¿Escribieron Uds. una composición?
6. ¿Entendieron bien al profesor?

Sí, aprendimos . . . (Yes, we learned . . .) No, . . .
Sí, comprendimos . . .

D.

1. ¿Comieron sus padres anoche en un restaurante?
2. ¿Comieron con amigos o sólo con la familia?
3. ¿Recibieron una visita de amigos?
4. ¿Le permitieron a Ud. ir al cine anoche?
5. ¿Prometieron comprarle algo?
   (Did they promise to buy you . . . ?)
6. ¿Volvieron a casa tarde ayer sus hermanos?

Sí, mis padres comieron . . .

Sí, me permitieron . . .
Sí, prometieron comprarme . . .
No, no . . . nada.

ESCENAS DE LA VIDA

Crisis (2)

(P.: Paco   SRA.: Sra. Delgado, su madre
MEC.: Mecánico

Paco, el hermano *menor* de María Delgado, está desconsolado. En media hora *comienza* su programa favorito de televisión, y *el televisor no funciona*.

younger
beg'
the T_ et isn't working

P.: Mamá, ¿por qué no viene el *mecánico*? Ya son las cinco
5 de la tarde.

repairman

SRA.: No sé, Paquito. Lo llamamos esta mañana, muy
temprano.

early

186

P.: Tal vez *no escribieron bien nuestro nombre*, o la *dirección* de la casa.

     they didn't spell our name right ~ *address*

10 SRA.: No, hijo. *Volvimos a llamar* a las tres.

     We called again

P.: Entonces . . .

SRA.: Nada. El mecánico *debe estar* muy ocupado. *Pronto llega.* Estoy *segura.*

     must be
     He'll get here soon.
     sure

P.: *Ese* televisor no me gusta. *Siempre que* quiero ver un

15   programa, no funciona.

     That ~ *Whenever*

SRA.: No siempre.

P.: Sí, siempre.

SRA.: Ay, Paquito . . .

    (*Suena el timbre de la puerta*, y Paco *corre para* abrirla.)

     the doorbell rings ~
     runs to

20 P.: ¡Es él! ¡Ya llegó el mecánico!

SRA.: Bueno. *Me alegro* . . . *Pase Ud.*, señor.

     I'm glad . . . Come in

MEC.: Buenas tardes, señora. Uds. llamaron . . .

SRA.: Sí. El televisor no funciona.

MEC.: ¿Desde cuándo?

25 SRA.: Desde esta mañana.

MEC.: *¿Lo usaron anoche?*

     Did you use it last night?

SRA.: Sí, vimos un programa o dos, y lo *apagamos* a las diez. El *aparato* es *casi* nuevo. Lo compramos en mayo.

     we turned it off
     set ~ *almost*

MEC.: Pues *vamos a ver.* ¿Donde está el paciente?

     let's see

30 SRA.: Aquí, en la *sala.*

     living room

    (El mecánico entra en la sala y empieza a trabajar. *Dentro de* diez minutos el *suelo está cubierto de* tubos y *alambres* y pequeñas piezas eléctricas. Paco lo mira con una expresión curiosa. Por fin, no puede resistir más, y

35   habla.)

     Within ~ *floor is covered with* ~ *wires*

P.: Perdone, señor . . . pero *éste* no es el televisor. Es el tocadiscos. El televisor está *allí*, cerca de *aquellas* ventanas.

     this
     there ~ *those*

MEC.: ¿Ah, sí? Pues . . . gracias, chico, ¿eh? ¿Sabes? Sin

40   mis *gafas* no veo casi nada.

     eyeglasses

    (El mecánico se acerca ahora al televisor y lo empieza *a desmantelar todo.* Ahora la sala entera está llena de tubos y alambres, etc. Paco lo observa todo con gran interés. *De repente*, da un grito.)

     take it all apart
     Suddenly

45 P.: ¡Señor! . . . ¡Mamá! . . . ¡El televisor no está *roto*! Es que alguien lo *desenchufó. Ahí está la cuerda.*

     broken.
     unplugged. ~ *There's the cord.*

MEC.: Buen muchacho. Mil gracias, ¿eh? . . . Ahora en

un momento *lo compongo todo. A ver* . . . Paco, ¿me
quieres dar ese tubo? . . . no . . . tal vez *aquél,* en la
50   silla roja . . . Ah, no, esta pieza viene del tocadiscos . . .
Tal vez es *ésa* . . . o *aquélla* . . . Sí, perfecto . . . Ahora,
aquellos alambres . . . A ver . . . *éstos* son de la radio . . .

    SRA.: Ay, Paquito. Me parece que esta tarde no vas a
    ver tu programa.

55 P.: No importa, mamá. *Esto* es mucho más interesante.
Algún día yo quiero ser mecánico como ese señor.

    MEC.: (para sí) ¿Y de dónde viene esta pieza? . . . Ah,
sí, de la *lámpara* . . . Ahora. . . .

Side glosses:
I'll put it all back together. ~
Let's see
that one
that one ~ the one over
   there

those ~ these

This

Some day

lamp

PREGUNTAS

1. ¿Por qué está desconsolado Paco Delgado?
2. ¿Qué hora es?
3. ¿Cuándo llamaron al mecánico?
4. ¿A qué hora le volvieron a llamar?
5. ¿Por qué dice Paco que no le gusta ese televisor?
- 6. ¿Desde cuándo no funciona el televisor?
7. ¿Cuándo lo compraron los Delgado?
8. ¿Dónde empieza a trabajar el mecánico?
9. ¿Comó está el suelo dentro de diez minutos?
10. ¿Qué le dice Paco por fin?
11. ¿Por qué no ve muy bien hoy el mecánico?
12. ¿Qué hace ahora el mecánico?
13. ¿Qué descubre Paco? (What does Paco discover?)
14. ¿Qué quiere ser Paco algún día?

DISCUSIÓN

1. ¿Cuántos televisores tiene Ud. en su casa? ¿Tiene muchos problemas con
ellos? ¿Cuántas radios hay en su casa? ¿Tiene Ud. su propia radio o su
propio televisor?
2. ¿Qué otros aparatos tiene su familia en la casa? ¿Tienen Uds. una máquina
de lavar (washing machine)? ¿O un lavaplatos (dishwasher) eléctrico? ¿O
una secadora (dryer)? ¿Tiene que ir a su casa frecuentemente el mecánico?

188

VOCABULARIO ACTIVO

44. The Preterite: First and Third Person Plural

	hablar	**comer**	**abrir**
(nosotros)	hablamos	comimos	abrimos
(ellos) (ellas) (Uds.)	hablaron	comieron	abrieron

And, as we have said, stem-changing verbs that end in *-ar* or *-er* are conjugated just like regular verbs.

	cerrar	**contar**	**perder**	**volver**
(nosotros)	cerramos	contamos	perdimos	volvimos
(ellos) (ellas) (Uds.)	cerraron	contaron	perdieron	volvieron

¿Con quiénes hablaron Uds.?
—Hablamos con el jefe.
¿A qué hora comieron Uds.?
—Comimos a las nueve.
¿Cerraron ya las puertas?
—Todavía no.
¿Ganamos o perdimos el partido?—Uds. perdieron.

With whom did you speak?
—We spoke with the boss.
At what time did you eat?
—We ate at nine o'clock.
Did they close the doors already?—Not yet.
Did we win or lose the game?
—You lost.

Ejercicios

A. Cambie al pretérito las frases siguientes:

1. Bajan inmediatamente.
2. No nos permiten ir.
3. Compramos[1] azúcar y arroz.
4. No entendemos esta lección.

---

1. Don't worry about the fact that the *nosotros* form is the same for both preterite and present in *-ar* verbs. You'll see in actual use that the rest of your sentence or conversation always clears it up. *Lo compramos ayer.* We bought it yesterday. *Lisi, si eres buena, te compramos algo en la tienda.* Lisi, if you're good, we'll buy you something in the store.

5. ¿Cuándo vuelven Uds.?

6. ¿Cuándo empiezan a jugar?

7. ¿No cubren los muebles?

8. Prometemos hacerlo.

9. Los niños las rompen.

10. ¿Cuánto pagan por la radio?

11. No bailan muy bien.

12. ¿Le gustan los huevos?

13. ¿Quién vende este aparato?

14. No pierdo mucho tiempo.

B. Lea los diálogos, y conteste las preguntas:

1. —Compramos las lámparas por cincuenta dólares y las vendimos por setenta.

   —¡Qué suerte!

   Conteste: a. ¿Cuánto dinero pagaron por las lámparas?

   b. ¿Por cuánto las vendieron?

   c. ¿Cuánto dinero ganaron en la transacción?

2. —Nosotros compramos un televisor por ochocientos pesos y nunca funcionó bien.

   —¿Entonces lo vendieron?

   —Sí, ¡por doscientos pesos!

   Conteste: a. ¿Por qué vendieron el televisor?

   b. ¿Cuánto perdieron en esta transacción?

3. —Salieron de casa (They left home) a las ocho.

   —¿Y cuándo llegaron aquí?

   —Pues los García llegaron a las ocho y cuarto y los Fernández llegaron casi a las nueve.

   Conteste: a. ¿Quiénes llegaron antes, los García o los Fernández?

   b. ¿Quiénes viven más lejos (farther away)?

4. —Juan y Enrique corrieron la milla (mile) en cuatro minutos.

   —¿Y los otros?

   —Los otros tomaron cuatro minutos y medio (four and a half . . .).

   Conteste: ¿Quiénes corrieron más rápidamente?

5. —¿Quiénes ganaron el partido?

   —Nosotros lo ganamos—102 a 98.

   —Me alegro.

   Conteste: ¿A qué deporte jugaron—al tenis, al béisbol o al básquetbol?

6. —¿Cuándo nacieron Uds. (were you born)?

   —Nacimos en 1950. Somos hermanos gemelos (twins).

   —¿Y dónde nacieron?

   —En Buenos Aires.

   Conteste: a. ¿Cuántos años tienen ahora los gemelos?

   b. ¿De qué nacionalidad son?

191

45. *This*, *These*, *That*, and *Those*

This, *these*, *that*, and *those* are called demonstratives because they demonstrate, they point out which one(s) we mean.

este chico	this boy	estos chicos	these kids
esta chica	this girl	estas chicas	these girls

Did you notice? In Spanish, *this and these both have "t's."*

Now *that* and *those* are very similar to *this* and *these*, except that they don't have *"t's."*

ese chico	that boy	esos chicos	those kids
esa chica	that girl	esas chicas	those girls

If something is way over there, Spanish has another way of saying *that* and *those*.

aquel día	that day (far off)	aquellos coches	those cars
aquella montaña	that mountain	aquellas casas	those houses
	(in the distance)		(way over there)

In other words

(near me)	(near you)	way over there

Ejercicios

A. Cambie según las indicaciones:
Por ejemplo: esta mesa (mesas) *estas mesas*

1. Este jabón (agua); ese día (noche); esta carne (carnes)
2. Estos huevos (sal); estas chicas (alumnos); este televisor (máquina)
3. Estos aparatos (tiendas); aquella mesa (tazas); aquel hombre (niños)
4. Aquellos tiempos (época); esta tarde (mañana); esa escuela (curso)
5. Aquella casa (piso); este disco (canción); esos coches (marcas)

B. Conteste en español:
1. ¿A qué hora se levantó Ud. esta mañana? (Me levanté a las . . .)
2. ¿Adónde va Ud. esta tarde?

192

3. ¿Va Ud. al cine esta noche?
4. ¿Le gusta a Ud. este libro?
5. El invierno. ¿Le gusta a Ud. esa estación del año? ¿Por qué?
6. Aquí están Gloria y Matilde. ¿Conoce Ud. a estas muchachas?
7. Allí están Luisa Paso y su amiga. ¿Conoce Ud. a esas señoras?
8. Mañana vienen los Animales. ¿Conocen Uds. a esos cantantes?
9. 1945. Fin de la Segunda Guerra Mundial (Second World War). ¿Recuerda Ud. aquellos tiempos?
10. El 12 de octubre de 1492. ¿Qué ocurrió aquel día?

46. More about the Demonstratives—*this one, that one, these* and *those*

a. Very often, instead of saying "this book" or "that book," we say "this one" or "that one," "these," or "those." In Spanish we make the change very easily. We simply take the normal demonstrative and put an accent mark over the stressed vowel: *este libro > éste; esos papeles > ésos.* The accent mark gives the demonstrative the strength to stand alone.

¿Quiere Ud. este lápiz?—No, no quiero éste. Prefiero ése.	Do you want this pencil?—No, I don't want this one. I prefer that one.
Éstos son más grandes que aquéllos.	These (masc. pl.) are bigger than those (over there).
Esta pluma no escribe tan bien como ésa.	This pen doesn't write as well as that one (near you).

b. Sometimes, however, we are not referring to any *particular* noun. We say *this* or *that* to point out a whole situation or idea. For example: *This is very interesting. That's right. That's what I want,* etc. And so, when we refer to *nothing specific,* we use the special forms *esto* and *eso,* both of which end in a (*zer*)o!

Esto es muy interesante.	This is very interesting.
¿Cree Ud. eso?	Do you believe that?
Ah, eso no es nada.	Oh, that's nothing.
¡Eso es!	That's it! That's right!

Ejercicios

A. Answer the following questions as freely as you can, but make sure that you use *éste, ése, aquél,* etc. in your replies.

Por ejemplo: ¿Le gusta esta silla? *Sí, me gusta ésta; Sí, me gusta ésta, pero me gusta más aquélla (o ésa),* etc.

193

1. ¿Le gustan estos guantes (gloves)?
2. ¿Le gusta esta foto[1] de María?
3. ¿Uds. van a comprar este coche?
4. ¿Quiere Ud. un poco de esta carne?
5. ¿Esta casa es de Ramón González?
6. ¿Esos chicos son sus primos?
7. ¿Prefiere Ud. esta lámpara o aquélla?
8. ¿Estas gafas son de su abuela?
9. ¿Sus amigos van a este colegio?
10. ¿Funciona mejor este televisor o aquél?

B. Now make up five original sentences that you can read to the class. They can deal with just about anything, as long as the Spanish is correct. Then as you read each one, one of your classmates will make a comment. Here are some that he can choose from. *You* can use them on other people's sentences, too.

1. «Ah, no me diga. ¡Eso es terrible!»
2. «Magnífico. ¡Esto es maravilloso!»
3. «Eso es. ¡Ud. es un genio (genius)!»
4. «¡Qué va! Eso es ridículo.»
5. «¿Y Ud. cree eso? ¡Parece imposible!»
6. «¿Quién dice eso? Yo no lo creo.»
7. «Esto es el fin y remate.» ("This is the far out end!")
8. «Esto es muy interesante. Pero no lo entiendo.»

If you want to, you can make up other answers. But don't forget to use *esto* and *eso* in each one.

C. Estudie bien los dibujos (drawings) y conteste las preguntas. Remember: the closest figure is *éste, ésta*; the next closest, *ése, ésa*; and the farthest, *aquél, aquélla*.

1. ¿Quién es más gordo, este señor o ése?
2. ¿Cuál lleva sombrero—éste o ése?
3. ¿Cuál de los dos está sentado?
4. ¿Y cuál está parado (standing)?

---

1. *La foto* is really an abbreviation of *la fotografía*.

194

1. ¿En qué mesa está el café?
2. ¿Dónde están los vasos de leche?
3. ¿En qué mesa está la torta de cumpleaños (birthday cake)?
4. ¿Cuántas personas van a venir a la fiesta?

4 PASATIEMPO

OLÉ

Olé es una versión tradicional española de *Bingo*, ¡una versión inventada en efecto especialmente para Uds.

Primer juego:

Write down ten verb forms in the preterite tense, and then arrange them in an alphabetical list. After your list is made, copy each of the forms onto a separate little slip of paper, and hand the ten slips to your teacher. Be sure to keep the original alphabetical list for yourself. When you get to class, each student's ten slips will be put in a large basket and mixed together. The teacher will begin the game of *Olé* by pulling out one slip at a time and reading the word on it to the class. As the teacher reads, if you have that word on your list of ten, check it off. The person who can check off all his ten words first wins. He must shout: *Olé*, stand up, and read his ten words for checking. *Premio* (Prize): ¡«A» *en español*!

Segundo juego:

Make an alphabetical list of ten idiomatic expressions. Copy them now onto separate little pieces of paper and hand them in . . . *Ud. sabe cómo hacerlo.* *Premio: una medalla de oro, incrustada de diamantes y otras joyas preciosas . . . ¡por supuesto!*

Tercer juego:

Do the same now with ten adjectives. *Premio: un viaje a España, ¡gratis!*

Cuarto juego:

Do the same, using numbers. *Premio: ¡Olé!*

El Hispano y Su Trabajo

Hay personas que piensan que el mundo hispánico
en todos sus aspectos tiene que ser diferente del nuestro.
Al contrario. El mundo hispánico es parte del mismo
mundo *occidental* que *compartimos nosotros.* Y aunque hay   Western ~ we share
5 variaciones según la geografía o el clima o las peculiari-
dades políticas del momento, su estructura fundamental
económica y social no es muy diferente de la nuestra.
Hispanoamérica tiene industrias como la del petróleo,
del azúcar, del café y del *cobre.* Y España acaba de conver-   copper
10 tirse en los últimos años en una nación manufactora de
automóviles, *barcos,* ropa y numerosos otros artículos   ships
para la exportación internacional. Existe ahora en las
ciudades hispánicas una clase media más grande y más
fuerte que antes. Y en muchas partes la nueva tecnología
15 se extiende también a la agricultura.

La caña de azúcar (*sugar cane*)
viene a ser procesada
en esta fábrica (factory)
de Turrialba, Costa Rica.

Pero sí todavía hay diferencias importantes. El hispano se caracteriza por su *gran* individualismo. Y por eso, no le gusta mucho la producción «*en serie*». *Antes que* producir un gran número de artículos todos *iguales*, prefiere
20 hacer las cosas una *por* una, *cuidadosamente*, artísticamente. Recuerdo a un viejo *artesano* que *conocimos* un día en Guanajuato, México, un verdadero artista en su profesión.

great

mass ~ Rather than

alike

by ~ carefully

craftsman ~ we met

El trajabador metalúrgico tiene que ser un experto en su profesión. Bilbao, España.

¡Qué montón (*pile*) de cajas!

«*¿Cuánto vale esta jarrita* azul?», le pregunté. «Diez pesos.», contestó. «Ah, bien. Entonces cuánto *nos cobra* por seis?»
25 «¿Iguales?» «Sí, iguales.» El *alfarero* pensó por un momento y respondió: «Señora, vendo una por diez pesos; dos por veinte y cinco, tres por cincuenta. Pero seis exactamente iguales, ¡no las hago por nada en este mundo! Ahora bien, si Ud. me permite hacerlas un poco diferentes,
30 un *poquitito* . . . »

How much is this little jar?

will you charge us

potter

just a little bit

Un sastre (*tailor*) trabaja en las calles de Ambato, Ecuador.

El hispano trabaja mucho más con las manos y con las *espaldas* que el norteamericano. A veces lo hace *por gusto*, y otras veces simplemente por la *falta* de tecnología moderna. No es nada anormal ver a una persona
35 *tirando un carro cargado hasta la cima* con artículos *pesados*. No es nada anormal ver a un hombre *llevando en sus espaldas una carga enorme*, o a un niño llevando cajas grandes llenas de *botellas* de agua o de Pepsi Cola. Sí, los niños trabajan en el mundo hispánico, y ganan *su pan*
40 junto con sus padres. Porque las familias son muy grandes y la gente es pobre, y la vida hace sus demandas *tanto al pequeño como a* la persona mayor.

shoulders

because he wants to ~ lack

pulling a cart loaded to the top ~ heavy
carrying on his shoulders an enormous load

bottles

their bread

of the child as well as of

PREGUNTAS

1. ¿Es muy diferente de la nuestra la estructura económica y social hispánica?
2. ¿Qué industrias importantes tiene Hispanoamérica?
3. ¿Qué artículos produce España?
4. ¿Por qué no le gusta mucho al hispano la producción «en serie»?
5. ¿Cómo le gusta hacer las cosas?
6. ¿Por qué hay mucho trabajo manual en los países hispánicos?
7. ¿Qué contribuyen a la economía los niños?

15 Lección Quince

CONVERSACIÓN

A. We're going to be very friendly today, *¿está bien?*

1. ¿Terminaste todo tu trabajo ayer?

Sí, terminé todo mi . . .
No, no terminé . . .

2. ¿Cuántas lecciones preparaste anoche?
3. ¿Llamaste a algunos amigos ayer?
4. ¿Cuántas veces contestaste el teléfono?
5. ¿Escuchaste algunos de tus discos?
6. ¿Compraste algo en la tienda?
7. ¿Te lavaste el pelo?

Sí, me lavé . . . No, . . .

8. ¿Peleaste (Did you fight) con uno de tus hermanos?
9. ¿A qué hora te levantaste esta mañana?

B.

1. ¿Viste a algunos de tus amigos ayer? (Did you see . . . ?)

Sí, vi . . .
No, no vi . . .

2. ¿A qué hora volviste a casa?
3. ¿A qué hora comiste anoche?
4. ¿Dormiste (Did you sleep) bien toda la noche?
5. ¿Recibiste una carta de un amigo?

199

6. ¿Escribiste a tus primos?
7. ¿Conociste (Did you meet) a una persona
    interesante esta semana?
8. ¿Perdiste algo en la calle el otro día?

C. Now in Spain, you would use these second person plural forms:

1. ¿Cerrasteis las puertas?   Sí, cerramos . . .
2. ¿Llamasteis a algunos amigos ayer?
3. ¿Comprendisteis la lección?   Sí, comprendimos . . .
4. ¿Vivisteis alguna vez en otro país? (Did   Sí, vivimos . . .
   you ever live . . . ?)

ESCENAS DE LA VIDA

En Familia

(SR.: Sr. Ernesto Campos   SRA.: Sra. Campos
ENR.: Enrique, el hijo mayor, 16 años
D.: David, 14 años, hermano *gemelo* de Daniela   twin
DAN.: Daniela   ELISA: 6 años)

    Es la hora de comer, y la familia Campos está sentada
a la mesa.

    D.: Daniela, ¿me quieres pasar la carne?
    DAN.: ¿Otra vez? Ya *comiste bastante para* cinco personas.   you ate enough for
5 D.: *¿Y a ti qué te importa?*   What business is it
    SR.: Daniela, si alguien te pide algo, se lo das, sin co-   of *yours*?
      mentar. ¿Entiendes?
      (Daniela *calla*, y le pasa la *bandeja* de la carne a David).   says no more ~ platter
    D.: (un poco sarcástico) Gracias, querida hermana.
10   (Daniela no dice nada. Sólo le dirige una *mirada*   look
      furiosa.)
    SRA.: Daniela, ¿por qué *no le respondiste* a David? ¿Tan   didn't you answer
    difícil es decir «De nada»?   Is it so hard to say
    DAN.: Porque me habló sarcásticamente, y *por eso* no   that's why
15 le contesté.
    D.: (a Daniela) Pues *tú empezaste.*   you began.
    DAN.: Tú empezaste ayer.
    SR.: Y ahora *los dos acabaron.* ¿Por qué tienen que *pelear*   you've both finished ~ fight

200

todo el tiempo? *No aguanto* eso.　　　　　　　　I can't stand

20 ENR.: Pero, papá, David tiene razón. Daniela casi siempre
　　　　está de mal humor ahora.

　　D.: Creo que está enamorada.

　　DAN.: No estoy enamorada.

　　ENR.: Pues *algo le ocurre.* Como el otro día . . .　　something's the matter
　　　　　　　　　　　　　　　　　　　　　　　　　　　with her
25 ELISA: Mamá, no quiero *más* arroz.　　　　　　　any more

　　SRA.: ¿Qué pasó el otro día, Enrique?

● DAN.: ¡Enrique! Me prometiste no decirle nada a mamá.

　　SR.: ¿Qué pasó el otro día? Yo lo quiero saber.

　　DAN.: ¿Ahora *ven?* ¡Todos *contra* mí! *Así son los hombres.*　(Spain: veis) ~ against ~
　　　　　　　　　　　　　　　　　　　　　　　　　　　That's how men are.
30 SR.: Enrique, ¿qué pasó?

　　ENR.: Nada. Nada de importancia. Realmente, papá.

　　ELISA: Yo lo sé, papá. Daniela *rompió un frasco* de perfume　broke a bottle
　　　　de mamá. . . . Mamá, no quiero más *leche.*　　　　milk

　　SRA.: ¿Qué frasco de perfume rompiste, Daniela?
　　　　　　　　　　　　　　　　　　　　　　　　　　　The new one. I'm sorry
35 DAN.: *El nuevo. Lo siento,* mamá.

　　SRA.: (a su esposo) *¿Oíste,* Ernesto?—*el que* tú me com-　Did you hear ~ the
　　　　praste para nuestro aniversario.　　　　　　　　　one that

　　SR.: ¡Una fortuna me costó!.

　　ELISA: Y tu *espejo dorado.* . . . Mamá, ¿tengo que comer　gold mirror
40 las *espinacas?* No me gustan *las legumbres.*　　　spinach ~ vegetables

　　SRA.: Pero eso es imposible. Esta *misma* mañana vi el　very
　　　　espejo y el frasco de perfume en mi *tocador.*　　dresser

　　ENR.: Es que Daniela vendió su radio para comprarte
　　　　otro frasco.

45 SRA.: Ah, Daniela. ¿Vendiste tu radio? *No debiste. No*　You shouldn't have.
　　me *importan* mucho los perfumes. Realmente.　　aren't important

　　ELISA: MAMÁ, NO QUIERO MÁS LECHE.

　　DAN.: Y David vendió su cámara para comprarte un
　　　　espejo *casi igual.*　　　　　　　　　　　　　almost identical

50　　(La señora Campos empieza a *llorar,* y Daniela la　cry
　　　　acompaña.)

　　SRA.: Mis hijos. *Tan buenos como son.* Soy la mujer *más*　Oh, they're so good.
　　　　feliz del mundo.　　　　　　　　　　　　　　happiest in the world

　　SR.: *Vamos,* vamos . . . *Las mujeres* . . . *¿Ya vieron?* Cuando　Come now ~ Women ~
55 están *contentas,* lloran . . . Y con una comida tan *rica*　Did you see? ~ happy ~
　　en la mesa . . . Daniela, ¿me quieres pasar la carne?　delicious

　　DAN.: Cómo no, papá.

　　SRA.: Ernesto, *¿no te parece* que ya comiste bastante para　don't you think
　　　　cinco . . . ?

VOCABULARIO ACTIVO

espejo — mirror

cámara — camera

frasco — small bottle

bandeja — tray

el tocador — dressing table

parecen iguales — they seem equal
parecer (parezco) — to seem, appear

igual — equal, the same

una mirada — a look
mirar

responder — contestar — to answer

sí

la leche — milk

(las) legumbres — vegetables

llorar — to cry

pelear — to fight, argue
uno contra otro — against

lo siento

no importa — It doesn't matter

contenta — pleased, happy

los dos (las dos) están contentos — both

callar(se) — to hush up, be quiet

por eso — therefore, that's why

PREGUNTAS

1. ¿Dónde está ahora la familia Campos?
2. ¿Cómo se llaman los hijos y cuántos años tienen?
3. ¿Qué pide David a su hermana Daniela? ¿Cómo le contesta Daniela?
4. ¿Qué dice el señor Campos?
5. ¿Qué dice David cuando Daniela le pasa la carne?
6. ¿Por qué no quiere contestarle Daniela?
7. ¿Qué dice Enrique ahora acerca de Daniela?
8. ¿Qué secreto revela la pequeña Elisa? ¿Qué más rompió Daniela?
9. ¿Qué vendió para comprarle otro frasco de perfume a su mamá?
10. ¿Por qué vendió David su cámara?
11. ¿Qué hace la señora Campos cuando le dicen todo esto?
12. ¿Qué pide ahora el señor Campos a Daniela? ¿Qué le dice su esposa?

DISCUSIÓN

1. ¿Cuántas personas hay en la familia de Ud.? ¿Cuántos años tienen? ¿Hay gemelos en su familia? ¿Pelea Ud. con sus hermanos?
2. ¿Conoce Ud. a una familia como los Campos? ¿Le gustan a Ud. los Campos? ¿Le parecen a Ud. hermanos típicos Daniela y David? ¿Por qué? ¿Qué piensa Ud. de Enrique? ¿Y de Elisa? ¿Es como la señora Campos la madre de Ud.? ¿Es como el señor Campos el padre de Ud.?

ESTRUCTURA

47. The Preterite: Second Person

a. Here is the second person, singular and plural, of the preterite. You must have noticed by now that *-er* and *-ir* regular verbs are exactly alike in the preterite.

	hablar	**comer**	**abrir**
(tú)	hablaste	comiste	abriste
(vosotros)	hablasteis	comisteis	abristeis

b. Here again, stem-changing verbs that end in *-ar* or *-er* are just like regular verbs.

	cerrar	**contar**	**perder**	**volver**
(tú)	cerraste	contaste	perdiste	volviste
(vosotros)	cerrasteis	contasteis	perdisteis	volvisteis

¿Hablaste en español?—No. Hablé en inglés.	Did you speak in Spanish?— No. I spoke in English.
Ramón, ¿por qué no comiste? —Pero mamá, comí mucho.	Ray, why didn't you eat?—But Mom, I ate a lot.
¿Le contasteis la historia?—Sí, se la contamos.	Did you tell him the story? —Yes, we told (it to) him.

Ejercicios

A. Conteste afirmativamente las preguntas siguientes:

Por ejemplo: ¿Acabaste ya la carta? *Sí, ya acabé la carta.*

1. ¿Compraste el coche?
2. ¿Vendiste el viejo televisor?
3. ¿Rompiste mi frasco de perfume?
4. ¿Rompiste también mi bandeja?
5. ¿Saliste con el perro?
6. ¿Volviste temprano?
7. ¿Llegasteis ayer?
8. ¿Escribisteis los ejercicios?

B. Conteste, escogiendo (*choosing*) una de las alternativas:

Por ejemplo: ¿Trabajaste hoy o ayer? *Trabajé ayer.*

¿Compraste vasos o tazas? *Compré vasos.*

1. ¿Tomaste leche o café?
2. ¿Escribiste una composición o un poema?
3. ¿Invitaste a María o a Rosario?
4. ¿Invitaste a todos los chicos o sólo a algunos?
5. ¿Miraste la televisión o escuchaste la radio anoche?
6. ¿Llamaste tarde o temprano?
7. ¿Comiste huevos o carne?
8. ¿Comiste legumbres o arroz?
9. ¿Perdiste cinco pesos o diez?
10. ¿Viste a Juan o a Rodrigo?

48. Review of the Preterite Tense

		comprar	vender	vivir
Sing.	1	compré	vendí	viví
	2	compraste	vendiste	viviste
	3	compró	vendió	vivió
Pl.	1	compramos	vendimos	vivimos
	2	comprasteis	vendisteis	vivisteis
	3	compraron	vendieron	vivieron

Ejercicios

    A. Lea los diálogos, y después conteste las preguntas:

1. —¿A qué hora empezó la fiesta?
 —Empezó a las diez de la noche y terminó a la una de la mañana.
 Conteste: a. ¿Terminó tarde o temprano la fiesta?
            b. ¿Cuántas horas duró (did it last)?

2. —Alfredo, ¿cuántos discos compraste?
 —Sólo dos. Gasté todo mi dinero en el tocadiscos nuevo.
 Conteste: a. ¿Por qué no compró más discos Alfredo?
            b. ¿Cuánto dinero cree Ud. que le costó?

3. —¿A qué hora salieron Uds. de Chicago?
 —Salimos a las dos de la tarde, y en tres horas llegamos a San Francisco.
 Conteste: a. ¿A qué hora llegaron a San Francisco?
            b. ¿Tomaron el tren o el avión (plane)?

4. —Sra. Blanco, ¿ya volvió de Europa Carlos?
 —Sí. Salió de París el lunes pasado (last Monday), y llegó a Nueva York el viernes por la tarde.
 Conteste: a. ¿Viajó Carlos en barco (ship) o en avión?
            b. En su opinión, ¿quién es Carlos?

5. —Chico, ¿por qué no apagaste ya la televisión?
 —Por favor papá, quiero ver un programa más. Sólo éste.
 —No. Empezaste a mirarla a las cinco y ahora son las ocho.
 Conteste: a. ¿Por qué no apagó el niño la televisión?
            b. ¿Por cuántas horas la miró ya?

    B. ¿Puede Ud. encontrar en el Grupo 2 la conclusión de cada frase del Grupo 1?

1	2
¿No aprendieron	con un jabón nuevo. . . . el trabajo.
Me lavé el pelo hoy	. . . la bandeja de la carne? . . . a bailar
¿Por qué no pasaste	el Gorila? . . . o en coche? . . . un apa-
¿A qué hora	rato que no funciona. . . . esa carta? . . .
¿No le gustaron	los huevos? . . . salieron? . . . bajamos
¿Quién le escribió	inmediatamente.
Papá nos llamó, y	
¿Viajaron en tren	
No aceptamos	
Nos vendieron	

49. Special Uses of the Definite Article

In Spanish we use the definite article much more than we do in English. Here are some of the special cases in which it appears.

a. The definite article is used when we talk about something as a whole or in general. If ever we can insert the idea "some" or "any," the article disappears.

El pan vale más que *el* oro.	Bread is worth more than gold. (Bread as a whole)
Así son *los* hombres.	That's how men are. (Men in general)
La vida es hermosa.	Life is beautiful.
No me gustan *las* legumbres.	I don't like vegetables (in general).
But: Queremos pan, no torta.	We want (some) bread, not cake.
No como legumbres.	I don't eat vegetables.

b. It can turn an adjective into a noun.

El joven; la joven; los jóvenes	The young man; the young lady; young people
Los ricos y los pobres	The rich and the poor
Me gusta más el nuevo. —A mí me gusta el viejo.	I like the new one better. —I like the old one.

c. And very often, it is used in order to avoid repeating a noun.

¿Qué espejo rompiste? —*El* que te compró papá.	Which mirror did you break?— The one (the mirror) that Dad bought you.
¿Necesitan todos los libros?— No, sólo *los* que están en la mesa.	Do they need all the books?— No, only the ones that are on the desk.
Mi coche y *el* de Pablo son negros.	My car and Paul's (car—the one of Paul) are black.
Nuestra casa y *la* de los vecinos son iguales.	Our house and the neighbors' (house) are alike.

Ejercicios

A. Termine de una manera original (¡muy original, por favor!):

1. La vida es . . . 2. El amor es . . . 3. La educación es . . . 4. Los hombres son . . . 5. Los maestros son . . . 6. Las mujeres son . . . 7. La felicidad (Happiness) es . . .

B. Aquí tenemos algunas expresiones muy familiares. ¿Puede Ud. completarlas usando las palabras siguientes?

el dinero . . . la historia . . . el amor . . . la guerra (war) . . . hombre . . . la caridad (charity) . . . la sangre (blood) . . . el p‿rro . . . el agua . . .

1. . . . se repite. 2. . . . comienza en casa. 3. . . . es más espesa que (thicker than) . . . 4. . . . es el mejor amigo del . . . 5. Todo es justo en . . . y en . . .
6. . . . es la raíz (root) de todo mal (evil).

C. Conteste ahora, escogiendo la segunda alternativa:
Por ejemplo: ¿Le gusta más esta casa o la de Amelia? *Me gusta más la de Amelia.* ¿Quiere Ud. este espejo o el que está en el tocador? *Quiero el que está en el tocador.*

1. ¿Tiene Ud. mi sombrero o el de Luis?
2. ¿Está más cerca nuestra escuela o la de ellos?
3. ¿Está Ud. en la clase de 1978 o en la de 1979?
4. ¿Les gusta más este coche o el azul?
5. ¿Vendieron la casa nueva o la vieja?
6. ¿Quiere Ud. la bandeja de la carne o la de las legumbres?
7. ¿Visitaron primero el museo de arte o el de ciencias naturales?
8. ¿Le gustan más los lápices automáticos o los ordinarios?
9. ¿Cuál es mejor—el perfume que yo compré o el que Diego mandó?
10. ¿Son más cómodas (comfortable) las sillas pequeñas o las grandes?

Ahora conteste las mismas preguntas escogiendo la primera alternativa.

 PASATIEMPO

¿QUIÉN SOY?

Escriba una pequeña biografía de una persona famosa, o posiblemente de uno de sus amigos, pero no diga el nombre de la persona. Después de escuchar su biografía, sus compañeros tienen que adivinar (guess) quién es. Ud. puede emplear expresiones como: «Nací (I was born) el (*fecha de nacimiento*) en (*lugar*). Estudié en . . . Pasé la mayor parte de mi vida en . . . Soy famoso (famosa) por . . . Fui (I was) famoso por . . . Llegué a ser (I became) . . . Morí en. . . .» Naturalmente, Ud. puede usar otras expresiones originales para hacer más interesante el juego. (A propósito, cada biografía debe durar entre medio minuto y cuarenta segundos, no más.) ¿De quién va a escribir Ud.?

Sobre Mercados y Supermercados

Markets

«La *tierra* del supermercado», llaman a los Estados
Unidos. La tierra de comidas *congeladas* y *panes envueltos
en papel*. ¿Y no hay supermercados en el mundo hispánico? Sí, *los hay*, hoy más que antes, pero sólo en los
5 grandes centros, o donde *se siente* la influencia norteamericana. España y la América latina tienen todavía
sus mercados tradicionales, a veces *al aire libre*, otras
veces *bajo un techo* permanente o *improvisado*. Pero con
techo o sin techo, el mercado general es el *lugar* principal
10 donde la familia de *medios* ordinarios hace *sus compras*.
Y en los pueblos pequeños, frecuentemente es el único
lugar.

    El mercado tradicional consiste en numerosos *puestos*
donde se venden carnes, pescados, *verduras*, *quesos*,
15 *zapatos*, *ropa* y artículos de la casa, todo junto. *Por la*

land
frozen ∼ breads wrapped

there *are*
is felt

in the open air
under a roof ∼ temporary
place
means ∼ its purchases

booths
greens, cheeses, shoes,
  clothes

El mundo hispánico tiene
sus supermercados también.
Ciudad de Panamá.

208

«Pollos vivos . . . Especial hoy.»
Ciudad de Panamá.

Vendedores de ropa en un
mercado popular. Ambato, Ecuador.

falta de refrigeración en muchas partes, los pollos corren *vivos* en el mercado, o *chillan* en cajas de *madera*. Y cuando viene la *cliente* a comprar uno, el *carnicero lo mata delante de sus ojos*. También por la falta de refrigeración en
20 muchas de las casas, la señora de la casa (o su criada) tiene que ir al mercado todos los días, y *no guarda* casi nada para el día *siguiente*.

    Además del mercado popular, también hay tiendas individuales, como las nuestras. A veces, en los distritos
25 rurales una sola tienda *provee* todas las necesidades de la comunidad. ¡Y en la pampa argentina, las «pulperías» son una combinación de tienda, taberna y centro social para toda la región! Pero por lo general, esas tiendas rurales venden poco más que *comestibles*. Y la razón es
30 *sencilla*. La gente es pobre, y no tiene dinero para comprar ropa ni otras cosas. Así, el hispano *se asombra al* ver los artículos de *lujo* que venden las tiendas norteamericanas, ¡aun para *perros*! En el mundo hispánico, los perros *llevan una «vida de perro»*.

35   *En fin,* los mismos contrastes que existen en otros aspectos de la vida hispana *se revelan* también en sus tiendas y mercados. Y las contradicciones continúan. ¡Aun en la gran ciudad de Madrid, moderna y elegante, todavía hay en ciertas calles unas «*lecherías de vaca*»,
40 donde uno puede comprar leche *ordeñada* en aquel mismo momento! Contrastes, contradicciones . . . mundo hispano.

Glossary (right column):

- Due to the lack
- live ~ shriek ~ wood
- customer ~ butcher kills it before her eyes
- doesn't keep
- next
- provides for
- foods
- simple
- is amazed to
- luxury
- dogs
- lead a "dog's life"
- To sum up
- are revealed
- "cow dairy-barns"
- milked

PREGUNTAS

1. ¿Hay muchos supermercados en el mundo hispánico?
2. ¿Dónde hacen sus compras muchas familias de medios ordinarios?
3. ¿Qué artículos venden en esos mercados?
4. ¿Por qué corren vivos muchas veces los pollos en el mercado?
5. ¿Qué otras tiendas hay además del mercado tradicional?
6. ¿Por qué venden casi exclusivamente comestibles las tiendas rurales?
7. ¿Qué grandes contrastes hay en la vida hispana?

3 REPASO

1 REPASO DE GRAMÁTICA

A. Estudie el presente del indicativo de los verbos de cambios radicales (stem-changing verbs) y de *querer y poder* (38). Ahora use *cinco* de esos verbos en oraciones originales.

B. Repase los objetos directos, indirectos y reflexivos, con el uso especial de *se* (35–37, 39–41 y la página 367).

Ahora conteste las preguntas siguientes, usando pronombres en lugar de los objetos indicados. (*Now answer, using pronouns in place of the objects given.*)

1. ¿Me da Ud. *su palabra*?
2. ¿Vamos a mandarles *el dinero*?
3. ¿No quiere Ud. decirnos *la razón*?
4. ¿Vas a comprarte *zapatos* hoy?
5. ¿No le contesta Ud. *las preguntas*?

C. Which replies in Group **2** correspond to the statements in **1**?

1	2
¿Recuerdas a Juanito Gómez?	Voy a darle una buena comida.
¿Por qué cuentas los huevos?	Siempre. Y con todo el corazón.
El pobre se muere de hambre.	Ah, sí. Le recuerdo muy bien.
¿Se divierten Uds.?	Ahora no. Tal vez mañana.
¿Piensas en mí de vez en cuando?	Muchísimo. Es una fiesta maravillosa.
¿Vas a dármelos ahora?	Porque son muy caros.

D. Repase el pretérito de los verbos regulares (41–42, 44, 47–48) y complete después de una manera original:

1. Carmen me . . . por teléfono esta tarde. —¿ . . . mucho con ella?

2. ¿Quién . . . estas cartas? —Mi hermano José las . . .

3. ¿ . . . esos vestidos? —No todos. Elena . . . algunos también.

4. No nos . . . la casa. —¿Por qué? —No sé.

5. ¿Quién . . . esta lámpara? —El hijo de mi vecina.

E. Ahora estudie una vez más los demostrativos (45–46) y úselos para completar las frases siguientes:

1. Mis padres volvieron a casa muy temprano . . . tarde.

2. ¿Le gusta más . . . espejo o . . . ? —Me gustan los dos.

3. ¿Ve Ud. . . . montañas en la distancia? —No veo nada con . . . gafas.

4. ¿Por qué no prepararon Uds. mejor . . . tarea? ¿Es que no les gusta trabajar? Pues . . . es muy malo, ¿saben?

5. . . . niños pelearon todo el tiempo. — . . . no pelean nunca. —¡Qué va, hombre! No lo creo.

2 ESTUDIO DE VOCABULARIO

A. Can you find two words in each group that do not belong with the others?

1. televisor, aparato, mecánico, leche, funcionar, sal, radio
2. leche, huevos, gafas, azúcar, arroz, pollo, mirada, legumbres
3. ojos, gafas, callarse, mirar, ver, pelear, leer, estudiar
4. tienda, coche, marca, comprar, vender, dinero, dirección, caja
5. peinar, lavar, pelo, manos, limpio, cansado, peine, loco, jabón
6. reloj, jabón, hora, tiempo, la una, tarde, temprano, suelo

B. ¿Puede Ud. decir lo opuesto de las palabras siguientes?

empezar, callar, nunca, débil, tarde, volver, aquí, responder

3 PEQUEÑO TEATRO

Escriba diálogos originales de unas ocho a diez líneas:

1. Dos maestras (o maestros) hablan de sus alumnos. (XI)
2. Una señora entra en una tienda para comprar comestibles. (XII)
3. Dos señoras hablan de sus vecinas. (XIII)
4. Un niño quiere ver un programa de televisión, pero el aparato no funciona. (XIV)
5. El mecánico viene para arreglar un televisor. (XIV)
6. Estamos en casa de una familia a la hora de la comida. (XV)

VERB APPENDIX

Regular Verbs

Infinitive

llorar *to cry*   beber *to drink*   vivir *to live*

Present Indicative

I cry, am crying, do cry   *I drink, am drinking, do drink*   *I live, am living, do live*

lloro	bebo	vivo
lloras	bebes	vives
llora	bebe	vive
lloramos	bebemos	vivimos
lloráis	bebéis	vivís
lloran	beben	viven

Preterite

I cried   *I drank*   *I lived*

lloré	bebí	viví
lloraste	bebiste	viviste
lloró	bebió	vivió
lloramos	bebimos	vivimos
llorasteis	bebisteis	vivisteis
lloraron	bebieron	vivieron

VOCABULARIOS

All words that appear in the text are included here, except for exact or very close cognates. Active vocabulary is shown in *blue*. The following abbreviations are used.

adj.	adjective	*obj.*	object
adv.	adverb	*pl.*	plural
conj.	conjunction	*prep.*	preposition
f.	feminine	*pron.*	pronoun
m.	masculine	*sing.*	singular
n.	noun	*v.*	verb

Gender is shown for all nouns, except masculine nouns that end in **-o,** feminine nouns that end in **-a,** or nouns referring to male or female beings. Irregular verbs are marked with an asterisk: **tener*, venir*.** Stem-changing verbs have the change indicated in parentheses: **cerrar (ie), contar (ue), pedir (i).** Verbs like **conocer** have **(zco)** in parentheses. Verbs ending in **-ducir** follow the pattern of **conducir***, those ending in **-eer** are conjugated like **creer***, and those ending in **-uir** follow **huir*.** Spelling-changing verbs are shown by italicizing the affected consonant. Also, wherever it is appropriate, synonyms are given for words whose English translation may cause difficulty.

Español-Inglés

a to; **— las ocho** at eight o'clock; **— lo menos** at least; **— propósito** by the way; **— que** I'll bet that . . . ; **— solas** alone; **— veces** at times
abandonar to abandon
abrazar to embrace, hug
abierto *adj.* open
abrigo overcoat
abril April
abrir to open
absoluto absolute; **en —** absolutely not
abuela grandmother
abuelita granny
abuelo grandfather; *pl.* grandparents
abundar to abound, be plentiful
aburrir to bore
acá here
acabar to finish; **— de** to have just
acariciar to caress
aceite *m.* olive oil; oil
acento accent
aceptar to accept
acera sidewalk
acerca de about, concerning
acercarse(a) to approach
acompañado (de) accompanied (by)
acompañar to accompany

acondicionado conditioned
aconsejar to advise
acordar (ue) to agree
acostar (ue) to put to bed; **—se** to go to bed
acostumbrado accustomed
actitud *f.* attitude
actriz actress
acuerdo agreement; **de —** agreed, all right
adelante forward; onward; **hacia —** forward
adelgazar to become slim
ademán *m.* gesture
además *adv.* besides; **— de** *prep.* beside, aside from
adiós goodbye
adivinar to guess
adjetivo adjective
admirador *n.* admirer; *adj.* admiring
admitir to admit
adonde (to) where
¿Adónde? (To) where?
adondequiera (to) wherever
adoptar to adopt
adorar to adore, worship
aéreo *adj.* air; aerial

aeropuerto airport
afortunado lucky, fortunate
afueras *f. pl.* outskirts
agarrado clutching, holding on to
agitado upset; agitated
agitar to agitate; upset; stir
agosto August
agrícola agricultural
agua water
aguador *m.* waterseller
aguantar to put up with, endure
ahí there (near you); — **mismo** right over there; **por** — around there
ahora now; — **bien** now then; —**mismo** right now
aire *m.* air; **al** — **libre** in open air
aislado isolated
ajo garlic
al (contraction) to the; — **año** per year; — **principio** at the beginning; — + **infinitive** upon (doing something); — **oído** into someone's ear; — **ver** upon seeing
ala wing; brim (of a hat)
alabar to praise
alambre *m.* wire
alcanzar to reach; attain
alcoba bedroom
aldea town
alegrar to make happy; —**se de** to be happy about (something); **Me alegro.** I'm glad.
alegre gay, happy
alemán, alemana German
alfabeto alphabet
alfiler *m.* pin
algo something; *adv.* somewhat
alguien someone, somebody
algún, alguno, alguna, algunos, etc. some one (or several) of a group
alma soul
almacén *m.* store; warehouse
almorzar (ue) to have lunch
almuerzo lunch
alojamiento lodging
alquiler *m.* rent
alrededor (de) around
alto high; upper; loud (of a voice)
alumno pupil
alzar to raise

allí there
amable pleasant, nice
amado beloved
amante *m.* lover; *adj.* loving, fond of
amar to love
amargo bitter
amarillo yellow
ambos both
amigo friend
amistad *f.* friendship
amo master, boss
amontonado piled up
amontonar(se) to pile up
amor *m.* love
amoroso amorous, loving; pertaining to love
amplio broad
analfabetismo illiteracy, inability to read or write
analfabeto illiterate, unable to read or write
anaranjado orange-colored
anarquista anarchist, one who doesn't believe in organized government
ancho wide; broad
andar* to walk; go about
andino Andean, referring to the Andes
anillo ring
anoche last night
anormal abnormal
ante before, in front of; faced with; on the subject of
anteojos eyeglasses
antes *adv.* before; beforehand; — **de** *prep.* before
anticuado antiquated, out-of-date
antiguo old, ancient; former
anunciar to announce
añadir to add
año year; **tener . . años** to be . . . years old; **¿Cuántos años tienes?** How old are you?
apagar to turn off, put out
aparato set, mechanical apparatus
aparecer (zco) to appear
apartar to move away
apasionado passionate
apellido last name, surname
apenas hardly, scarcely
apetecer (zco) to be appetizing; desire

aplastar   to crush
aplausos *m. pl.*   applause
apodo   nickname
aprender   to learn
aprendizaje *m.*   apprenticeship
aprobar (ue)   to approve; pass (an exam)
aprovechar(se) (de)   to take advantage of
apuesta   bet
aquel, aquella, aquellos, aquellas, *adj.*
   that, those (over there); aquél, aquélla,
   etc., *pron.*   that one, those
aquí   here
árabe   Arab; Arabic
arar   to plow
árbitro   referee, umpire
árbol *m.*   tree
ardilla   squirrel
arena   sand
argentino   Argentinian
árido   arid, dry
arma   arm (weapon)
armadillo   a burrowing, bony-plated animal common to South America
armonía   harmony
aro   hoop
arquitecto   architect
arquitectura   architecture
arreglar   to arrange; fix
arroyo   stream
arroz *m.*   rice
artículo   article; — **de vestir**   article of
   clothing
asado   roasted
asaltar   to attack, assault
asesinato   assassination; murder
así   thus, so; like this, like that; — **es** . . .
   so it is . . . ; — **que**   and so . . . ; as
   soon as
asiático   Asian
asiento   seat
asistir (a)   to attend (a function)
asombrar   to astonish, surprise; —**se de**
   to be astonished about
asombroso   amazing, astonishing
astro   star
Asunción *f.*   Assumption, a religious festival
aterrar (ie)   to terrify
atleta *m.* and *f.*   athlete
atrás *adv.*   back(ward); **hacia** —   back-

ward, toward the back; **de** —   back (referring to a seat, a bumper, etc.)
atreverse (a)   to dare
aun   even
aún   still, yet
aunque   although, even though
ausencia   absence
ausente   absent
austero   austere, severe, harsh
autobús *m.*   bus
automóvil *m.*   automobile
avanzado   advanced
avisar   to notify; warn
ayer   yesterday; — por la mañana   yesterday morning
ayuda   help
ayudar (a)   to help
azafrán *m.*   saffron
azúcar *m.*   sugar
azul   blue

bailador(a)   dancer
bailar   to dance
bailarín, bailarina   dancer
baile *m.*   dance
bajar   to go down; lower, get off (a car,
   train, etc.)
bajito   on the short side
bajo *adj.*   low; short (in height); *prep.*
   under, below
balcón *m.*   balcony
banco   bank
bandeja   tray
bandera   flag, banner
banderillero   one of the participants in
   the bullfight
bandido   bandit
bañar(se)   to bathe
baño   bath
barato   cheap, inexpensive
barco   ship
barrio   neighborhood
barro   clay
bastante   enough; rather, somewhat
bastar   to be enough; suffice
bata   bathrobe
beber   to drink
béisbol *m.*   baseball
Belén   Bethlehem
bello   beautiful

besar to kiss

beso kiss

Biblia Bible

biblioteca library

bien *adv.* well; **más —** rather; ¿Está —? All right?; *m.* good; *m. pl.* goods, possessions

bienvenida welcome

bienvenido *adj.* welcome

bigote *m.* mustache

billete *m.* ticket; **— de ida y vuelta** round-trip ticket

bisabuelo great-grandfather; ancestor

bisté *m.* beefsteak

blanco white

blusa blouse

boca mouth

bocado mouthful

boda wedding

boleto ticket (Span. Am.)

bolos *m. pl.* bowling

bolsillo pocket

bombero fireman

bonito pretty

boticario druggist

botón *m.* button

brasileño Brazilian

brazo arm

breve brief, short

bicicleta bicycle

brillante brilliant

brillar to shine

británico British

bruja witch

buen, bueno good; **buen mozo** handsome

buey *m.* ox

bufanda scarf

bulevar *m.* boulevard

burro donkey

busca search

buscar to look for

caballero gentleman

caballo horse; **a —** on horseback

cabeza head

cacao cocoa

cada each

cadena chain

caer* to fall; **—se** fall down

café *m.* coffee; cafe

caja box

calamar *m.* (generally *pl.*) squid

calcetín *m.* sock

cálculo calculation (generally *pl.*)

caldo broth

calidad *f.* quality

caliente hot; warm

calor *m.* heat; warmth; tener — to be (feel) warm; hacer — to be warm (outside)

calzoncillos *m. pl.* undershorts

callar(se) to be quiet, not speak

calle *f.* street

callejón *m.* alley

cama bed

cámara camera

camarero waiter

cambiable changeable

cambiar to change; exchange

cambio exchange; **en —** on the other hand

camello camel

caminar to walk

camino road; way

camisa shirt

campesino farmer, rural dweller

campo country (opposite of city)

canal *m.* canal; channel

canción *f.* song

cancha court (tennis, etc.)

cansado tired

cansar to tire; **—se** to get tired or bored

cantado sung

cantante *m.* and *f.* singer

cantar to sing

cantatriz *f.* singer

cantidad *f.* quantity

canto singing

capataz *m.* foreman

capital *f.* capital (city)

capitán captain

capítulo chapter

cara face

carácter *m.* character

¡Caramba! Gee whiz!

carecer (zco) (de) to lack, be lacking

Caribe *m.* Caribbean

caricatura cartoon; caricature

caridad *f.* charity

Carnaval *m.* Carnival

carne *f.* flesh; meat; — **de res** beef; — **picada** chopped meat

carnet *m.* driver's license

carnicería butcher shop; slaughter

carnicero butcher

caro dear, expensive

carpintero carpenter

carrera career; race

carretera highway

carro car; cart

carta letter; **jugar a las —s** to play cards

cartel *m.* poster, sign

casa house; a — home (after a verb of motion); en — at home

casado married

casamiento marriage

casar(se) (con) to marry

casi almost

caso case

castaño chestnut-colored, auburn

castañuelas *f. pl.* castanets

castellano Castilian

Castilla Castile

castillo castle

catalán Catalan, Catalonian

Cataluña Catalonia

catedral *f.* cathedral

catolicismo Catholicism

católico Catholic

catorce fourteen

causa cause; a — de because of

cebada barley

cebolla onion

ceder to cede, yield, give in

ceja eyebrow

celebrar to celebrate; —**se** take place

celeste celestial, heavenly

cenar to dine, have dinner

cenizas *f. pl.* ashes

centavo cent

centinela sentinel

centro center; downtown area of a city

cerca *adv.* near, nearby; — de *prep.* near

cerdo pig; pork

cerebro brain

cerrado closed

cerrar (ie) to close

cerveza beer

cesar to cease, stop

ciego blind

cielito darling

cielo sky; heaven

cien, ciento one hundred

ciencia science

cierto (a) certain

cigarrillo cigarette

cinco five

cincuenta fifty

cine *m.* movies; movie house

cinta tape; ribbon

cinturón *m.* belt

círculo circle

cita date, appointment

ciudad *f.* city

ciudadano citizen

clarín *m.* cornet

claro clear; light; — está of course; — que no of course not

clase *f.* class; classroom; kind

clavar to stick into, affix

clavel *m.* carnation

cliente, clienta customer

clientela clientele, customers

clima *m.* climate

cobarde coward(ly)

cobardía cowardice

cobrar to charge; collect

cocido *adj.* cooked; *n.* stew

cocina kitchen; cooking

cocinar to cook

coche *m.* car

cochinillo suckling pig

codazo nudge

código code

coger to catch, seize

cojear to limp

cola tail; long line

colegio school; high school; junior college

colgar (ue) to hang

colocado placed

colocar to place

colono colonist

columna column

collar *m.* necklace

comedia comedy; play

comedor *m.* dining room

comentar to comment (on)

comentario commentary

comenzar (ie) to begin
comer to eat
comerciante businessman
comestibles *m. pl.* foods; **tienda de —** grocery store
cómico comical, funny
comida meal; food; **— de etiqueta** formal dinner
como like; as; **tanto . . . —** as much as; **tan . . . —** as . . . as
¿Cómo? How?; What did you say?; **!— no!** Of course. Why not!
comodidad *f.* comfort
cómodo comfortable
compañía company
comparación *f.* comparison
comparado compared
comparar to compare
compás *m.* beat, rhythm
compatriota fellow countryman
compensar to compensate, make up for
complejo *adj.* complex, complicated; *n.* complex
completar to complete
com*poner* to compose; fix
compra purchase; **ir de — s** to go shopping
comprar to buy
comprender to understand
comprensión *f.* understanding; comprehension
compromiso compromise; engagement
común common
con with
conciencia consciousness; conscience; awareness
concluir (uyo) to conclude
condimentar to season
conducir* to conduct, lead; drive
confites *m. pl.* sweets, confections
congelado frozen
congelador *m.* freezer
conmigo with me
conocer (zco) to know (a person); be familiar or acquainted with
conocido *adj.* well-known; *m.* acquaintance
conocimientos *m. pl.* knowledge
conquistador *m.* conquistador, conqueror
conquistar to conquer

consciente conscious; aware
consejo (often *pl.*) advice
consejero adviser
consentir (ie) to consent; **— en** to consent to
conservador conservative
considerar to consider
consigo with him
constituir (uyo) to constitute, comprise, make up
construir (uyo) to build, construct
consumir to consume
consumo consumption
contado counted; **al —** cash
contar (ue) to count; tell, relate; **— con** count on
con*tener* to contain
contento content(ed), happy
contestación *f.* answer
contestar to answer
contigo with you (familiar sing.)
continente *m.* continent
continuar (úo) to continue
contra against
contrabando contraband; smuggling; **de —** as contraband
contrario contrary; **al —** on the contrary
conversar to converse, chat
convertir (ie) to convert
coñac *m.* brandy, cognac
copa stem-ware glass
copita a small glass (of brandy, etc.)
coquetear to flirt
corazón *m.* heart
corbata tie
cordillera mountain range
coro chorus; choir
coronel colonel
corral *m.* yard; corral
corregir (i) to correct
correr to run
corrida: — de toros bullfight
corrido a type of popular song of the Mexican revolution
corriente running; current
cortar to cut
corte *m.* cut
cortés polite, courteous
cortesía courtesy
corto short (in length)

cosa thing
cosecha crop
cosmopolita cosmopolitan, sophisticated
costa coast
costar (ue) to cost
costarricense Costa Rican
coste *m.* cost
costero coastal
costumbre *f.* custom
crear to create
crecer (zco) to grow
creer* to believe, think
criada maid
cristal *m.* glass pane; crystal
crucificado crucified
crucigrama *m.* crossword puzzle
cruz *f.* cross
cruzar to cross
cuadra city block
cuadrilla troupe
¿Cuál? Which (one); ¿Cuáles? Which
  (ones)?; What . . . ?: el cual, la cual, etc.
  which
cualquier, cualquiera any (at all)
cuando when
¿Cuánto? How much?; *pl.* How many?;
  en cuanto a as for
cuarenta forty
cuarteto quartet
cuarto quarter; room
cuatro four
cubículo cubicle, small room
cubierto (de) *adj.* covered (by); *n.* place
  setting
cubrir to cover
cuello collar; neck
cuenta bill; account; darse — de to
  realize
cuento story
cuerda cord; chord; dar — to wind
cuerpo body
cuesta slope, hill
cuestión *f.* question, matter, issue
cueva cave
cuidado care; carefulness; ¡C— ahí!
  Watch out!
cuidar to take care; be careful; —se
  take care of oneself; watch out
culpable guilty
culto cult; worship

cultura culture
cumpleaños *m.* birthday
cumplir (con) to fulfill
cuadrado *adj.* square
cuadro square; picture
curso course
cuy *m.* a South American rodent
cuyo whose

champú *m.* shampoo
chanclo overshoe
chaperón *m.* chaperone
chaqueta jacket
charlar to chat
cheque *m.* check
chico, chica boy, girl
chile *m.* chilli (a spice)
chileno Chilean
chillar to squeal, squeak
chiquitito little boy; baby
¡Chist . . . ! Shhh! Cool it!
chiste *m.* joke
chocar to collide with, bump into; shock
chófer *m.* driver
chorizo sausage
choza hut
chupar to suck; —se los dedos to lick
  one's fingers

dado given
dar* to give; — de comer feed; — un
  paseo take a walk; — saltos jump
  about; — una vuelta take a spin; —se
  cuenta de realize
de of; from; also used for possession;
  más — more than (before a number);
  — memoria by heart; — nuevo again;
  — repente suddenly; — todas partes
  from everywhere; — veras really; —
  vez en cuando from time to time
debajo de under, below
deber to owe; be obliged, should
debido owed; — a due to
débil weak
decaída downfall
decir* to say; tell; es — that is . . .
declarar to declare
dedo finger
defender to defend
dejar to leave (behind); let, allow; — caer

220

to drop
del (contraction) of the, from the
delante (de) in front (of), before
delgado slim
demás: los — the others, the rest
demasiado too much; *pl.* too many
democracia democracy
dentro *adv.* inside, within; **— de,** *prep.* inside of
deparar to provide, put before someone
depender (de) to depend (on)
dependiente, dependienta salesperson
deporte *m.* sport
deportista sportsman
deportivo sporting
derecho *adj.* right; a la derecha on the right; *n.* right; privilege
derredor: en — all around (*old*)
derrota defeat
desafiar (ío) to defy; challenge
desafío *m.* challenge
desafortunadamente unfortunately
desafortunado unfortunate
desagradable disagreeable, unpleasant
desaparecer (zco) to disappear
desarmonía disharmony
desarrollado developed
desarrollar to develop
desastre *m.* disaster
desayuno breakfast
descansar to rest
descanso *n.* rest
descendiente *m.* or *f.* descendant
desconsolado disconsolate, miserable
describir to describe
descubridor *m.* discoverer
descubrimiento discovery
desde from; since
deseado desired
desear to desire; wish
desempeñar to fulfill; **— un papel** fill a role
desenchufar to unplug
deseo desire; wish
desesperación *f.* desperation
desesperado desperate
desesperar to make desperate; despair
desfilar to go by (as on parade)
desfile *m.* parade
desierto *adj.* deserted; *n.* desert

deslizar(se) to slide
desmantelar to take apart (a mechanism)
desmayar(se) to faint
desnudo naked
desobedecer (zco) to disobey
despacio slow; slowly
despedida farewell
despertar(se) (ie) to wake up
después *adv.* afterwards; then; later; **— de** *prep.* after
destreza skill
detener(se)* to stop
detrás *adv.* behind; **— de** *prep.* behind, in back of
devolver (ue) to return
día *m.* day; **al — siguiente** on the following day; Buenos **—s** Good morning; **todos los —s** every day
diagnóstico diagnosis
diamente *m.* diamond
diario *adj.* daily
dibujo sketch, drawing
diciembre December
dictador dictator
dictadura dictatorship
dicho *past participle* said; *n.* saying
diente *m.* tooth
diez ten
diez y nueve nineteen
diez y ocho eighteen
diez y seis sixteen
diez y siete seventeen
diferencia difference; **a — de** unlike
difícil difficult
dificultad *f.* difficulty
difunto dead
digamos let's say
dignarse to condescend (to)
Dinamarca Denmark
dinero money
Dios God; ¡Por —!, ¡— mío! For Heaven's sake!
dirección *f.* direction; address
dirigir to direct, lead; **—se a** approach; address
disco record
disculpado forgiven
discurso speech
dispuesto ready, disposed
distinción *f.* distinction

221

distinguir to distinguish
distrito district
diversidad *f.* diversity, variety
divertido funny, amusing; enjoyable
divertirse (ie) to have a good time, enjoy oneself; **¡Diviértanse!** Have fun!
dividir to divide
divinamente divinely
doce twelve
docena dozen
dogma *m.* dogma
dólar *m.* dollar
doler (ue) to pain, hurt
domingo Sunday
dominio domination, rule
donde where; **¿A dónde?** (To) where? **¿De —?** (From) where?
dondequiera (que) wherever
dorado golden; gold-colored
dormido asleep; sleeping
dormir (ue) to sleep; **—se** fall asleep
dos two
dote *m.* dowry
duda doubt
dueña chaperone
dulce, *adj.* sweet; *m. pl.* sweets
durante during
durar to last
duro hard

e and (in place of *y* before a word beginning with *i* or *hi*)
eco echo
echar to throw; **—se** lie down
edad *f.* age
edificio building
editor publisher
editorial publishing; editorial
educado educated
educar to educate
efecto effect; **en —** in fact
egoísta selfish
ejecutar to perform
ejemplo example
ejercer to exercise; wield (influence, etc.)
ejercicio exercise
ejército army
el the (*m. sing.*); **— cual** which, who
él he; him (object of prep.), it
elección *f.* (usually *pl.*) election

elemental elementary
ella she; her, it (object of prep.)
embargo: sin — nevertheless
embiste *m.* attack
emocionante exciting
empezar (ie) to begin
empleado employee
emprendedor enterprising
en in; on; at; **— absoluto** absolutely not; **—casa** at home; **—efecto** in fact; **— fin** anyway, in short; **— realidad** actually, really; **— seguida** immediately; **— suma** in short, to sum up; **— vez de** instead of
enamorado (de) in love (with)
enamorarse (de) to fall in love (with)
encantado delighted
encantar to enchant; delight
encarar(se con) to face
encender (ie) to light; turn on (a radio, etc.)
encima *adv.* on top; above; **— de** *prep.* on top of
encontrar (ue) to find; meet
enérgicamente energetically
enero January
énfasis *m.* emphasis
enfermedad *f.* illness; disease
enfermo sick
enfrentar to face
enfrente in front; **la puerta de —** the front door
engordar to get fat
enojar to make angry; **—se** to get angry
enorme enormous
ensalada salad
ensayar to try; try out; rehearse
enseñanza teaching
enseñar to teach; show
entender (ie) to understand
entero entire, whole
entierro funeral
entonces then
entrar (en or a) to enter
entre between; among
entregar to hand over; deliver
envuelto wrapped
época epoch, period
equipo team
equivocación *f.* mistake

esa (see ese)

escala scale; ladder

escalar to scale, climb

escalera staircase

escandaloso scandalous

escaso scarce; scant

escena scene; stage

escenario stage, setting

escoger to choose

escolar adj. academic

escribir to write; — a máquina to typewrite

escritor(a) writer

escuchar to listen (to)

escuela school

ese, esa adj. that (near you); esos, esas, those; ése, ésa, etc., pron. that one, those

esfera sphere; world

esfuerzo effort

eso that (in general); a — de about, around

espalda back, shoulder

espantapájaros m. sing. scarecrow

espantar to frighten; —se to get scared

España Spain

español Spanish; Spaniard

esparcir to scatter

especia spice

especial special

especializar (se) to specialize

espectáculo spectacle

espejo mirror

esperanza hope

esperar to wait for; hope; expect

espía m. and f. spy

espinacas f. pl. spinach

espíritu m. spirit

esposa wife

esposo husband

esquina (street) corner

esta (see este)

estable adj. stable, not changing

establo n. stable

estación f. season; station

estado state; los Estados Unidos the United States

estar* to be (in a certain place, condition, or position); — de prisa to be in a hurry; ¿está? is (someone) in? ¿Está

bien? All right?

estatua statue

este, esta adj. this; estos, estas these; éste, ésta, etc. pron. this one; these

este m. east

eterno eternal

estilo style; por el — along that line

esto this (in general)

estocada sword thrust

estómago stomach

estoque m. bullfighter's sword

estrecho narrow

estrella star

estrenar to debut; put on or use for the first time

estrepitosamente with a tremendous noise or clatter

estricto strict

estructura structure

estruendo big noise; uproar

estudiante m. and f. student

estudiar to study

estudio study; studio

estudioso studious

estupendo marvelous, stupendous

eternidad f. eternity

etiqueta etiquette; de — formal

europeo European

exagerar to exaggerate

examen m. examination; pl. exámenes

excelente excellent

éxito success

explicar to explain

expresar to express

externo external

extranjero adj. foreign; n. foreigner

extraño strange

fábrica factory

fabricar to manufacture

fácil easy

falda skirt

falta fault; lack; foul (sports); hacer — to be lacking or needed

faltar to be lacking or needed

familia family

familiar familiar; referring to the family

farmacia pharmacy

fastidioso fastidious, very neat

favor favor; Haga el — de Please . . . ;

por — please
febrero February
fecha date (of the year)
felicidad *f.* happiness
felicitación *f.* (often *pl.*) congratulation
feliz happy
fenómeno phenomenon
feo ugly
feria fair
ferrocarril *m.* railroad
feudal feudal, referring to the system of lords and vassals in the Middle Ages
ficha token
fiel faithful
fiera wild animal
fiesta party; festival; **día de —** holiday; **la — brava** the bullfight
figurita little figure
fijamente fixedly
fila row
filarmónico philharmonic
filete *m.* filet
filosofía philosophy
filósofo philosopher
fin *m.* end; al — finally, at the end; en — anyway, in short; por — finally, at last
fingir to pretend
firmado signed
firmar to sign
física physics
flaco thin, skinny
flan *m.* custard
flauta flute
flor *f.* flower
fondo back, background; bottom
foto *f.* snapshot, photograph
fracasar to fail
fracaso failure
fracturado fractured, broken
francés French
frasco small bottle, flask
frase *f.* phrase; sentence
frecuentemente frequently
frenesí *m.* frenzy, mad whirl
frenéticamente in a frenzy
frente *m.* front; al — at the front; en — de in front of, facing
fresco fresh; cool
fresquecito nice and fresh

frijoles *m. pl.* beans
frío cold; tener* — to be (or feel) cold; hacer* — to be cold (outside)
frito fried
fuego fire
fuente *f.* fountain; source
fuera *adv.* outside; — de *prep.* outside of
fuerte strong
fuertemente strongly
fumar to smoke
función *f.* function; show, performance
funcionar to work, run (as a machine)
funerario *adj.* funereal
fusil *m.* rifle
fusión *f.* fusion, merging
fútbol *m.* soccer; football

gafas *f. pl.* eyeglasses
gaita bagpipe
gallego Galician
gallina hen
gamba shrimp
gana urge; desire; **darle a uno la — de** to get an urge to; **tener —s de** to feel like (doing something)
ganadería cattleraising; herding
ganado *n.* cattle
ganar to earn; win; gain
garbanzo chickpea
garganta throat
gastar to spend (money, etc., *not* time)
gaucho cowboy of Argentine pampas
gazpacho a cold Andalusian soup
gemelo twin
genio genius
gente *f.* people (often plural)
gerente *m.* manager
gesto gesture
gitano gypsy
gobierno government
golosina treat, tasty snack
golpe *m.* blow
goma gum; rubber
gordo fat
gorila *m.* gorilla
gozar (de) to enjoy
gozo pleasure
gracia grace, gracefulness; wit
gracias thanks, thank you

graduar(se) (úo) to graduate
granadino from Granada
gran(de) large; great; big
granjero farmer
griego Greek
gris gray
gritar to shout
grito *n.* shout; **dar** or **pegar un —** to let out a yell
grupo group
guante *m.* glove
guapo handsome
guardafango fender (of a car)
guardar to guard; keep
guardia *m.* guard
guatemalteco Guatemalan
guerra war
gustado enjoyed, liked
gustar to be pleasing; —le (algo a alguien) to like something
gusto pleasure; **¡Da —!** It's a delight! **Tanto —. Mucho — en** (or **de**) **conocerle.** I'm so pleased to meet you. Con mucho —. I'd be glad to.

Habana: La — Havana
haber* to have (auxiliary verb to form compound tenses); hay there is, there are; **había, hubo** there was, there were; **hay que** one must, it is necessary to . . .
había there was, there were
habitación *f.* room
habitante inhabitant
habla speech
hablado spoken
hablar to speak; — por teléfono talk on the phone
hace (with a verb in the past tense) ago; — seis meses six months ago; — tres días three days ago; — . . . que (with a verb in the present) describes an action that *has been* going on for a period of time
hacer* to make; do; — calor to be warm or hot outside; — **daño** do harm, injure; — frío to be cold outside; — una pregunta to ask a question; — viento to be windy; —se become; —se cargo de take charge of

hacia toward(s)
hacía: — . . . que (with a verb in the imperfect) describes an action that *had been* going on for a period of time
hallar to find
hambre *f.* hunger; tener — to be hungry
harto full up; sick and tired
hasta *prep.* until; — la vista till we meet again; — luego, — pronto so long; — que, *conj.* until
hay there is, there are; —que one must, it is necessary
haz do (imperative–**tú**)
hazaña deed, great act
He aquí . . . Here is or are . . .
hecho done; made; *n.* fact; deed
helado ice cream
hélice *f.* propeller
henchido swollen
herir (ie) to wound; hurt
hermana sister
hermano brother
hermoso beautiful
hierba grass
hierro iron
higiénico hygienic
hija daughter
hijo son
hilo thread
himno hymn; anthem
hispánico Hispanic (referring to the Spanish-speaking world)
hispano person of Hispanic origin; *adj.* Hispanic
hogar *m.* home
hoja leaf
hola hello
holandés, holandesa *adj.* Dutch; *n.* Hollander
holgazán lazy; *m.* loafer
hombre man
hondureño person from Honduras
honrado honest
hora hour; ¿Qué — es? What time is it? ¿A qué —? At what time?
horario schedule; timetable
horrendo horrible
hoy today; — **día, — en día** nowadays
huevo egg
huir* (uyo) to flee, run away

húmedo humid
humildad *f.* humility
humilde humble
humo smoke
humorístico humorous, funny
hundir to sink
hurra hurray, hooray

ibero Iberian
identificar(se) to identify
idioma *m.* language
iglesia church
igual equal; same; — **que** same as
igualdad *f.* equality
igualmente equally
imagen *f.* image; *pl.* **imágenes**
imaginar(se) to imagine
imitar to imitate
impedir (i) to prevent; impede
impermeable *m.* raincoat
im**poner*** to impose
importancia importance
importar to matter, be important; to import; **No importa.** It doesn't matter.
improvisado improvised, made up on the spur of the moment
incendio fire
incitar to incite, stir up
incluir (**uyo**) to include
incluso including
incrédulo disbelieving
increíble incredible, unbelievable
incrustado (de) encrusted (with), studded (with)
incultivable uncultivatable
indescriptible indescribable
indígena native (Indian, etc.)
indio Indian
individuo *n.* individual
ingeniero engineer
Inglaterra England
inglés English
injusto unjust, unfair
inmediaciones *f. pl.* outskirts (of a city)
inmóvil immovable
inocente innocent
inquilino tenant
inscrito inscribed
insistir (**en**) to insist
inspeccionar to inspect

226

instinto instinct
instituir (**uyo**) to institute, set up
intercambio interchange
interdependencia interdependence, dependence on one another
interés *m.* interest
interesante interesting
interesar to interest
interrumpir to interrupt
inter*venir** to intervene; interfere
intimidad *f.* intimacy, closeness
íntimo intimate
intro*ducir** to introduce (but not a person)
invierno winter
invitado *n.* guest
invitar to invite
ir* to go; — **de compras** or **de tiendas** to go shopping; —**se** to go away
Irlanda Ireland
irlandés, irlandesa Irish, Irishman
irremediablemente hopelessly
isla island
izquierdo left; a la izquierda on the left

jabón *m.* soap
jamón *m.* ham
japonés Japanese
jarra jar
jefe *m.* chief; boss
joven *adj.* (*pl.* **jóvenes**) young; *n.* young person
joya jewel
judío Jew(ish)
juego game; set
jueves Thursday
jugador *m.* player
jugar (**ue**) to play (a game, not an instrument); — **al fútbol** to play soccer
juguete *m.* toy
julio July
junio June
junto (usually *pl.*) together; — **a** *prep.* next to, near
jurar to swear

kilo a measure equivalent to a little more than two pounds
kilómetro kilometer (approximately 5/8 of a mile)

la the (*f. sing.*), her, it (object of a verb);

— que who, that; the one who
labio lip
labrador *m.* farmer, farm worker
labrar to farm; till
lado side; **al — de** alongside of
ladrido bark
ladrón *m.* thief
lágrima tear (crying)
lamento lament; sad song or wail
lámpara lamp
lápiz *m.* pencil (*pl.* **lápices**)
largo long (not *large!*)
las the (*f. pl.*); them (object of a verb)
lata can; tin
lavandería laundry (shop)
lavaplatos *m. sing.* dishwasher
lavar to wash
le him, you (**Ud.**)—direct object of a verb;
to him, to her, to it, to you—indirect
object of a verb
lección *f.* lesson
leche *f.* milk
lechería dairy; milk bar
lechero milkman
lechón *m.* suckling pig
leer* to read
legumbre *f.* vegetable
lejos *adv.* far, far away; **— de** *prep.* far
from
lengua language, tongue
lentamente slowly
lentitud *f.* slowness
letra letter (of the alphabet)
letrero sign, poster
levantar to raise, lift up; **—se** get up
levemente slightly
ley *f.* law
libertad *f.* liberty
libra pound
libre free
libro book
liceo school (often secondary)
ligero light; slight; swift
limonada lemonade
limosina limousine
limosna alms, charity to a beggar
limpiar to clean
limpio clean
lindo beautiful
línea line

listo ready; smart
lo him, it, you (**Ud.**) (*direct obj. of a verb*);
the (*neuter*); — de the matter of; **—que**
relative pron. what (*not an interrogative*)
loco crazy, mad
locura madness
locutor *m.* announcer
los the (*m. pl.*); them—direct object of
a verb; — dos both
lotería lottery
lucha fight(ing); struggle; strife
luchar to fight
luego then; hasta — so long
lugar *m.* place; **en primer —** in the
first place
lujo luxury
luna moon; **— de miel** honeymoon
lunar *m.* beauty mark, birthmark
lunes Monday
luz *f.* light

llamada call
llamar to call; name; **— a la puerta**
knock or call at the door; **—se** to be
called or named; ¿Cómo se llama Ud.?
What is your name?
llano *n.* plain, flatland
llave *f.* key
llegada arrival
llegar to arrive; **— a ser** become, get
to be
llenar to fill
lleno (de) full (of), filled (with)
llevar to carry; take, lead; wear
llorar to cry
llover (ue) to rain
lluvia rain

madera wood
madre mother
madrileño of Madrid
maduro mature; ripe
maestro, maestra teacher
magnífico magnificent
maíz *m.* corn
majestad *f.* majesty
mal *adv.* badly; *adj.* (before m. sing.
noun) bad
maldición *f.* curse
malo bad
mandar to send; order

manera way, manner

manía mania, craze

mano *f.* hand

mantequilla butter

manzana apple

mañana *adv.* tomorrow; *f.* morning; — por la — tomorrow morning

máquina machine; — **de lavar** washing machine; **escribir a** — to type

maquinaria machinery

mar *m.* sea

maravilla marvel

maravilloso marvelous, wonderful

marca brand

marcar to dial (a number)

marchar(se) to walk away; go off

marisco shellfish

marisquería shellfish bar

martes Tuesday

martillo hammer

marzo March

más more; most; — **que** more than; — **bien que** rather than; **¿Qué —?** What else?

mascar to chew

matador *m.* main bullfighter

matar to kill

materia matter, material; subject (in school)

matrimonio marriage; married couple

mayo May

mayor older; larger; greater; oldest; largest; greatest; **la — parte** the majority; **por la — parte** for the most part

mayoría majority

mayormente mostly, mainly

me *(obj. of verb)* (to) me, (to) myself

mecánico mechanic; repairman

medalla medal

media stocking

medicamento medicine, remedy

mediano average; mediocre

medianoche *f.* midnight

médico doctor

medieval medieval, referring to the Middle Ages

medio *n.* means; middle; **en — de** in the middle of; *adj.* half

mejicano Mexican (Spanish spelling)

mejor better; best

mejorar to improve

melancólico *adj.* melancholic, very sad and depressed

memoria memory; de — by heart

mendicidad *f.* begging

mendigo beggar

menor lesser; smaller; younger

menos less; least; minus; except; **a lo** (al) — at least; **ni mucho** — not in the least

mentira lie (opposite of truth)

mercado market

mercancía (often *pl.*) merchandise

merecer (zco) to deserve

merienda evening snack

mes *m.* month

mesa table; desk

meseta plain, prairie land

mestizo person of Indian and white blood

meter to put (into)

metro subway

mexicano Mexican (Sp. Am. spelling)

mezcla mixture

mi(s) my

mí *(obj. of prep.)* me

miel *f.* honey; **luna de** — honeymoon

miembro member

mientras (que) *conj.* while; — **tanto** in the meanwhile

miércoles Wednesday

mil a thousand; **cien** — 100,000

milla mile

millonario millionaire

minería mining

mínimo minimum

Ministro: Primer — Prime Minister

minoría minority

mío, mía, míos, mías mine, of mine

mirada look, glance

mirar to look at

misa mass (church)

miseria misery; poverty

mismo same; very; himself, etc. (used with a pronoun or a noun for emphasis); ella misma she herself; para sí mismo for (or to) himself; **ahora** — right now; **hoy** — this very day; lo — the same (thing); **lo — que** the same as; **al — tiempo** at the same time

mitad f. half

moda style, fashion

modelo, m. and f. model

molusco mollusk (type of shellfish)

momento moment; **un —, por favor** just a minute, please

monótono monotonous

montaña mountain

montañoso mountainous

montar to mount; set up; **— a caballo** to ride horseback

monte m. mount(ain); **los Montes Pirineos** the Pyrenees Mountains

moreno brunette, dark-haired or -complexioned

morir(se) (ue) to die

mortificante mortifying

mostrar (ue) to show

motocicleta motorcycle

motoneta motorbike

mover(se) (ue) to move

mozo boy; young man; waiter; **buen—** adj. handsome

muchacha girl

muchacho boy

muchísimo adj. very much; pl. a great many; adv. a great deal, greatly, enormously

mucho adj. much; pl. many; adv. very much; Hace — calor. It is very hot.

mueble m. piece of furniture; pl. furniture

muerte f. death

muerto dead

mujer woman

mundial adj. world

mundo world

muñeca doll; wrist

músculo muscle

museo museum

música music

músico musician

mutuo mutual

muy very

nacer (zco) to be born

nacimiento birth; Nativity scene

nación f. nation; **las Naciones Unidas** United Nations

nada nothing; de — you're welcome, not at all; **— de** no

nadar to swim

nadie nobody, no one

naranja orange

nariz f. nose

nata cream; whipped cream

natación f. swimming

naturaleza nature

náufrago shipwrecked person

navarrense person from Navarre

navegable navigable

Navidad f. Christmas

navideño adj. (of) Christmas

neblina haze

necesidad f. need; necessity

necesitar to need

negocio a business; a business matter; pl. business

negro black; Negro

nene m. baby

nervio nerve

nevar (ie) to snow

ni neither; — . . . — neither . . . nor; **— siquiera** not even

nicaragüense of Nicaragua

nieto grandson

nieve f. snow

ningún, ninguno, ninguna no, none (not often used in plural)

niña girl; child

niño boy; child

nivel m. level

nocturnal nocturnal, night-time

nocturno by night

noche f. night; evening; **Buenas —s** Good night; Good evening

nombre m. name; **— de pila** given name

nordeste m. northeast

noroeste m. northwest

norte m. north

nosotros, nosotras we; us, ourselves (obj. of a prep.)

nostalgia nostalgia, longing

nota note; grade

noticia piece of news; pl. news

noticiero n. newsreel; adj. news

novela novel

noveno ninth

noventa ninety

novia girlfriend; fiancée; bride

noviembre November
novio boyfriend; fiancé; groom
nube *f.* cloud
nuca back of the neck
nuestro, nuestra, etc. our; ours, of ours;
  el — *pron.* ours
nuevas *f. pl.* news
nueve nine
nuevo new; **de —** again; anew
número number; **gran —** a large number, many
nunca never
nutritivo nutritious

o or; either; o . . . o either . . . or
obedecer (zco) to obey
obispo bishop
objeto object
obra work (of art, etc.); **—** **maestra**
  masterpiece
obrero worker
observar to observe
obstante: no — nevertheless; however
octubre October
ocupado busy
ocupar to occupy
ocurrir to occur, happen
ochenta eighty
ocho eight
ochocientos 800
odiar to hate
oeste *m.* west
oficina office
oficio occupation
ofrecer (zco) to offer
oído (inside) ear; **al —** into someone's
  ear
oír* to hear
¡Ojalá! Oh, if only . . . ! How I hope . . . !
ojo eye
oleada wave
olvidar to forget
olla pot
once eleven
ondulante waving
opinar to think, have an opinion
o*poner***(se) (a)*** to oppose
oportunidad *f.* opportunity
optimista optimist(ic)
opuesto opposed; opposite; **lo —** the

opposite
oración *f.* sentence; speech; prayer
orden *f.* order, command; *m.* order, or-
  derliness
ordeñar to milk
oreja (outer) ear
orgullo pride
orgulloso proud
oriental Eastern
origen *m.* origin
oro gold
orquesta orchestra
os you, to you, yourselves, to yourselves
  (*2nd person pl.*)
oscuro dark; obscure
oso bear
otoño autumn, fall
otro other, another; otra vez again
oveja sheep
oyente listener

pacer (zco) to graze
paciencia patience
paciente patient
Paco, Paquito Frank(ie)
padre father; *pl.* parents
padrino godfather; sponsor
paella a Spanish rice dish
pa*g*ar to pay
página page
país *m.* country
paisaje *m.* countryside
paja straw
pájaro bird
palabra word
pálido pale
palmoteo handclapping
palo stick; **— de Navidad** Christmas
  tree
palpar to touch
pampa Argentine plains
pan *m.* bread
panameño Panamanian
pantalones *m. pl.* trousers
paño cloth; woolen fabric
papa potato (Sp. Am.)
papel *m.* paper; role; **hacer un —** to play
  a role; fill a role; **desempeñar un —**
  fill a role
paquete, *m.* package

par *m.* pair

para for, in order to; meant for, to be used for; by (a certain time or date); for (compared with)

parachoque *m.* bumper

parada stop

parado standing

paraguas *m.* umbrella

parar(se) to stop

pardo brown

parecer (zco) to seem; look; appear; **al —** apparently; **—se a** to resemble, look like

parecido *n.* resemblance

pared *f.* wall

pareja pair; partner, couple

pariente, parienta relative

parisiense Parisian

parroquial parochial

parte *f.* part; **gran —** a large part; many; **¿De — de quién?** Who's calling?; **de todas —s** from everywhere

particular private

partido game; party (political, not social)

partir to leave

pasado *n.* past; *adj.* past, last; **la semana pasada** last week

pasar to pass; go in; spend (time); **— de** to exceed; **Pase Ud.** Come in.

pasatiempo pastime; game

Pascuas *f. pl.* Easter

pase *m.* pass (in bullfighting)

pasear(se) to take a stroll

paseo stroll, walk; **dar un —** to take a walk

pasmado shocked, stunned

pastel *m.* pie

pastor *m.* shepherd

pata foot (of an animal)

patata potato (Spain)

patinar to skate

patria country, homeland

patrón *m.* boss

pavimento pavement

paz *f.* peace

pecador *m.* sinner

pecho chest (body)

pedacito small piece

pedazo piece; **¡— de imbécil!** you stupid fool!

pedir (i) to ask for, request

pegado stuck

pegar to hit; stick (onto something)

peinar(se) to comb (one's hair)

peine *m.* comb

peldaño rung (of a ladder); step

pelear to fight

película film; movie

peligro danger

pelo hair; **tomarle el — a uno** to tease someone

pelota ball

pena pain; sorrow; **dar —** make one sad

penetrar (en) to penetrate (into)

pensar (ie) to think; **— + infinitive** to intend to, plan to; **— en** think about; **— de** think about, have an opinion of

pequeño small

perder (ie) to lose

perdón *m.* pardon; excuse me

perdonar to pardon, forgive

peregrino pilgrim

periódico newspaper

permiso permission

permitir to permit

pero but

perro dog

persistir persist, keep at (something)

persona person; *pl.* people

pertenecer (zco) to belong

pesado heavy; boring

pesar to weigh

pescado fish (caught)

pescador *m.* fisherman

peso weight; monetary unit of certain Spanish American nations

pica steel-pointed goad used in bullfighting

picado pricked; chopped (meat); angry

picador *m.* a kind of bullfighter

picante spicy

pico peak

pie *m.* foot

piedra stone

pierna leg

pieza piece; room

pijama *m. or f.* pajamas

pimienta pepper

pintado painted

pintar to paint
pintura painting
pirata *m.* pirate
pisar to step on
piso floor; story (of a house)
pizarra blackboard
platillo saucer; — **volante** flying saucer
plato dish; plate
plaza town square; place, seat (on a plane, etc.)
plenitud *f.* plentifulness
pleno full, broad; **en — día** in broad daylight
plomero plumber
pluma pen
población *f.* population
pobre poor
pobreza poverty
poco little (in amount); — **a** — little by little; *pl.* few
poder* to be able, can
poderoso powerful
poesía poetry
poeta *m.* poet
policía *m.* policeman; *f.* police (force)
política politics; policy
pollo chicken
poner* to put, place; —**se** to become; —**se a** to begin to
por by; for; per; by means of; in exchange for; on account of; for the sake of; on behalf of; during; through; along; — **ejemplo** for example; — **eso** therefore; — **favor** please; — **fin** finally, at last; — **la mañana** in (or during) the morning; — **lo general** in general; ¿— **qué**? why? — **sí solo** by himself; — **supuesto** of course; — **teléfono** on the telephone
porcentaje *m.* percentage
porque because
¿**por qué**? why?
portarse to behave, act
posada inn
poseer (conjugated like **creer**) to possess
postre *m.* dessert
práctico practical
precio price
precioso precious; adorable, cute
predicar to preach

predominar to (pre)dominate, rule
preferido preferred; favorite
preferir (**ie**) to prefer
pregunta question, inquiry; **hacer una** — to ask a question
preguntar to ask a question; inquire
premio prize
prender to arrest
preocupar(**se de**) to worry (about)
preparar to prepare
presentación *f.* introduction
presentar to introduce
prestar to lend
primavera spring
primer(**o**) first
primo cousin
príncipe prince
principio beginning; **al** — at the beginning
prisa hurry; **tener** — to be in a hurry
probar (**ue**) to prove; try (out); test
problema *m.* problem
producir* to produce
profesor(**a**) teacher; professor
profundo deep; profound
progresista progressive
promesa promise
prometer to promise
pronombre *m.* pronoun
pronto soon; **hasta** — so long
propio (one's) own
propósito purpose; **a** — by the way
prosperidad *f.* prosperity
proveer (conjugate like **creer**) to provide
proximidad *f.* nearness, closeness
próximo next
público public
puchero stew
pueblo town; (a) people
puente *m.* bridge
puerta door; gate
puerto port; — **de mar** seaport
pues well, then
puesto *n.* post; job; *past participle* placed, put
pulsación *f.* throbbing
punto point; **a** — **de** on the point or verge of; **en** — exactly; — **de vista** point of view

puré *m.* puree, mashed (potatoes, etc.)
púrpura purple

que *relative pron.* and *conj.* that, who, which; than; el —, la —, los —, etc. who, which, the one who, those who; **lo —** what (not an interrogative); la semana que viene next week
¿Qué? What?, Which?; **¿— parece?** What do you think?; **¿— sé yo?** How do I know?; **¿— tal?** How goes it?; **¡Qué . . . !** What a . . . !; **¡— va!** Nonsense!
quebrado broken
quedar to be left; **—le a uno** to have left over; **—se** remain, stay
querer* to want; like, love
querido dear
queso cheese
quien *relative pron.* who; *pl.* **quienes;** **¿quién(es)?** who? (after prep.) whom?
quince fifteen
quinientos 500
quitar to take away; **—se** take off (clothing, etc.)

rabiar to get angry
ración *f.* portion
raíz *f.* root
ramo bouquet
rápidamente quickly, fast
raro rare; **rara vez** rarely
rascar to scratch
rasgado strummed
rato a while
raza race (of people)
razón *f.* reason; **tener —** to be right
realidad *f.* reality; **en —** really, actually
realizar to realize, fulfill
realmente really
reanudar to renew
recado message
receptor *m.* receiver, set
recibir to receive
recién, reciente recent
recoger to pick up
recomendar (ie) to recommend
reconocer (zco) to remember
recordar (ue) to remember

recorrer to travel about, cover (territory)
rector *m.* principal, dean
recuerdos *m. pl.* regards
Redentor *m.* Redeemer
redoblar to redouble
redondo round
referido *adj.* referred to
reflejar to reflect
regalo present
regañar to scold
regla rule; ruler (measure)
regresar to return
regular so-so
reír (río) to laugh; **—se de** laugh at
relacionado related
reloj *m.* clock; watch
reluciente (de) shiny (with)
remedio remedy; alternative
renunciar (a) to give up; resign (from)
repasar to review
repente: de — suddenly
repentinamente suddenly
repetir (i) to repeat
requisito requirement
res *f.* head of cattle
resaltar to stand out
resistir to resist
resonante resonant; high-sounding
resonar (ue) to sound forth
respecto respect, aspect; **a este —** in this respect
responder to answer, respond
respuesta answer
resto (the) rest, remainder
resultado result
resultar to turn out, result
reunido (generally *pl.*) gathered together
reunión *f.* meeting; reunion
reunir(se) (reúno) to gather, meet
revista magazine
revolver(se) (ue) to revolve
revuelto mixed up; scrambled
rey king
rezar to pray
rico rich
riel *m.* rail
riesgo risk
rincón *m.* corner
riña fight; **—de gallos** cockfight
río river

riqueza wealth, riches
risa laughter; laugh
ritmo rhythm
rito rite, ritual
rocío dew; spray
rodeado (de) surrounded (by)
rodear to surround
rodilla knee; **de —s** on one's knees
rogar (ue) to pray; beg
rojo red
romano Roman
rompecabezas *m.* riddle
romper to break
ropa (also *pl.*) clothing, clothes; **ropería** clothing store
rosado pink
roto broken
rubio blond
rudimentario most elementary, rudimentary
rueda wheel
rugido roar
ruido noise
ruidoso noisy
ruso Russian

sábado Saturday
saber* to know (thoroughly or by heart); know (a fact); know how; No (lo) sé. I don't know.
sabor *m.* flavor, taste
saborear to taste, savor
sabroso tasty, savory
sacar to take out; **— una nota** get a grade
saco (suit) jacket; bag
sacudir to shake
sal *f.* salt
sala living room
salchicha sausage
salida exit
salir* to go out
salón *m.* living room; hall; **— de actos** auditorium; **— de baile** dance hall
salpicar to sprinkle
salsa sauce
salto jump
salud *f.* health
saludar to greet
saludo greeting

salvadoreño Salvadorean
salvamento rescue
sangre *f.* blood
sangrefría calmness, poise, "cool"
sangría a Spanish drink of wine, fruit, and soda
sangriento bloody
santo *n.* saint; *adj.* holy
santuario shrine; sanctuary
Saque(n) . . . Take out . . . !
saquito small bag or sack
sartén *m.* or *f.* frying pan
seco dry
secreto secret
sed *f.* thirst; tener — to be thirsty
seguida: en — at once, immediately
seguir (i)* to follow; continue, keep on
según according to
segundo second
seguramente surely
seguridad *f.* security; certainty
seguro sure; **— de que** certain that; **— que quiero . . .** of course I want . . .
seis six
selva jungle; forest
semana week
semestre *m.* school term
sencillamente simply
sencillo simple
sentado seated, sitting
sentarse (ie) to sit down
sentido sense
sentimiento feeling, sentiment
sentir (ie) to feel; regret, be sorry; —se to feel (hot, sad, ill, etc.)
señor (abbrev. Sr.) mister, Mr.; sir; gentleman
señora (abbrev. Sra.) Mrs.; madam; lady
señorita (abbrev. Srta.) Miss; young lady
separado separated
separar to separate
septiembre September
ser* to be (someone or something); to be (characteristically)
serenar to calm down
serenata serenade
sereno serene, tranquil, peaceful; *n.* night watchman
serie *f.* series; **la S— Mundial** the World Series

serio serious
servicial *adj.* serving, servant
servir (i) to serve, be suitable
sesenta sixty
setenta seventy
si if; whether
sí yes; *pron.* himself, herself, itself, yourself, yourselves, themselves (object of a preposition)
siempre always
sierra mountain range; S— Morena Spanish mountain range
siesta afternoon rest period; **echar una —** take a nap
siete seven
siglo century
significación *f.* meaning
significar to mean
siguiente following; next
sílaba syllable
silbido whistle
silla chair
símbolo symbol
simpático nice
simpatiquísimo very nice
simultáneamente at the same time, simultaneously
sin without; **— duda** without doubt; **— embargo** nevertheless, however
sino but (on the contrary)
siquiera even (after a negative); **ni —** not even
sirvienta, sirviente servant
sistema *m.* system
sobre (up)on; above; about (concerning); **— todo** above all, especially
sobrina niece
sobrino nephew
sociedad *f.* society
sol *m.* sun; **hace —** it is sunny
solamente only
soledad *f.* solitude, loneliness
solo alone
sólo only
solomillo a cut of steak in Spain, sirloin
solucionar to solve
sollozar to sob
sombra shadow
sombrero hat
son *m.* sound

sonar (ue) to sound; ring (as a telephone)
sonido sound
sonreír (ío) to smile
soñar (ue) to dream; **— con** dream of
sopa soup
sóquer, *m.* soccer
sospecha suspicion
sostén *m.* support; mainstay
su(s) his, her, your (**de Ud.** or **de Uds.**) their
suave smooth; soft
subir to go up; board
suceder to happen
suegra mother-in-law
sueldo salary, wage
suelo floor; earth, ground
sueño dream; **tener —** to be sleepy
suerte *f.* luck
sufrir to suffer
sugerir (ie) to suggest
sujeto subject (but not a school course)
suma sum; **en —** in short
sumar to add up
superficie *f.* surface
suplicar to beg
supuesto: por — of course
sur *m.* south
suspender to fail, flunk
suspirar to sigh
suspiro sigh
sustituir (uyo) to substitute
susto fright, scare
susurrar to whisper
suyo, suya, suyos, suyas his, hers, yours (**de Ud.** or **de Uds.**) theirs; of his, of hers, etc.

taberna tavern
taco a Mexican food, consisting of fried corn meal filled with various meats and seasonings
tacón *m.* heel
taconeo heel tapping
tal such a; *pl.* such; **— vez** perhaps
tamal *m.* a Mexican corn cake stuffed with meat
tamaño size
también also; too
tan, *adv.* so; as; **— ... como** as ... as
tanto *adj.* as much, so much; *pl.* as

many, so many; — . . . **como** as much (many) . . . as; *adv.* as much, so much

tardar to take (a length of time); be late; last (as a trip); **— en** to be delayed in

tarde *f.* afternoon; Buenas —s Good afternoon; *adv.* late

tarea task; homework assignment

tarjeta card

taxímetro taxi meter

taza cup

te you (*obj. of a verb*); to you, yourself, to yourself (*2nd person sing.*)

té *m.* tea

teatro theater

techo roof

Tejas Texas

tejer to weave

tejido fabric

tela cloth, fabric, material

telefonear to telephone

telefónico *adj.* telephone; **llamada telefónica** phone call

teléfono telephone

televisor *m.* television set

tema *m.* theme; subject, topic

temblar (ie) to tremble

temblor *m.* tremor; **— de tierra** earthquake

temer to fear, be afraid

temporada season, period; **— del fútbol** soccer season

temprano early

tendero storekeeper

tener* to have, possess; —frío, calor to be cold, warm (as a person); — hambre, sed be hungry, thirsty; — miedo to be afraid; **— prisa** be in a hurry; razón be right; — sueño be sleepy

tercer(o) third

terminar to end, finish

ternera veal

tertulia party; gathering

ti you *2nd person sing.* (*obj. of a prep.*)

tía aunt

tiempo time; (period of) time; weather; ¿Qué — hace? How is the weather?

tienda store

tierno tender

tierra land; earth

tieso hard, stringy (as of meat)

tigre *m.* tiger

timbre *m.* doorbell

tinta ink

tío uncle

tiovivo merry-go-round

típico typical

tipo type; kind; guy

tirano tyrant

título title

tiza chalk

tocadiscos *m.* record player

tocador *m.* dresser

tocar to touch; play (an instrument)

tocino bacon

todavía still; yet

todo *n.* everything, all; *adj.* all; every; del — at all; entirely; **— el mundo** everybody; **todos los días** every day

tolerar to tolerate

tomar to take; eat; drink; —le el pelo a **alguien** to tease someone

tomate *m.* tomato

tonto silly, foolish

toreo bullfighting

torero bullfighter

torneo tournament

toro bull

torta cake

tortilla a kind of corn pancake in Mexico; an omelet in Spain

toser to cough

trabajador *m.* worker

trabajar to work

traducción *f.* translation

tra*ducir*** to translate

traer* to bring

tragedia tragedy

traje *m.* suit; **— de baño** bathing suit

tranvía *m.* trolley

tras *prep.* after; behind

trasladar to transfer, move

tratamiento treatment

tratar to treat; **— de** try to; deal with

trece thirteen

treinta thirty

tremendo tremendous

trémulo shaking, trembling

tren *m.* train

tres three

tribu *f.* tribe

trigo wheat
triste sad
tristeza sadness
triunfar to triumph
trozo piece
tu(s) your—2nd person sing.
tú you—subject pron. 2nd person sing.
turismo tourist trade
turista tourist
turístico *adj.* touring, tourist
tuyo, tuya, tuyos, tuyas of yours—2nd person sing.

u or (before word beginning **o** or **ho**)
último last
ultramarinos: tienda de — general store (Spain); grocery; delicatessen
un, uno, una one; a, an
único *adj.* only; unique
unido united; **los Estados Unidos** the United States
unificador unifying
universidad *f.* university, college
universitario, *adj.* college
uña fingernail
usado used
usar to use
usted(es) you (*abbreviated* Ud., Uds., Vd., Vds., *3rd person sing.*)
utensilio utensil

vaca cow
vacaciones *f. pl.* vacation
vacilar (en) to hesitate (to)
vacío empty
valentía bravery, courage
valer* to be worth
¡Válgame! Heavens!; **¡— Dios!** Heaven help me!
valiente(mente) brave(ly)
valor *m.* value; bravery, courage
vaquero cowboy
variado varied
variar (ío) to vary
varios some; various
varón male
vasco Basque
Vascongadas: las Provincias — the Basque Provinces
vascuence *m.* Basque language

vaso glass (drinking)
¡Vaya! Go on!
vecindad *f.* neighborhood, vicinity
vecino neighbor
vehículo vehicle
veinte twenty
vencer to conquer
vendado blindfolded
vendedor *m.* seller; **— ambulante** street peddler
vender to sell
venezolano Venezuelan
venir* to come
ventaja advantage
ventana window
ver* to see; **A —.** Let's see.
verano summer
verdad *f.* truth ¿**—?** isn't it, aren't they, don't they?, etc. (end question); true
verdadero true, real
verde green
verduras *f. pl.* greens, vegetables
vestido *adj.* dressed; **— de** dressed in or as; *n.* dress; *pl.* clothes
vestir (i) to dress; **—se** get dressed
vez *f.* time, instance, occasion; **alguna —** ever, at some time; **a la —** at the same time; **de — en cuando** from time to time; **rara —** rarely; **tal —** perhaps, maybe; **a veces** at times
viajar to travel
viaje *m.* trip; **hacer un —** to take a trip
vida life
vidrio glass (substance)
viejo old
viento windy; **hace —** it is windy
viernes Friday
vigilar to watch over
villancico Christmas carol
vino wine
violoncelo cello
virtud *f.* virtue
visita visit
víspera eve
vista view; sight; **punto de —** point of view
vitrina showcase; show window
viuda widow
¡Viva! Hooray for . . . ! Long live . . . !
vivir to live

vocecita tiny little voice

volante *m.* steering wheel; **al —** at the wheel; *adj.* flying; **platillo —** flying saucer

voltear to turn over

volumen *m.* volume

voluntad *f.* will

volver (ue) to return; **—** a + infinitive to do (something) again; **—se** turn around; **—se a** turn to, address (someone)

vosotros, vosotras you (*subject pron., 2nd person pl.*); you, yourselves (*obj. of prep.*)

votar to vote

voz *f.* voice; **en — alta** aloud

vuelo flight

vuelta turn; return; turnabout; **dar una —** to take a turn or a spin

y and

ya already; **— no** no longer, any more; **Ya se acabó.** That's the end of it!

yerno son-in-law

yeso mortar

yo I

zapatilla slipper

zapato shoe; **— de goma** rubber

Inglés-Español

a un, una

about unos (some); acerca de (concerning); sobre (on a topic)

adore adorar

afraid: to be — tener* miedo; temer

afternoon tarde *f.* **Good —** Buenas tardes

ago hace (+ period of time) + a verb in the past; **a half hour —** hace media hora

air aire *m.* **a special —** una aura

airplane avión *m.*

all *adj.* todo(a, os, as); *n.* todo **everything**

almost casi

alone solo, a solas

already ya

also también

always siempre

ample amplio(a, os, as)

an un, una

and y; e (before a word beginning with *i* or *hi*)

anger ira, rabia

Ann Ana, Anita

another otro(a)

answer *n.* respuesta, contestación *f.; v.* contestar, responder

any algún, alguno(a, os, as); cualquier(a); **not . . . —** ningún, ninguno(a, os, as)

anybody alguien; cualquier persona **anybody at all; not . . . —** nadie

anything algo; cualquier cosa **— at all;**

not . . . — nada

appear parecer (zco) **seem;** aparecer (zco) **turn up**

arm brazo; arma (weapon)

army ejército

arrive llegar

aunt tía

bad mal, malo(a, os, as)

badly mal

bathrobe bata

bathroom baño

bathing suit traje (*m.*) de baño

be ser* (refers to who or what the subject is, or what it is like characteristically; estar* (tells how or where subject is); **Is John in?** ¿Está Juan?

beautiful hermoso(a, os, as)

become llegar a ser; hacerse* (a profession or occupation); ponerse* (refers to a physical change)

bedroom alcoba

before *adv.* antes; *prep.* antes de; delante de **in front of**

begin empezar (ie), comenzar (ie)

belt cinturón *m.*

best *adj.* (el, la) mejor; (los, las) mejores; *adv.* mejor

better *adj.* mejor(es); *adv.* mejor

big gran(de)

bird pájaro

black negro(a, os, as)

blackboard pizarra

blond rubio(a, os, as)

blouse blusa

blue azul(es)

board tabla

bone hueso

book libro

bottle botella; frasco (small)

box caja

boy muchacho, niño, chico

bread pan *m.*

break romper

bridge puente *m.*

brilliant brillante

bring traer*

brother hermano

brown pardo; castaño

brunette moreno(a)

build construir* (uyo)

bus autobús *m.*, bus *m.*

busy ocupado

but pero; (on the other hand—after a negative) sino

buy comprar

by por

calendar calendario

call *n.* llamada; *v.* llamar

can (to be able) poder*

candy dulces *m. pl.*, confites *m. pl.*

cape capa

capital capital *f.* (city); *m.* (money)

car coche *m.*, automóvil *m.*

care cuidado; **take —** cuidar(se)

careful: to be — cuidar(se); **Be —!** ¡Cuidado!

carry llevar

cat gato

cereal cereal *m.*

chair silla; sillón *m.* (large)

chest pecho (of the body); cómoda (of drawers)

chicken pollo

child niño(a); chico(a)

children niños(as)

class clase *f.*; **— room** (sala de) clase

clean *adj.* limpio; *v.* limpiar

clock reloj *m.*

closed cerrado(a, os, as)

clothes vestidos *m. pl.*, ropa(s)

coffee café *m.*; **— pot** cafetera

cold *n.* frío; *adj.* frío(a, os, as); **to be — out** hacer* frío; (a person) **to be** or **feel —** tener* frío

Coliseum Coliseo

collar cuello

comb *n.* peine *m.*; *v.* peinar

come venir*

concert concierto

count contar (ue)

country campo (opposite of city); país *m.* (nation)

course curso; **of —** por supuesto

cry *v.* llorar

cup taza

dance *n.* baile *m.*; *v.* bailar

dark oscuro

date fecha (of the month); cita (social)

day día *m.*

dear querido; caro (expensive)

delicious delicioso, sabroso, rico

deserve merecer (zco)

desk mesa, escritorio

dessert postre *m.*

dial *v.* marcar

die morir (ue)

do hacer*; **— you?** (end question) ¿verdad? ¿no?

doctor médico (profession); doctor (title)

dog perro

dream *n.* sueño; *v.* soñar (ue); **— about** or **of** soñar con

dress *n.* vestido, ropa; *v.* vestir(se) (i)

dressed vestido(a, os, as); **— in** vestido de

drink *n.* bebida; *v.* beber

drive conducir* (zco), manejar

each cada; **— other** use the reflexive pronoun; **They love each other.** Se quieren mucho. **We write to each other.** Nos escribimos.

ear oído (inner); oreja (outer); **into one's —** al oído

early temprano

earn ganar

easy fácil(es)

eat comer

editor editor

education educación *f.*; enseñanza

egg huevo

either o; — . . . **or** o . . . o

eleven once

empty vacío(a, os, as)

English inglés (inglesa, es, as)

enjoy gozar de; — **onself** divertirse (ie)

enter entrar (en—Spain or a—Sp. Am.)

evening noche *f.*; **Good** — Buenas noches; Buenas tardes (before eight o'clock); **in the** — de noche, por la noche, por la tarde

ever alguna vez (affirmative implication); jamás (negative idea); **not** . . . — nunca, jamás

exam examen *m.*

exercise ejercicio

eye ojo

eyebrow ceja

face *n.* cara

factory fábrica

fall *v.* caer(se)*

family familia

father padre

favor favor *m.*

favorite favorito, preferido

feel sentir(ie); — **sorry** sentir; — **sick, tired, well, etc.** sentirse

feet pies *m. pl.*

fiancé novio

fifteen quince

fight *v.* pelear; luchar

film película

find hallar, encontrar (ue); — **out** saber (especially in the preterite)

finger dedo; — **nail** uña

finish *v.* terminar, acabar

five cinco

flag bandera

floor piso (story); suelo

foot pie *m.*

football fútbol; sóquer; fútbol (norte)-americano

for para (meant for, to be used for, headed for, for a future date or time, compared with, in order to, with the purpose that); por (in place of, on be-

half of, for the sake of, because of, out of, by way or means of)

forget olvidar(se de)

four cuatro

France Francia

Frank Paco

French *adj.* francés (francesa, es, as)

Friday viernes

friend amigo(a)

from de; **since** desde

full lleno(a, os, as); amplio(a, os, as)

furniture muebles *m. pl.*

galoshes chanclos

game partido; **football** — partido de fútbol

gathered reunido(a, os, as); (gen. pl.)

general general

genuine genuino

get ob*tener**, conseguir (i); — **up** levantarse; — **sick, tired, etc.** ponerse* + adjective

girl muchacha, chica, niña

give dar*

glad contento; alegre; **to be** — **that** alegrarse de que; **I'm** —. Me alegro.

glass vaso (drinking); copa (stemware); vidrio (substance)

glove guante *m.*

go ir*; — **away** irse*, marcharse; salir*; — **down** bajar; — **in** entrar (en or a); — **out** salir*; — **up** subir

gold *n.* oro; *adj.* de oro

good buen(o, a, os, as)

goodness bondad *f.*; **My** —! ¡Dios mío!

grandparents abuelos

grape uva

gray gris(es)

great gran, grande(s); magnífico

green verde(s)

grocer tendero, dueño de la tienda de comestibles

grocery tienda de comestibles or de ultramarinos

guitar guitarra

**gymnasium \ gimnasio

hair pelo

half medio(a); **a** — **hour ago** hace media hora; — **past three** las tres y media

hand mano *f.*

happen ocurrir, pasar

hard duro(a, os, as) (not soft); difícil(es) (not easy); **to work —** trabajar mucho

hat sombrero

have tener*; **to — to** tener que; **to — just** acabar de (+ infinitive)

he él

head cabeza

hear oír*; escuchar (listen to)

heart corazón *m.*

heel tacón *m.*

help *n.* ayuda; *v.* ayudar

her *direct object of verb* la; *indirect object of verb* le; *object of prep.* ella; *possessive adj.* su(s)

here aquí, acá

hers suyo(a, os, as); de ella

high alto(a, os, as)

him *direct object of a verb* lo, le; *indirect object of a verb* le; *object of a prep.* él

himself, *reflexive object pron.* se; **to —** se; for extra emphasis add *a sí mismo*; *adj.* mismo; **he —** él mismo

his *adj.* su(s); *pron.*, suyo(a, os, as)

history historia

hobo vagabundo, vagamundo; holgazán, *m.*

home casa; **to go —** ir(se)* a casa; **at — en casa**

homework tarea (de la escuela)

hooray ole, hurra

hope *n.* esperanza. *v.* esperar

hot caliente; **to be — outside** hacer* mucho calor; **to be or feel —** tener* mucho calor

hour hora

house casa

How? ¿Cómo?; **— are you?** ¿Cómo está? ¿Qué tal?; **— much?** ¿Cuánto (a)?; **— many?** ¿Cuántos (as)?

hunger hambre *f.* (but: el hambre)

hungry: to be — tener* hambre

husband esposo, marido

I yo

if si; **If only . . . !** ¡Ojalá (que) . . . !

important importante(s)

in en; **in the morning** por la mañana;

at 11 in the morning a las once de la mañana; **in the evening** por la noche, de noche

invite invitar

it *object of a verb* lo, la; *object of a preposition* él, ella; (Note: Do not translate "it" when it is the subject of a verb in English.)

itself, *reflexive object pronoun* se; *adj.* mismo(a)

jacket saco (of a suit); chaqueta

Jim Diego

Joan Juana, Juanita

Joe Pepe

Johnny Juanito

joke chiste *m.*

June junio

just justo; **to have —** acabar de (+ an infinitive)

keep guardar; **to — on doing something** seguir* (i) (+ a present participle)

kiss *n.* beso; *v.* besar

kitchen cocina

know saber* (a fact, how to, know by heart); conocer* (zco) (know or be familiar with someone or something)

lady señora

lamp lámpara

language lengua, idioma, *m.*

large grande(s) (not *largo*)

last último; pasado; **— night** anoche; **— week** la semana pasada

late tarde

later más tarde, después

laugh *n.* risa; *v.* reír*; **to — at** reírse de

layer capa

learn aprender

leg pierna; pata (of an animal)

lesson lección *f.*

letter carta; letra (of the alphabet)

library biblioteca

life vida

like *prep.* como; *v.* querer* a (a person); gustarle algo a alguien (see Lesson X)

lip labio
listen escuchar
little pequeño (in size); poco (in amount); **a —** un poco (de)
live *v.* vivir
long largo
look *v.* parecer (zco); estar*;**—at** mirar; **— for** buscar
love *n.* amor *m.*; *v.* amar, querer*
low bajo(a, os, as)
lunch *n.* almuerzo; *v.* almorzar (ue)

maid criada
make hacer*
man hombre
many muchos(as)
map mapa *m.*
marvelous maravilloso(a, os, as)
mass masa; misa (church)
May mayo
me *object of a verb* me; *object of a prep.* mí; **with —** conmigo
meet encontrar (ue); (for the first time) conocer* (zco) (generally in the preterite); **I'm so pleased to — you.** Tanto gusto en (or de) conocerle.
men (los) hombres
Mexico México, Méjico (in Spain)
milk leche *f.*
mine mío(a, os, as)
mirror espejo
mistake error, falta, equivocación *f.*
Monday lunes
money dinero
month mes *m.*
moon luna
more más
morning mañana; **in the —** por la mañana; **at a certain hour in the —** a las . . . de la mañana; **Good —** Buenos días.
mother madre
mouth boca
movie película (a film)
movies cine *m.*; **to go to the —** ir* al cine
much mucho(a, os, as); **very —** muchísimo
music música
my mi(s)

myself *reflexive object of a verb* me; *reflexive object of a prep.* mí; for extra emphasis, mismo: **I —** Yo mismo(a)

name nombre *m.*; **What is your —?** ¿Cómo se llama Ud.?
nation nación *f.*; **the United N—s** las Naciones Unidas
near *adv.* cerca; *prep.* cerca de
necklace collar, *m.*
neighbor vecino(a)
neither ni; **— . . . nor** ni . . . ni
never nunca, jamás
new nuevo(a, os, as)
news nuevas *f. pl.*, noticias *f. pl.*
night noche *f.*; **Good —** Buenas noches.; **last —** anoche
nine nueve
nobody nadie
notebook cuaderno
now ahora
number número

o'clock: at ten — a las diez
old viejo(a, os, as)
on en; sobre; acerca de (concerning, about)
once una vez; **— in a while** de vez en cuando
one un, uno(a); **— has to, must** hay que (+ an infinitive)
only sólo, solamente; **If —!** ¡Ojalá!
open *adj.* abierto(a, os, as); *v.* abrir
or o; u (before a word beginning with *ho* or *o*)
orange *n.* naranja; *adj.* (color) anaranjado
orchestra orquesta
other otro(a, os, as)
ought deber
our nuestro(a, os, as)
ours (el) nuestro, (la) nuestra, (los) nuestros, (las) nuestras
ourselves, *reflexive object of a verb* nos; *reflexive object of a prep.* nosotros (mismos); **We —** Nosotros mismos
overcoat abrigo
owe deber

242

pajamas   pijama *m.* or *f.*
pants   pantalones *m. pl.*, calzones *m. pl.*
parents   padres
party   fiesta; partido (political)
pencil   lápiz *m.* (*pl.* lápices)
people   gente *f.*; personas
permission   permiso
phone   *n.* teléfono; — **call** llamada; *v.*
   telefonear, llamar por teléfono
piano   piano
pink   rosado(a, os, as)
pipe   pipa (smoking)
place   lugar *m.*; **to take —** tener* lugar
plant   planta
play   *n.* comedia, drama *m.*; *v.* jugar
   (ue); tocar (an instrument); **to — baseball** jugar al béisbol
plow   *v.* arar
pocket   bolsillo
point   punto; *v.* **— to, — out** señalar
poor   pobre(s); **P—— thing!** ¡Pobre!
popular   popular
pretty   bonito(a, os, as)
profession   profesión *f.*
program   programa *m.*; **radio —** programa de radio
promise   promesa
put   poner*

radio   radio *m.* or *f.*
rain   *n.* lluvia; *v.* llover (ue); **It is raining.** Llueve. Está lloviendo.
raincoat   impermeable *m.*
read   *v.* leer* (Conjugate like creer*)
real   verdadero; real
really   de verdad; verdaderamente; **R —?**
   ¿De veras?, ¿Verdad?
record   *n.* disco; **— player** tocadiscos
   m. sing.
red   rojo(a, os, as)
refuse   *v.* negarse a (ie); no querer* (in
   the preterite)
remember   recordar (ue)
repeat   repetir (i)
return   volver (ue) (come back); devolver
   (ue) (give back)
rich   rico(a, os, as)
Richard   Ricardo
right   derecho; **on the —** a la derecha;
   to be — tener* razón

robe   bata (bath)
Robert   Roberto
Rome   Roma
room   cuarto, habitación *f.*
rubbers   zapatos de goma
run   correr

Saturday   sábado
saxophone   saxofón *m.*
say   decir*
scarf   bufanda
school   escuela; colegio
secret   secreto
see   ver*
sell   vender
send   mandar, enviar (ío)
set   aparato; juego; **TV —** televisor *m.*,
   receptor *m.*
seven   siete
she   ella
shirt   camisa
shoe   zapato
shopping: to go —   ir* de compras, ir*
   de tiendas
shorts   calzoncillos
should   deber
sick   enfermo(a, os, as)
sign   *n.* letrero
silver   *n.* plata; *adj.* de plata
sing   cantar
sister   hermana
six   seis
skirt   falda
slacks   calzones, pantalones *m. pl.*
sleep   *n.* descanso; *v.* dormir (ue)
sleeping   dormido
sleepy: to be —   tener* sueño
slippers   zapatillas
small   pequeño(a, os, as)
so   *adv.* así; **— . . . as** tan . . . como;
   conj. así que, así es que . . . ; *adj.* **—
   much** tanto(a); **— many** tantos(as)
sock   calcetín *m.*
some   algunos(as)
somebody   alguien
someone   alguien
something   algo
song   canción *f.*
soon   pronto
sorry: to be —   sentir (ie)

243

soup sopa
Spain España
Spaniard español(a)
Spanish *n.* el español; *adj.* español (a, es as)
speak hablar
spend gastar (money); pasar (time)
stand (endure; put up with) aguantar; — **up** levantarse
standing parado, de pie
station estación *f.*; **train** — estación del tren or del ferrocarril
steal robar
steam vapor *m.*
Stella Estela
stocking media
stomach estómago
stop *n.* parada; **bus** — parada del autobús
store tienda
stripe raya
student estudiante
study *v.* estudiar
subject tema; sujeto; materia (course)
suit traje *m.*; **bathing** — traje de baño
sun sol *m.*; **to be sunny** hacer* sol
sweater suéter *m.*

table mesa
take tomar (food, drink, an object); llevar (a person); — **care of oneself** cuidarse
talk *v.* hablar
tea té *m.*
teach enseñar
teacher maestro(a), profesor(a)
tear *n.* lágrima (crying)
television televisión *f.*; — **set** televisor *m.*, receptor *m.*
tell decir*; contar (ue)
ten diez
than que; de (before a number)
thanks gracias; **Thank you.** (Muchas) gracias.
that *demonstrative adj.* ese, esa (near you); aquel, aquella (over there); *demonstrative pron., neuter pron.* eso; — **one** ése, ésa, aquél, aquélla; *conj. or relative pron.* que

the el, la, los, las
their su(s)
theirs suyo(a, os, as)
them *direct object of a verb* los, las, les; *indirect object of a verb* les; *object of a prep.* ellos, ellas
theme tema *m.*
themselves *reflexive object of a verb* se; (**to**) — se; *reflexive object of a prep.* sí (mismos); **they** — ellos mismos
there allí; — **is,** — **are** hay; — **was, were** había; hubo
these estos, estas; *pron.* éstos, éstas
they ellos, ellas
thief ladrón *m.*
thing cosa; **Poor** —! ¡Pobre!
think pensar (ie); — **about** pensar en; — **of** (have opinion) pensar de; — **of** (plan to) pensar + inf.
thirst sed *f.*
thirsty: to be — tener* sed
this *adj.* este, esta; *neuter pron.* esto (in general); — **one** éste, ésta
those *adj.* esos, esas (near you); aquellos, aquellas (over there); *pron.* ésos (as), aquéllos(as); — **of** los, las de; — **who** los, las que
thousand mil; **5000** cinco mil
three tres
throat garganta
tie corbata
time tiempo; hora (of day); vez (an instance or occasion); **At what** —? ¿A qué hora? **two times** dos veces; **to have a good** — divertirse (ie)
tired cansado(a, os, as)
to a
today hoy
tomorrow mañana; — **morning** mañana por la mañana
tonight esta noche
too también (also); demasiado (excessive); — **much** demasiado; — **many** demasiados
toward hacia
tower torre *f.*
train tren *m.*
tray bandeja
trousers pantalones *m. pl.*
true verdad; verdadero(a, os, as)

truth verdad *f.*

try tratar, probar(ue); querer* (in the preterite); — **on** probarse; — **to** tratar de

Tuesday martes

twenty veinte

two dos

ugly feo(a, os, as)

umbrella paraguas *m. sing.*

understand comprender, entender (ie)

united unido(s); **the U— States** los Estados Unidos; **the U— Nations** las Naciones Unidas

upset agitado(a, os, as)

us *object of a verb* nos; (**to**) — nos; *object of a prep.* nosotros(as)

very muy; **to be—cold outside** hacer* mucho frío; **to be or feel — cold, warm** tener* mucho frío, calor; **to be — hungry** tener* mucha hambre

violet violeta

visit *n.* visita; *v.* visitar

wait *v.* esperar; **to — for** esperar (a alguien)

walk *n.* paseo; **to take a —** dar* un paseo; *v.* caminar

wall pared *f.*

want querer*; desear

wash lavar(se)

watch *n.* reloj *m.; v.* mirar (look at)

wave *n.* ola (of the sea)

we nosotros, nosotras

wedding boda

week semana

well *adv.* bien

what *relative pron.* lo que

What? ¿Qué . . . ? ¿Cuál(es) . . . ? (**Which one or ones?**); **What did you say? What was that?** ¿Cómo?; **— is your name?** ¿Cómo se llama Ud.? **— a . . . !** ¡Qué . . . !

when cuando; **W—?** ¿Cuándo?

where donde; (a)donde (with ir*); **W—?** ¿Dónde? ¿(A)dónde?

which *relative pron.* que; el cual, la cual, los cuales, las cuales (for clarification)

Which? ¿Cuál(es) . . . ? ¿Qué . . . ?; **— one(s)** ¿Cuál(es)?

white blanco(a, os, as)

who quien(es), que; **the one —** el que, la que; **those —** los que, las que; **Who?** ¿Quién(es)?

win ganar

window ventana; **store —** vitrina, escaparate *m.*

wing ala

with con; **— me** conmigo; **— you** (*2nd person sing.*) contigo

woman mujer

word palabra

work *n.* trabajo; obra (of art); *v.* trabajar

write escribir

year año; **per** or **a —** al año

yellow amarillo

yesterday ayer

you (*2nd person*) *subject pron.* tú, vosotros(as); *object of a verb* te; os; **to —** te, os; *object of a prep.* ti, vosotros(as); **with —** contigo (*2nd person sing.*); (*3rd person*) *subject pron.* usted (Ud.), ustedes (Uds.); *direct object of a verb* le, la, lo, los, las; *indirect object of a verb* le, les; *object of a prep.* usted(es) (Ud., Uds.)

younger joven; menor; más joven

your (*2nd person*) tu(s), vuestro(a, os, as); (*3rd person*) su(s)

yours (*2nd person*) tuyo(a, os, as); (*3rd person*) suyo(a, os, as)

yourself *reflexive object of a verb* (*2nd person*) te; **to —** te; (*3rd person*) se; **to — ** se; *object of a prep.* ti, sí; **you yourself.** Ud. mismo, tú mismo

yourselves *reflexive object of a verb* (*2nd person*) os; **to —** os; (*3rd person*) se; **to —** se; *object of a prep.* vosotros (as); **you yourselves** Uds. mismos, vosotros mismos

INDEX

All **boldface** numbers refer to Estructura sections; lightface numbers refer to pages.